Jens Siegelberg

Kapitalismus und Krieg

Eine Theorie des Krieges in der Weltgesellschaft

Kriege und militante Konflikte

in Zusammenarbeit mit der Forschungsstelle
Kriege, Rüstung und Entwicklung
und der Arbeitsgemeinschaft
Kriegsursachenforschung
an der Universität Hamburg

Band 5

LIT

Jens Siegelberg

Kapitalismus und Krieg

Eine Theorie des Krieges in der Weltgesellschaft

Kriege und militante Konflikte Bd. 5

LIT

Die Deutsche Bibliothek – CIP-Einheitsaufnahme

Siegelberg, Jens
Kapitalismus und Krieg : Eine Theorie des Krieges in der Weltgesellschaft
/ Jens Siegelberg . – Münster ; Hamburg : Lit, 1994
  (Kriege und militante Konflikte ; 5 .)
  Zugl.: Hamburg Univ., Diss., 1994
  ISBN 3-89473-829-4

NE: GT

© LIT VERLAG   Dieckstr. 73   48145 Münster   Tel. 0251–23 50 91
                        Hallerplatz 5   20146 Hamburg   Tel. 040–44 64 46

Inhaltsverzeichnis

Einleitung — 1

Teil 1
Krieg als Untersuchungsgegenstand — 16

1.1 Defizite der Forschung — 16
1.2 Probleme der Theoriebildung — 23
1.3 Ausgangspunkte des Ansatzes — 37

Teil 2
Die historische Logik des Krieges
Ein gesellschaftstheoretischer Erklärungsrahmen — 46

2.1 Handelskapitalistische Akkumulationslogik als Kriegsursache — 50
2.2 Innereuropäische Kriege im Übergang zum Kapitalismus — 58
2.3 Imperialistische Expansion unter der Dominanz des industriellen Kapitals — 68
2.4 Pazifizierung gesellschaftlicher Konflikte in den kapitalistischen Metropolen — 79
2.5 Internationale Entwicklung und weltweites Kriegsgeschehen — 101
2.6 Kapitalismus, Gewalt und Krieg in den Übergangsgesellschaften der Dritten Welt — 134
2.7 Das Ende des Ost-West-Konfliktes und der konfliktive Transformationsprozeß vom Staatssozialismus zum Kapitalismus — 155

Teil 3
Die Grammatik des Krieges
Ein methodischer Zugang zur inneren Logik des Krieges — 167

3.1 Die Qual der Wahl? Das Problem unterschiedlicher Analyseebenen — 170
3.2 Quadratur des Kreises oder Grammatik des Krieges? Entwurf eines Analyseschemas für vergleichende Fallstudien — 179

Literaturverzeichnis — 194

Inhaltsverzeichnis

Einleitung ... 1

Teil 1
Krieg als Untersuchungsgegenstand ... 16

1.1 Defizite der Forschung ... 16
1.2 Probleme der Theoriebildung ... 23
1.3 Ausgangspunkte des Ansatzes ... 37

Teil 2
Die historische Logik des Krieges
Ein gesellschaftstheoretischer Erklärungsrahmen ... 46

2.1 Handelskapitalistische Akkumulationslogik als Kriegsursache ... 50
2.2 Innereuropäische Kriege im Übergang zum Kapitalismus ... 58
2.3 Imperialistische Expansion unter der Dominanz des industriellen Kapitals ... 68
2.4 Pazifizierung gesellschaftlicher Konflikte in den kapitalistischen Metropolen ... 79
2.5 Internationale Entwicklung und weltweites Kriegsgeschehen ... 101
2.6 Kapitalismus, Gewalt und Krieg in den Übergangsgesellschaften der Dritten Welt ... 134
2.7 Das Ende des Ost-West-Konfliktes und der konfliktive Transformationsprozeß vom Staatssozialismus zum Kapitalismus ... 155

Teil 3
Die Grammatik des Krieges
Ein methodischer Zugang zur inneren Logik des Krieges ... 167

3.1 Die Qual der Wahl? Das Problem unterschiedlicher Analyseebenen ... 170
3.2 Quadratur des Kreises oder Grammatik des Krieges? Entwurf eines Analyseschemas für vergleichende Fallstudien ... 179

Literaturverzeichnis ... 194

Einleitung

Eine Epoche ist zu Ende gegangen. 200 Jahre nach der Französischen Revolution ist das 1917 mit der russischen Oktoberrevolution begonnene weltgeschichtliche Experiment, dem Kapitalismus ein sozialistisches Gesellschafts- und Entwicklungsmodell entgegenzusetzen, gescheitert. Der kapitalistische Entwicklungsweg steht heute konkurrenzlos da. Eine Alternative ist nicht in Sicht. In den Staaten des ehemaligen Ostblocks, die den ökonomischen, politischen und sozialen Wirkungsmechanismen kapitalistischer Entwicklung weitgehend entzogen waren, sollen Marktwirtschaft und Demokratie an die Stelle von Planwirtschaft und bürokratischer Herrschaft treten. Auch in der Dritten Welt, wo der Sozialismus lange Zeit als Synonym für die Überwindung kolonialer Abhängigkeit und die Hoffnung auf einen nicht-kapitalistischen Entwicklungsweg galt, stehen nach dem Scheitern des staatssozialistischen Modells Marktwirtschaft, Demokratie und bürgerliche Freiheiten endgültig stellvertretend für die Überwindung gesellschaftlicher Stagnation und für die Realisierung ökonomischen und sozialen Fortschritts. Selbst in China, der letzten großen Bastion des Sozialismus, hat sich die Reformpolitik der 80er Jahre in eine verselbständigte Dynamik wirtschaftlicher Entwicklung und gesellschaftlichen Wandels umgesetzt, an der die kommunistische Alleinherrschaft und mit ihr das ganze chinesische Imperium zerbrechen wird.

Die Auswirkungen dieser historischen Zäsur sind bisher allenfalls in Umrissen erkennbar. Sicher ist, daß die globale Ost-West-Konfrontation und damit das ganze weltpolitische Koordinatensystem der Nachkriegszeit, das den Erdball wie ein Netz überzog und die Staaten der Welt in Nord und Süd, Ost und West teilte, der Vergangenheit angehört. Die alte Bipolarität ist der einseitigen Ausrichtung auf den Kapitalismus als einzig verbliebenes Gravitationszentrum globaler Entwicklung gewichen, und die bürgerliche Zivilisation ist zu ihrem universellen Maßstab geworden. Stärker als bisher schon werden damit die Entwicklungsperspektiven der Menschheit von der Dynamik und den Bedingungen des kapitalistischen Weltsystems abhängen. Ob der Kapitalismus seiner historischen Aufgabe der globalen Verallgemeinerung kapitalistischer Gesellschaftsgrundlagen und der Ausweitung der bürgerlichen Gesellschaft zur Weltgesellschaft gerecht werden kann, ohne seine eigene Gestalt grundlegend zu verändern, muß angesichts der globalen Rahmenbedingungen bezweifelt werden.

Die anfänglich verbreiteten Hoffnungen, das sich abzeichnende Ende des Ost-West-Gegensatzes und der "historische Sieg des Kapitalismus" über den an seinen inneren Widersprüchen zugrunde gegangenen Staatssozialismus würden zu einem raschen und konfliktfreien Übergang zu Marktwirtschaft, Demokratie und allgemeinem Wohlstand und insgesamt zu einer friedlicheren Welt führen, haben sich jedenfalls schnell als Illusion erwiesen. Die voreilige Identifikation der bevorstehenden Entwicklungen mit den zivilisatorischen Errungenschaften der zum globalen Maßstab erhobenen bürgerlichen Ordnung mag vor dem Hintergrund der politischen Entwicklungen der 80er Jahre zwar verständlich gewesen sein, realistisch aber war sie nicht. Denn immer geht der bürgerlichen Ordnung ein konfliktiver kapitalistischer Transformationsprozeß voraus. So ist es auch zum Ende des 20. Jahrhunderts statt zu einer Verallgemeinerung der zivilisatorischen Seiten bürgerlicher Entwicklung eher zu einer Vertiefung der Widersprüche der Weltgesellschaft und zu einer Eskalation der destruktiven Potenzen kapitalistischer Modernisierung gekommen.

Bei aller Dynamik, Effizienz und Wandlungsfähigkeit, die der Kapitalismus bisher durch alle Phasen seiner Entwicklung hindurch bewiesen hat - die Chancen, diese Tendenz in absehbarer Zeit umzukehren und den bürgerlichen Errungenschaften auf globaler Ebene wieder zum Durchbruch zu verhelfen, stehen schlecht. Denn der Zusammenbruch des Staatssozialismus fällt in eine Zeit abnehmender globaler Integrationskraft und Problemlösungskapazität des kapitalistischen Weltsystems. Galten die 80er Jahre bereits für die Dritte Welt als "verlorenes Jahrzehnt", so sind zu Beginn der 90er Jahre auch die OECD-Staaten und mit ihnen die gesamte Weltwirtschaft in die tiefste Krise seit dem Ende des Zweiten Weltkrieges abgerutscht. In den westlichen Metropolen hat sich die Modernisierungskraft der fordistischen Grundlagen der kapitalistischen Nachkriegsentwicklung erschöpft. Zwar hatte das neokonservative Konzept der Revitalisierung der Marktkräfte diesen Staaten im Anschluß an die Weltwirtschaftskrise 1980-82 noch einmal einen lang anhaltenden Wirtschaftsaufschwung beschert, es ist aber nicht gelungen, die Voraussetzungen für eine neue und dauerhafte Wachstumskonstellation zu schaffen. Der Übergang von der fordistischen Massenproduktion zu flexibler Fertigung hat zwar die technischen und organisatorischen Grundlagen kapitalistischer Produktion revolutioniert, aber auch den breiten gesellschaftlichen Konsens zerstört, der die soziale Grundlage der Nachkriegsprosperität bildete und eine unverzichtbare Voraussetzung jeder neuen zyklenübergreifenden Wachstumsperiode darstellt. Unter den Bedingungen der strukturellen Krise reichen die Entwicklungspotenzen nicht einmal zur Eingliederung der Erwerbsbevölkerung der kapitalistischen Metropolen. Dauerarbeitslosigkeit, Sozialabbau und Verdrängungswettbewerb lassen selbst hier die Kehrseiten kapitalistischer Entwicklung wieder hervortreten. Die Erosion sicher geglaubter Errungenschaften bürgerlicher Lebensverhältnisse schreitet rasch voran. Die sozialen Konflikte verschärfen sich, der innere Frieden ist gefährdet.

Die anhaltende Entwicklungsschwäche, die den Niedergang des fordistischen Akkumulationsmodells begleitet, hat sich auch auf die Dritte Welt nachhaltig ausgewirkt. Während der Nachkriegsboom in den Metropolen ihnen bis in die 70er Jahre noch bescheidene Entwicklungsperspektiven eröffnet hatte, führte die Ablösung der Wachstumsentwicklung durch den internationalen Verdrängungswettbewerb seit den 80er Jahren zu beschleunigten Differenzierungsprozessen. Ganze Regionen wie Schwarzafrika, Zentralasien oder Teile Mittel- und Südamerikas sind seither wachsenden Desintegrations- und Abkoppelungsprozessen unterworfen, andere Staaten und Regionen, vor allem in Ost- und Südostasien, unterliegen einem beschleunigten kapitalistischen Transformationsprozeß ihrer ökonomischen und sozialen Lebensgrundlagen. Mit Ausnahme dieser Wachstumsregionen aber haben sich für die Mehrzahl der Staaten der Dritten Welt[1] nahezu alle Entwicklungsparameter verschlechtert. Das Wohlstands- und Entwicklungsgefälle wächst. Armut und Überschuldung, Bevölkerungsexplosion, Flüchtlingselend und gewaltsame Konflikte charakterisieren die Lebensbedingungen der Mehrheit der Weltbevölkerung. Globale Umweltprobleme überschatten ihre langfristigen Entwicklungsperspektiven. Die weltweite Rezession engt die Handlungsspielräume für notwendige Reformen zusätzlich ein, und auch der Zusammenbruch des Realsozialismus hat ihre Zukunftsaussichten eher noch verschlechtert. So haben sich die Asymmetrien

---

[1] Angesichts dieser beschleunigten Differenzierungsprozesse und des Zusammenbruchs der "Zweiten Welt" sind die Diskussionen um die Sinnhaftigkeit des Begriffs "Dritte Welt" als summarische Bezeichnung für die Entwicklungsländer wieder einmal aufgelebt (vgl. für die gegensätzlichen Positionen innerhalb der bundesrepublikanischen Diskussion z.B. Menzel 1992; 1993 und Brock 1992), ohne bislang zu überzeugenden Alternativen geführt zu haben. Hier wird weiterhin an der eingebürgerten Bezeichnung Dritte Welt festgehalten. Wo Differenzierungen notwendig sind, sollen sie vorgenommen werden.

globaler Entwicklung für die Staaten der Dritten Welt seit 1945 nicht abgeschwächt, sie haben sich nur schärfer konturiert.

Für die Staaten des ehemaligen Ostblocks beginnt das Experiment des Übergangs vom Sozialismus zum Kapitalismus unter den denkbar ungünstigsten Bedingungen. Wie im Zeitraffer können dort der Zerfall ihrer politischen, wirtschaftlichen und militärischen Einheit und die konfliktive Auflösung ihrer gesellschaftlichen Strukturen verfolgt werden. Die Befreiung von sowjetischer Herrschaft und russischer Vormachtstellung, die Annullierung der eigenen sozialistischen Vergangenheit und die Neuorientierung auf den kapitalistischen Entwicklungsweg haben auch hier zu erheblichen Differenzierungen zwischen den Staaten und Regionen geführt und die alten vorsozialistischen Disparitäten gesellschaftlicher Entwicklungsniveaus wieder zum Vorschein gebracht, die nun zur Grundlage ihrer Einstufung in die Hierarchie der kapitalistischen Weltordnung werden. Aber nur wenige dieser Staaten dürfen sich Chancen auf einen mittleren Platz in der weltwirtschaftlichen Rangordnung ausrechnen und auf mittelfristige Konsolidierung ihrer Probleme hoffen. Vor allem die mittelasiatischen und transkaukasischen Nachfolgestaaten der früheren Sowjetunion, aber auch die Staaten Südosteuropas werden sich am unteren Ende der breiten Pyramide, bei den chancenlosen Staaten der Dritten Welt einordnen müssen. Die Gewalt der hereinbrechenden Konkurrenzgesellschaft reicht hier zwar zur Zerstörung sozialer Strukturen und gesellschaftlicher Ordnung, zum Aufbau einer bürgerlichen Zivilgesellschaft aber fehlen ihnen gegenwärtig die Voraussetzungen. So ist für große Teile des ehemaligen Ostblocks an die Stelle ihrer Eingliederung in die Weltwirtschaft der Alptraum unkontrollierten Staatszerfalls getreten, das Recht auf nationale Selbstbestimmung feiert überall blutige Urstände. Die Vision von blühenden Landschaften hat sich in die Realität industrieller Wüsten verwandelt, die Transformationsökonomien sind radikalen Verfallsprozessen unterworfen, politische und wirtschaftliche Steuerungsversuche greifen kaum. Von der erhofften Blüte demokratischer Kultur ist wenig mehr als der Anspruch geblieben. Populismus und autoritäre Herrschaft, klientelistische Strukturen und die mafiose Durchdringung der Gesellschaften sind auf dem Vormarsch. Je weiter diese Entwicklungen voranschreiten, desto weniger können sie allein dem Erbe sozialistischer Herrschaft und Kommandowirtschaft zugeschrieben werden. Immer stärker wird der Transformationsprozeß selbst zur Quelle von Desintegration, gewaltsamen Konflikten und Kriegen.

Damit bestätigen die Umwälzungen im ehemaligen Ostblock ein sich weltgeschichtlich wiederholendes Prozeßmuster kapitalistischer Modernisierung: Bevor sich der Kapitalismus in der bürgerlichen Gesellschaft verwirklicht und sich Rechtsstaatlichkeit, Demokratie und Menschenrechte, Wohlstand und eine Pazifizierung gesellschaftlicher Konflikte weitgehend verallgemeinern können, führt die Umwälzung vor- bzw. nicht-kapitalistischer Gesellschaften zu tiefgreifenden Verwerfungen der gesellschaftlichen Ordnung und zu gewaltsamen Konflikten und Kriegen.

In Europa, wo die autochthone Entwicklung des Kapitalismus zur bürgerlichen Gesellschaft rund 500 Jahre gedauert hat, haben sich die zivilisatorischen Seiten kapitalistischer Entwicklung erst als spätes historisches Resultat durchsetzen können. Seit der politischen Revolution in Frankreich und der industriellen Revolution in England gingen hier Demokratisierung und Industrialisierung Hand in Hand. Aber auch sie waren von blutigen Aufständen, Revolutionen und Kriegen begleitet, die erst in der bürgerlichen Ordnung der Nachkriegszeit zur Ruhe kamen. Seit dem Ende des Zweiten Weltkrieges haben sich weder innerhalb noch zwischen den entwickelten bürgerlichen Gesellschaften kriegerische Auseinandersetzungen abgespielt.

In der Dritten Welt, die selbst keine kapitalistische Vorgeschichte aufweist, ist der konfliktive Transformationsprozeß bis heute unabgeschlossen. Über Kolonialismus, Imperialismus oder modernere Formen globaler Vergesellschaftung ist sie mit dem Kapitalismus in Berührung gekommen, hat kapitalistische Elemente in sich aufgenommen, weiterentwickelt und verändert, ohne daß sich dieser Transformationsprozeß zu bürgerlichen Lebensverhältnissen ausgeformt hätte. Jenseits aller im einzelnen notwendigen Differenzierungen können die Staaten der Dritten Welt heute als widersprüchlich zusammengesetztes Ganzes vorbürgerlicher und bürgerlich-kapitalistischer Vergesellschaftungsformen aufgefaßt werden, so daß die strukturelle Heterogenität als ihr gemeinsames Merkmal bezeichnet werden kann. Obwohl die Kräfte globaler Vergesellschaftung nicht immer die dominierenden Kräfte darstellen, sind sie es, die die Entwicklungen grundlegend strukturieren.

Seit sich der Kapitalismus in seinen Zentren zu einer entwickelten bürgerlichen Totalität ausgeformt hat, macht sich der kapitalistische Transformationsprozeß nicht mehr nur als übermächtiger ökonomischer, militärischer und politischer Anpassungsdruck, sondern zunehmend auch als Sog geltend, den demokratische Freiheiten, Rechtsstaatlichkeit und bürgerlicher Wohlstand auf die sozialen Kräfte innerhalb der Übergangsgesellschaften der Dritten Welt ausüben. Das Bedürfnis nach bürgerlichen Herrschafts- und Lebensbedingungen hat begonnen, sich in das Innenleben der Menschen einzugraben und gesellschaftspolitische Wirkung zu entfalten, so daß die Regierungen immer stärker auch unter den Druck bürgerlich-demokratischer Forderungen geraten. Das sich abzeichnende Ende der globalen Ost-West-Konfrontation hat diesen Demokratiebestrebungen erheblichen Auftrieb gegeben, ihnen aber auch fundamentalistisch geprägte Bewegungen entgegengestellt, die den Widerstand gegen eine unausweichlich gewordene westliche Modernisierung in zunehmendem Maße kanalisieren. Beides typische Begleiterscheinungen bürgerlich-kapitalistischer Transformationsprozesse.

Aber weder die Demokratisierungsbestrebungen noch die seit Mitte der 80er Jahre ebenfalls zu verzeichnenden Anstrengungen der Supermächte zur Beilegung der vom Ost-West-Konflikt überlagerten Kriege noch die verstärkten Friedensbemühungen der UNO oder anderer, regionaler Organisationen haben die in sie gesetzten Hoffnungen erfüllt und zu einem signifikanten Rückgang gewaltsamer Konflikte in den Entwicklungsgesellschaften der Dritten Welt geführt. Allenfalls in Ausnahmefällen waren Erfolge zu verzeichnen. Insgesamt aber hat sich das Kriegsgeschehen nicht abgeschwächt. Im Gegenteil, die beginnenden 90er Jahre zeigen ein seit 1945 nie dagewesenes Ausmaß kriegerischer Gewalt. Wurden in den 50er Jahren weltweit jährlich durchschnittlich 12 Kriege geführt, so stieg diese Zahl in den 60er und 70er Jahren auf 22 bzw. 32 und in den 80er Jahren auf über 40. Ende 1993 wurden insgesamt 45 Kriege geführt, in Europa 2, in Afrika 14, in Asien 14, in Lateinamerika 5 und im Nahen und Mittleren Osten 10. Nach wie vor sind es die Übergangsgesellschaften der Dritten Welt, die die Hauptlast gewaltförmiger Konflikte und Kriege tragen. Über 90 Prozent der 185 Kriege zwischen 1945 und 1993 haben in der Dritten Welt stattgefunden.[2] Hinzu kommen die Staaten des ehemaligen Ostblocks

---

[2] Quelle: AKUF, eigene Berechnungen. Soweit nicht ausdrücklich anders vermerkt, basieren alle hier und im folgenden gemachten Angaben zum Kriegsgeschehen seit 1945 auf empirischen Erhebungen der Arbeitsgemeinschaft Kriegsursachenforschung an der Universität Hamburg (AKUF), deren Mitglied der Autor seit 1981 ist. Das von der AKUF erhobene Datenmaterial bezieht sich ausschließlich auf das Kriegsgeschehen seit 1945. Die Datenbasis wird laufend aktualisiert und verbessert und liegt in einer Reihe von Veröffentlichungen sowie in Form einer Kriege-Datenbank vor.

als neues Krisenzentrum der Weltpolitik. Diese bis 1989 nahezu kriegsfreie Weltregion ist zu einer Region der Instabilität geworden. Vor allem auf dem Territorium der früheren Sowjetunion hat sich die Situation dramatisch zugespitzt. Überall hat sich das durch den Autoritätsverlust Moskaus entstandene "Machtvakuum" mit ethnischen, nationalistischen, regionalen oder religiösen Ansprüchen aufgeladen und ist in den verschiedenen Regionen allein bis Ende 1993 zu insgesamt sieben kriegerischen Konflikten eskaliert. Und auch in China hat das von oben verordnete Konzept der "sozialistischen Marktwirtschaft" bereits zu scharfen Differenzierungen zwischen den verschiedenen Regionen und zu ersten Unruhen und kleineren Aufständen geführt.

Die bis heute unabgeschlossene globale Durchsetzung des Kapitalismus, die nun auch die ehemals staatssozialistischen Gesellschaften erfaßt, ist also von Anfang an ein von Konflikten und Kriegen begleiteter Prozeß. Seit dem 16. Jahrhundert kann das weltweite Kriegsgeschehen entlang der Ausbreitungsmuster kapitalistischer Vergesellschaftung verfolgt werden. Sieht man einmal von den jedesmal besonderen Ursachen ab, die die Kriege im Einzelfall erst erklärbar machen, so stellt der kapitalistische Umwälzungsprozeß vor- bzw. nicht-kapitalistischer Lebensverhältnisse die zentrale, dem weltweiten Kriegsgeschehen bis heute strukturell unterliegende Konfliktlinie dar. Sie zieht sich wie ein roter Faden durch 500 Jahre europäische Kriegsgeschichte, hat die blutige koloniale und imperialistische Expansion der europäischen Mächte bis zu den Dekolonisationskriegen unseres Jahrhunderts begleitet, hat sich in den Innenraum der peripheren Gesellschaften eingegraben und beginnt nun auch, sich in den Bruchstellen der zerfallenden sozialistischen Gesellschaften einzunisten. Auch wenn diese die einzelnen Kriege verbindende strukturelle Komponente im Verborgenen bleibt, weil die Erscheinungsformen der Kriege von den Handels- und Kolonialkriegen über die antikolonialen Befreiungskriege bis zu den heute dominierenden innerstaatlichen Kriegen reichen, wo die strukturelle Dimension hier in Gestalt eines Antiregime- oder Separationskrieges und dort im Gewande ethnischer, religiöser oder nationalistischer Konflikte auftritt, ist sie doch die die Kriegsgeschichte der Gegenwart grundlegend prägende Kraft.

Die bisherige Forschung hat sich diesem strukturellen Hintergrund globaler Kriegsentwicklung nicht systematisch gewidmet. Es ist daher auch nicht verwunderlich, daß die Kriegsursachenforschung bis heute keinen Zugang zu einer Theorie des Krieges gefunden hat, ja selbst die Möglichkeit eines solchen Vorhabens von einigen skeptisch beurteilt wird (vgl. Matthies 1992:362). Und in der Tat, Skepsis ist angebracht. Denn das Kernproblem einer Theorie des Krieges besteht darin, daß es überall und zu allen Zeiten gewaltsame Konflikte und Kriege gegeben hat, Krieg also ein menschheitsgeschichtlich universelles Phänomen darstellt, ohne daß die Menschheitsgeschichte in ihrer historischen und globalen Dimension einem einheitlichen gesellschaftstheoretischen Zugriff offenstünde. Da Krieg aber trotz seiner historischen und globalen Universalität keine anthropologische Konstante, sondern ein gesellschaftliches Phänomen darstellt, muß eine Theorie des Krieges auch gesellschaftstheoretisch begründet werden.

Die vorliegende Arbeit erhebt den Anspruch, einen solchen Zugang zu einer Theorie des Krieges gefunden zu haben und einen gesellschaftstheoretischen Erklärungsrahmen für das weltweite Kriegsgeschehen vorzulegen. Es muß aber von vornherein und unmißverständlich deutlich gemacht werden, daß es sich dabei nicht um einen universalgeschichtlichen, sondern um einen epochengeschichtlichen Ansatz handelt. Gegenstand dieser Untersuchung ist eine Theorie des Krieges im Zeitalter des Kapitalismus, es geht um den inneren Zusammenhang von kapitalistischer Epochenentwicklung und weltweitem Kriegsgeschehen, daher um eine Theorie des Krieges in der Weltgesellschaft[3]. Denn die Entwicklung des Kapitalismus zur Weltgesellschaft kann in der Theorie als Tendenz zur Schaffung eines einheitlichen Raumes für den gesellschaftstheoretischen Zugriff auf das weltweite Kriegsgeschehen reflektiert werden. Es ist also die historische Entwicklung selbst, die in zunehmendem Maße die Voraussetzungen für eine Theorie des Krieges schafft. Die Möglichkeit zu einer Theorie begründet sich aus der Entwicklung des Kapitalismus zur Weltgesellschaft. In der Entwicklungsgeschichte des Kapitalismus liegt der Schlüssel zum Verständnis der Kriege der Gegenwart.

Da der Geltungsbereich der Theorie und die Gültigkeit ihrer Aussagen in dem Maße zunehmen, in dem sich Kapitalismus und bürgerliche Gesellschaft zur Weltgesellschaft entwickeln, nimmt auch die Erklärungskraft der Theorie für das weltweite Kriegsgeschehen mit der globalen Durchsetzung

---

[3] Weltgesellschaft soll hier als zusammenfassender Begriff für den historisch fortschreitenden Prozeß globaler Vergesellschaftung stehen, dessen Motor die Dynamik kapitalistischer Entwicklung ist, deren Wurzeln bis in das europäische Mittelalter zurückreichen, und die sowohl die Tendenz zur Schaffung eines kapitalistischen Weltmarktes als auch die Tendenz der Ausweitung der bürgerlichen Gesellschaft zur Weltgesellschaft einschließt.

des Kapitalismus zu. Entsprechend der globalen Ausbreitung und innergesellschaftlichen Durchsetzung bürgerlich-kapitalistischer Verhältnisse wird auch die Theorie des Krieges im Rahmen einer zunehmend breiter und konkreter werdenden historisch-systematischen Darstellung entwickelt. Im Mittelpunkt der Arbeit soll daher die Aufgabe stehen, den inneren Zusammenhang zwischen kapitalistischer Epochenentwicklung und weltweitem Kriegsgeschehen aus zugleich theoretischer, historischer und globaler Perspektive als allgemeinen Erklärungsrahmen für die Kriege der Gegenwart zu entwickeln und in eine empirisch gesättigte Interpretation des Kriegsgeschehens seit 1945 einmünden zu lassen.

Mit dem Ziel, den Zusammenhang von Kapitalismus und Krieg theoretisch zu begründen, historisch herzuleiten und anhand des Kriegsgeschehens zwischen 1945 und 1993 auch empirisch zu belegen, verbindet sich allerdings nicht der Anspruch, diesen Zusammenhang auch bis in die feinsten Verästelungen seiner theoretischen Implikationen, historischen Entwicklungen und empirischen Erscheinungsformen nachzuzeichnen. Es geht nicht darum, die historische Entwicklung umfassend zu beschreiben, sondern darum, diejenigen Elemente herauszuarbeiten, die für die Entwicklung von Kapitalismus und bürgerlicher Gesellschaft konstitutiv und für das Kriegsgeschehen von Bedeutung sind. Die kapitalistische Weltgeschichte seit dem 16. Jahrhundert soll also als Geschichte dominant hervortretender Formen kriegerischer Konflikte, ihrer strukturellen Ursachen und ihrer weltweiten Verteilungsmuster rekonstruiert werden. Erst für die Zeit nach 1945 wird die historisch-systematische Darstellung mit der Empirie zu einer umfassenden Analyse und Interpretation des Kriegsgeschehens verbunden. Hier ist nicht nur der Erklärungswert des Theorieansatzes am größten, diese Beschränkung hat auch pragmatische Gründe. Nur für diese Zeit liegt eigenes, verläßliches empirisches Material vor. Eine solche Beschränkung ist auch insofern gerechtfertigt, als der normative Anspruch einer am Ideal des Friedens orientierten Kriegsursachenforschung ohnehin stärker zu einer gegenwarts- und zukunftsorientierten Arbeit verpflichtet. Entsprechend liegen hier auch die meisten forschungsstrategischen Anknüpfungspunkte. Vor allem aber treten erst seit dieser Zeit die beiden Gesichter kapitalistischer Entwicklung, ihre zivilisatorische und ihre konfliktive Seite, auch hinsichtlich des Kriegsgeschehens in ihrer pazifizierenden oder aber konfliktiven Wirkung deutlich hervor und teilen die Welt der kriegsfreien bürgerlichen Gesellschaften des Nordens von den kriegsbetroffenen Übergangsgesellschaften der übrigen Welt ab.

Nur wenn diese beiden Seiten kapitalistischer Entwicklung als widersprüchliche Einheit, als zusammengehöriges Ganzes ein und desselben Entwicklungsprozesses begriffen werden, ist es überhaupt möglich, die Kriege der Welt aus einem theoretischen Zusammenhang heraus zu erklären. Die Neigung, die widersprüchliche Einheit einseitig aufzulösen und den Kapitalismus und seine Entwicklung entweder nur nach der positiven Seite hin oder aber nur negativ zu verabsolutieren, hat nicht nur die ganze entwicklungspolitische Diskussion der Nachkriegszeit geprägt, sondern auch die Kriegsursachenforschung an tieferen Einsichten gehindert. Diese Polarisierung der Denk- und Interpretationsmuster zeigt deutliche Parallelen zur bipolaren Struktur des internationalen Systems der Nachkriegszeit, die bis in die innergesellschaftlichen Auseinandersetzungen hineinwirkte, und verweist darauf, wie stark selbst das wissenschaftliche Denken den zeitgeschichtlichen Strömungen verhaftet ist. Die Einheit der Gegensätze jedenfalls war weder für die abonnierten Kritiker noch für die Schönredner des Kapitalismus erkennbar. Die bisherige Kriegsursachenforschung hat es daher auch nur zu begrenzten Hypothesen, zur Erklärung einzelner Phänomene oder zu Systematisierungen des empirischen Materials gebracht, ohne daß es ihr gelungen wäre, eine umfassende, theoretisch begründete Interpretation der Kriege der Welt, ihrer Ursachen, Erscheinungsformen und Verteilungsmuster vorzulegen. Das nur eingeschränkte Verständnis des Kapitalismus und seiner Entwicklungsformen hat sich so in dem nur begrenzten Verständnis für die Zusammenhänge der Kriegsgeschehen niedergeschlagen.

Der Zugang zu den inneren Zusammenhängen der Kriege der Gegenwart setzt aber nicht nur voraus, die Vereinseitigungen zeitgeschichtlicher Denkmuster über Bord zu werfen und den Kapitalismus als widersprüchliche Einheit zu verstehen - er darf auch nicht als monolithischer Block ein für allemal fixierbarer Bestimmungen und Eigenschaften aufgefaßt werden. Denn der Kapitalismus ist "kein fester Kristall, sondern ein wandlungsfähiger und beständig im Prozeß der Umwandlung begriffener Organismus" (Marx 1974:16). Nur wenn die qualitativen Entwicklungsstufen seiner innergesellschaftlichen Durchsetzung und seiner globalen Ausweitung richtig verstanden werden, lassen sich die historisch-spezifischen Formen der Konflikte und Kriege sowohl in den innergesellschaftlichen Entwicklungsprozessen als auch auf globaler Ebene richtig erfassen.

Mit dem Ziel der Arbeit, diese Zusammenhänge aufzudecken und eine Theorie der Kriege der Gegenwart vorzulegen, verbindet sich allerdings nicht auch der Anspruch, die jedesmal besonderen und komplexen Ursachen einzelner Kriege zu zeigen, sondern nur das ihnen Gemeinsame herauszufiltern, sie vergleichbar zu machen und so die Triebkräfte und Ursachen kriegerischer Konflikte ihrer historischen Bedeutung nach zum Vorschein zu bringen. Damit wird weder die Singularität jedes einzelnen Krieges bestritten noch die konkrete empirische Untersuchung jedes Einzelfalls für überflüssig erachtet. Eine Theorie kann den Zusammenhang der Forschung offenlegen und Ansatzpunkte für weitere, vertiefte Untersuchungen liefern, diese aber nicht überflüssig machen. Sie ist jedoch unabdingbar, um die weitgehend isolierte Forschung zusammenzuführen und ihre bisher nur schwach kumulative Wirkung zu verbessern. Sie ist unabdingbar, um das Wissen zu synthetisieren und der verbreiteten Expertenneigung entgegenzutreten, das Besondere des Einzelfalls über alle Verallgemeinerungen zu stellen und es häufig nicht einmal zu versuchen, zu substantiellen Gemeinsamkeiten vorzudringen.

Die Bedingung für die Möglichkeit einer Theorie der Kriege, im weiteren ihrer Vergleichbarkeit und Typologisierung aber ist daran gebunden, daß im Besonderen jedes Einzelfalls auch etwas Allgemeines und daher Vergleichbares zum Ausdruck kommt. Da das Allgemeine bestenfalls in Ausnahmefällen mit seiner Erscheinungsform zusammenfällt, ist es Aufgabe der Theorie, die hinter den konkreten Erscheinungsformen verborgenen Gemeinsamkeiten aufzudecken und die Empirie als Resultat nicht mehr sichtbarer wesentlicher Bestimmungsgründe zu zeigen. Zwar muß sich jede Theorie letztlich auch in der Empirie bewähren, aber nicht im Sinne eines unmittelbaren Abbildungsverhältnisses der theoretischen Aussagen in der empirischen Wirklichkeit. Die Resultate theoretischer Abstraktion sind deshalb keine realitätsfernen Verallgemeinerungen, sondern zeigen mit den zugrunde liegenden Strukturen und Prozessen die unter der dünnen Oberfläche der Empirie liegenden Tiefenschichten sozialer Wirklichkeit, die das konstitutive Gefüge der gesellschaftlichen Oberfläche bilden, mit dieser aber nicht identisch sind. So kann auch von dieser Arbeit nicht erwartet werden, daß ihre Ergebnisse mit irgendeinem Einzelfall zur Deckung gebracht werden können. Würden Empirie und Theorie unmittelbar zusammenfallen, wäre jede Theorie überflüssig.

Die an Theoriebildung interessierte Kriegsursachenforschung darf sich daher auch nicht mit vordergründigen Analogien oder vorschneller Ineinssetzung zufrieden geben. Die Mode gewordene Identifikation der äußeren Erscheinungsformen gewaltsamer Konflikte mit ihren wesentlichen Bestimmungsgründen ist nicht einmal Theorieersatz, sie ist selbst nur Erscheinungsform eines zur Theoriebildung unfähigen Zeitgeistes. Galten beispielsweise während der Hochphasen der Ost-West-Konfrontation sogenannte Stellvertreterkriege als wesentliche Dimension des Kriegsgeschehens in der Dritten Welt, so hat es heute das kleine Attribut "ethnisch" in allerlei Begriffskombinationen übernommen, dem Zeitgeist alle Mysterien der Kriege der Welt zu entschlüsseln. Auch die gegenwärtig in der Friedens- und Konfliktforschung überall zu registrierende Konzentration auf aktuelle Entwicklungen und tagespolitische Ereignisse ist wenig geeignet, den aufgrund der weltpolitischen und weltwirtschaftlichen Umwälzungen verlorengegangenen Orientierungs- und Interpretationsrahmen für das weltweite Geschehen durch tiefere Erkenntnisse zu ersetzen. Gerade in historischen Umbruchsituationen aber ist es unabdingbar, sich der übergreifenden Entwicklungslinien zu vergewissern. Denn auch die beschleunigte Geschichte kann nicht über sich selbst hinaus - selbst die radikalsten Umwälzungen können nur zum Ausdruck bringen, was die Geschichte an sozialen Kräften und gesellschaftlichen Widersprüchen erzeugt hat.

Der hier unternommene Versuch einer auf die großen Entwicklungslinien und theoretischen Grundgedanken reduzierten Darstellung ist allerdings nicht ohne Nachteile. Ihr Preis ist die Anschaulichkeit. Denn der theoretische Gehalt wird um so deutlicher, je weniger exemplarisch gearbeitet wird. Bei allem Respekt vor dem Besonderen, der Sinn dieser Arbeit ist Theoriebildung, und es muß vermieden werden, daß allgemeine, theoretische Aussagen ihre Plausibilität nur aus angeführten Beispielen ziehen. Eine Reihe von Unschärfen muß dabei freilich in Kauf genommen werden. Nur in Ausnahmefällen, wo es zur Verdeutlichung des zentralen Argumentationsgangs unverzichtbar schien, wird das Abstraktionsniveau der Darstellung zugunsten exemplarischer Veranschaulichung verlassen.

Ähnliches gilt für die Auseinandersetzung mit der verarbeiteten Literatur. Eine kritische Literaturauseinandersetzung oder Darstellung abweichender oder konträrer Positionen findet, von Ausnahmen abgesehen, im Rahmen dieser Arbeit nicht statt. Dies ist keine Geringschätzung anderer Autoren oder Positionen, sondern hat vor allem drei Gründe: Erstens, den ohnehin nicht immer einfachen Argumentationsgang nicht unnötig zu verkomplizieren und den eigenen Erklärungsansatz ohne Nebenschauplätze in den Mittelpunkt stellen zu können. Zweitens berührt die Entwicklung des Theorieansatzes auf ihrem Weg durch 500 Jahre kapitalistische Weltgeschichte so viele wissenschaftlich kontroverse Themenbereiche unterschiedlicher Fachdisziplinen, daß eine qualifizierte Auseinandersetzung jeden Rahmen sprengen würde. Für diejenigen, die in den jeweiligen Diskussionen bewandert sind, wird an vielen Stellen die Kritik an bestimmten Autoren, Positionen oder Interpretationsmustern gleichwohl durchscheinen. Drittens soll gar nicht erst der Anschein erweckt werden, als ließe sich die für die Aufgabenstellung relevante Literatur auch nur annähernd verarbeiten. Es ist mittlerweile schon fast ausgeschlossen, die Literatur selbst eng begrenzter Themenbereiche zu überblicken. Der Umfang des hier bearbeiteten Themas und der interdisziplinäre Charakter des Ansatzes machen es unmöglich, diesem Anspruch auch nur nahe zu kommen.

Erweist sich der Theorieansatz im Licht der Kritik grundsätzlich als brauchbar, ist die Aufgabe, den Ansatz weiter zu verfolgen, auszudifferenzieren und die Unschärfen zu beseitigen, ohnehin der gesamten Forschung gestellt. Dies gilt in gleicher Weise für das zweite zentrale Problem der Kriegsursachenforschung, dem sich diese Arbeit zuwendet: dem Problem der Analyse der Komplexität kriegsursächlicher Bestimmungsgründe. Wenn der innere Zusammenhang von Kapitalismus und Krieg im Rahmen der historisch-systematischen Darstellung als grundlegender Erklärungsrahmen für die Kriege der Gegenwart und das Kriegsgeschehen damit seiner historischen Logik nach herausgearbeitet ist, stellt sich der Untersuchung des Phänomens Krieg ein weiteres, bisher ungelöstes Problem in den Weg, das in erster Linie bei der Untersuchung oder dem Vergleich einzelner Kriege auftaucht. Jeder Krieg erfaßt alle Bereiche gesellschaftlichen und individuellen Lebens, ist kein bloß militärisches, sondern ein zugleich politisches, soziales, ökonomisches und psychisches Phänomen, das alle Seiten sozialen Lebens existentiell, bis hin zu ihrer vollständigen Zerstörung betrifft, so daß Krieg nicht nur ein alle Gesellschaftsformen, Kulturräume und Epochen übergreifendes und daher menschheitsgeschichtlich universelles Phänomen darstellt, sondern auch als ein "totales" gesellschaftliches Phänomen bezeichnet werden muß. Dies gilt nicht nur in bezug auf seine Auswirkungen, sondern auch hinsichtlich seiner Ursachen, weil sich jeder Krieg aus einer letztlich nicht abschließenden Reihe historischer, individueller, gesellschaftlich-sozialer und internationaler Bestimmungsgründe zusammensetzt, die sich im Zuge der Eskalation eines Konfliktes schließlich zu kriegerischem Konfliktaustrag verdichten.

An dem Problem, die Komplexität der Ursachen und ihre kumulative Verdichtung zu kriegerischem Konfliktaustrag analytisch in den Griff zu bekommen, ist die bisherige Forschung gescheitert. Vielmehr hat sich eine Dreiteilung in die methodisch weitgehend inkompatiblen Analyseebenen "Individuum", "Staat/ Gesellschaft" und "internationales System" eingebürgert, die an die Einheit des Untersuchungsgegenstandes nicht heranreicht. Es muß daher das Ziel sein, ein einheitliches analytisches Konzept zu entwickeln, das es erlaubt, die Vielfalt möglicher Kriegsursachen einer systematischen Analyse zugänglich zu machen, ohne daß sich die Komplexität der Ursachen in die Unvereinbarkeit unterschiedlicher Analyseebenen übersetzt oder potentielle Kriegsursachen von vornherein ausgeblendet werden. Die vorliegende Arbeit beansprucht, einen solchen analytischen Zugang zur Komplexität der Kriegsursachen und zum Prozeß ihrer konfliktiven Verdichtung zu kriegerischem Konfliktaustrag gefunden und im Grundsatz skizziert zu haben.

Ausgehend von den beiden zentralen Zielen, einen gesellschaftstheoretischen Erklärungsrahmen für das Kriegsgeschehen der Gegenwart und ein Analyseschema für die Untersuchung kriegsursächlicher Eskalationsprozesse zu entwickeln, gliedert sich die Arbeit in drei große Abschnitte: Im ersten Teil geht es um den Krieg als Untersuchungsgegenstand. Ein kurzer Überblick über den Stand und die Defizite der Forschung zeigt, daß sich die Aufgabenstellungen dieser Arbeit direkt aus den Kernproblemen der Kriegsursachenforschung herleiten. Eine Auseinandersetzung mit einigen wissenschaftstheoretischen Problemen, die bisher Fortschritte auf dem Gebiet der Kriegsursachenforschung behindert haben, führt dann unmittelbar zu den Ausgangspunkten dieses Ansatzes. Im zweiten Teil, der den Schwerpunkt der Arbeit bildet, geht es um die Entwicklung des gesellschaftstheoretischen Erklärungsrahmens für die Kriege der Gegenwart. Aus zugleich theoretischer, historischer und globaler Perspektive werden die strukturellen Konfliktlinien, -konstellationen und -mechanismen, die dem Kriegsgeschehen unserer Epoche unterliegen, herausgearbeitet. Die Darstellung des inneren Zusammenhangs zwischen kapitalistischer Epochenentwicklung und weltweitem Kriegsgeschehen beginnt mit der handelskapitalistischen Vorgeschichte der Entwicklung des Kapitalismus, führt über die verschiedenen Stufen seiner innergesellschaftlichen Durchsetzung und weltweiten Ausbreitung und endet mit einem Blick auf den gerade erst begonnenen Transformationsprozeß in den ehemals staatssozialistischen Gesellschaften. Der dritte Teil wendet sich dann dem Problem der Untersuchung kriegerischer Konflikte zu. In einem ersten Schritt wird der Ausgangspunkt für die Überwindung des Problems der Analyseebenen dargestellt. In einem zweiten Schritt wird mit der "Grammatik des Krieges" ein allgemeines Analyseschema für vergleichende Fallstudien entwickelt, das es erlaubt, die Vielfalt möglicher Kriegsursachen mit den Eskalationsstufen zu verbinden, die zu kriegerischem Konfliktaustrag führen.

Teil 1

Krieg als Untersuchungsgegenstand

1.1 Defizite der Forschung

Das ständig wachsende Ausmaß gewaltförmiger Konflikte in der Welt steht nicht nur in krassem Gegensatz zu den geringen Erfolgen politischer Bemühungen, es einzugrenzen, sondern auch zum Ertrag der umfangreichen wissenschaftlichen Beschäftigung mit dieser bedrückenden Entwicklung. Gemessen an dem durch die jüngsten weltpolitischen Ereignisse stark gestiegenen öffentlichen Interesse an fundierten wissenschaftlichen Analysen (Senghaas/Zürn 1991:2) und den konstatierten Forschungsbedürfnissen und selbstgesteckten Zielen der Friedens- und Konfliktforschung fällt die Betrachtung der bisherigen wissenschaftlichen Erträge der Kriegsursachenforschung ernüchternd aus. Alle Arbeiten zum Stand der Forschung[4] kommen in etwa zu dem gleichen Ergebnis, das sich wie folgt zusammenfassen läßt: Neben vielfältigen Detailproblemen gibt es im Bereich der elementaren Forschungsgrundlagen gravierende Defizite, die vor allem auf die Komplexität der Ursachen und die Historizität des Untersuchungsgegenstandes Krieg zurückgeführt werden können und sich im Fehlen eines gesellschaftstheoretischen Erklärungsrahmens zusammenfassen lassen. Die heute fast unüberschaubar gewordene Zahl von Untersuchungen hat zwar zu einer Vielzahl wichtiger Einsichten und Detailkenntnisse geführt, zu einer auch nur annähernd entsprechenden Zunahme systematischen Wissens kam es jedoch nicht. Der Forschungsstand wie die Forschungspraxis sind atomi-

---

[4] Es ist nicht die Absicht, den Stand der Kriegsursachenforschung hier noch einmal vollständig zu referieren. Dies ist bereits mehrfach z.b. von Deutsch/Senghaas (1970), Gantzel (1972), Eberwein (1981), Matthies (1985; 1988; 1992), Ferdowsi (1987), Mendler/Schwegler-Rohmeis (1988) und Levy (1989) vorgenommen worden, wobei ausdrücklich auf die umfassende und ergiebige Studie von Mendler/Schwegler-Rohmeis (1989) hingewiesen werden soll. Im folgenden sollen nur diejenigen für die Kriegsursachenforschung zentralen Probleme und Defizite kurz zusammengefaßt werden, über die innerhalb der Forschung weitgehend Konsens besteht. Dies ist weder eine Geringschätzung der unterschiedlichen Gewichtung der Probleme durch die verschiedenen Autoren noch gar der trotz aller Schwierigkeiten innerhalb des Forschungsgebietes erzielten Ergebnisse und Fortschritte. Dieses Vorgehen erklärt sich daraus, daß sich die Aufgaben und Ziele dieser Arbeit vornehmlich aus der Selbstkritik der Forschung herleiten und an der Überwindung ihrer Kernprobleme orientiert sind.

stisch, nicht kumulativ und ohne erkennbaren theoretischen Gesamtzusammenhang.

Daher sind auch die Forschungsergebnisse in ihrer Summe eher verwirrend. Zu gleichen oder ähnlichen Fragestellungen existieren z.T. einander widersprechende Resultate, so daß kaum etwas gesichert erscheint. Nichts ist gewiß, kaum eine gesicherte Aussage, die nicht ebenso gesichert widerlegt wäre. Nicht einmal über die definitorische Bestimmung des Gegenstandes "Krieg" besteht in der Forschung Einigkeit. Bis heute existiert keine allseits akzeptierte Kriegsdefinition (Matthies 1988:48)[5]. Ihr gemeinsamer Nenner reduziert sich auf die notwendige Bedingung der Anwendung kollektiver physischer Gewalt. So herrscht hinsichtlich der Verwendung des Begriffs Krieg "eine geradezu babylonische Sprachverwirrung" (Matthies 1985:367). Auch "die elementare Einsicht in die Notwendigkeit der begrifflichen Unterscheidung zwischen Konflikt und seinem gewaltsamen Austrag scheint sich noch nicht bei allen Kriegsursachenforschern mit den gebotenen methodischen Konsequenzen durchgesetzt zu haben" (Mendler/Schwegler-Rohmeis 1988:273). Ähnliche Unklarheit besteht hinsichtlich des Begriffs "Ursache". Selbst gröbste systematische Unterscheidungen wie die zwischen endogenen und exogenen Konfliktursachen erweisen sich bei näherer Betrachtung als problematisch (Ferdowsi 1987:31). "Um kausalanalytisch vorankommen zu können, muß sich die Kriegsursachenforschung mehr Klarheit über die Verwendung des Begriffs 'Ursache' verschaffen" (Mendler/Schwegler-Rohmeis 1988:275).

Neben der Unklarheit innerhalb der Kriegsursachenforschung über die ihren Gegenstand konstituierenden Grundbegriffe "Ursache" und "Krieg" leiten sich die zentralen wissenschaftlichen Probleme der Forschung aus der Komplexität des Untersuchungsgegenstandes ab. Denn Krieg ist eine

---

5 Im Rahmen dieser Arbeit wird die Kriegsdefinition der AKUF zugrunde gelegt, die sich in der Bundesrepublik weitgehend durchgesetzt hat. In Anlehnung an die Definition des ungarischen Friedensforschers István Kende definiert die AKUF Krieg als "gewaltsamen Massenkonflikt, der alle folgenden Merkmale aufweist: a) an den Kämpfen sind zwei oder mehr bewaffnete Streitkräfte beteiligt, bei denen es sich mindestens auf einer Seite um reguläre Streitkräfte (Militär, paramilitärische Verbände, Polizeieinheiten) der Regierung handelt; b) auf beiden (!) Seiten muß ein Mindestmaß an zentralgelenkter Organisation der Kriegführenden und des Kampfes gegeben sein, selbst wenn es nicht mehr bedeutet als organisierte bewaffnete Verteidigung oder planmäßige Überfälle (Guerillaoperationen, Partisanenkrieg usw.); c) die bewaffneten Operationen ereignen sich mit einer gewissen Kontinuierlichkeit und nicht nur als gelegentliche, spontane Zusammenstöße, d.h. beide Seiten operieren nach einer planmäßigen Strategie, gleichgültig ob die Kämpfe auf dem Gebiet eines oder mehrerer Gesellschaften stattfinden und wie lange sie dauern" (Gantzel/Meyer-Stamer 1986:8; Zu den Problemen dieser Abgrenzung ebd.: 3-12).

"hochkomplexe Erscheinung" (Gantzel 1988:56) und vielleicht sogar das "facettenreichste und komplexeste aller Sozialphänomene" (Lider 1983:17). Dieser "Komplexität des Kriegsursachenproblems jedoch ist die Forschung bislang noch kaum gerecht geworden" (Matthies 1988:54), so daß es "kaum ein anderes gesellschaftliches Problem dieser Größenordnung (gibt), über das gleichermaßen wenig analytische Klarheit herrscht" (Krippendorff 1977:91).

Für die Forschung stellt sich das Problem der Komplexität des Untersuchungsgegenstandes Krieg jedoch unterschiedlich dar: Je nachdem, ob es um die Untersuchung bzw. den Vergleich der Ursachen einzelner Kriege oder aber um das Kriegsgeschehen insgesamt, in seiner historischen und globalen Dimension, geht, zeigt sich das Problem der Komplexität kriegerischer Konflikte entweder in der Vielfalt möglicher Ursachen oder aber darin, daß überall und zu allen Zeiten Kriege geführt wurden, Krieg also ein menschheitsgeschichtlich universelles Phänomen darstellt. Während es einerseits darum geht, die Komplexität zu zerlegen und über einen gesellschaftstheoretischen Erklärungsrahmen die historische Logik des Kriegsgeschehens zu zeigen, geht es andererseits - genau umgekehrt - darum, mit der Komplexität des Ursachengefüges die Einheit des Gegenstandes vor seiner wissenschaftlichen Aufspaltung in methodisch unintegrierbar nebeneinanderstehende Analyseebenen zu bewahren und einen einheitlichen analytischen Zugang zum Prozeß der Verdichtung des Ursächlichen zum Krieg zu ermöglichen. Das Komplexitätsproblem legt sich also in zwei große Problemfelder auseinander, die gelöst werden müssen, um zu einer gesellschaftstheoretischen Untermauerung der Kriegsursachenforschung zu kommen.

Keine der beiden großen Forschungsrichtungen, die sich in der noch jungen Geschichte der Disziplin herausgebildet haben, hat bislang Wesentliches zur Bewältigung der grundlegenden Defizite beigetragen. Die Grundprobleme und der fehlende theoretische Gesamtzusammenhang der Disziplin zeigen sich daher sowohl in der empirisch-quantitativ ausgerichteten Forschung, die als traditionell vorherrschende Richtung von Sorokin (1959), Richardson (1969) und Wright (1965) bis zu den Arbeiten von Melvin Small und David Singer im Rahmen des bis heute wohl einfluß- und umfangreichsten Correlates-of-War Projektes (dies. 1982) reichen und mit Hilfe statistischer Methoden vor allem zwischenstaatliche Kriege untersuchen, als auch in der eher qualitativ ausgerichteten Forschung, die die bis dahin vernachlässigte Dimension innergesellschaftlicher Ursachen aufnimmt und die Interessen der kriegsbeteiligten Akteure stärker in den Mittelpunkt stellt und seit Ende der 70er Jahre mit der Verschiebung des Forschungsinteresses auf die Dritte Welt vor allem im deutschsprachigen Raum ständig an Einfluß gewonnen hat. Letztere hat sich hauptsächlich auf die empirische Untersuchung einzelner Kriege und einzelner Aspekte von Krieg konzentriert.

Der quantitativ orientierten Forschung fehlt - trotz eines stark ausdifferenzierten methodischen Apparats der statistischen Analyse (Singer 1990) - ohne systematisch-theoretische Begründung sogar bei der Behandlung von stark eingeschränkten Fragestellungen die Kohärenz (Levy 1989:284). Den bloß quantitativ erfaßten Tatsachen allein kann eine Theorie aber nicht entnommen werden. Sie erlauben nur die Überprüfung der Plausibilität einzelner Hypothesen bei noch ungelösten Problemen der Validität sowie die verläßliche Überprüfung von Thesen, die aus formalen Modellen gewonnen werden (Wayman/Singer 1990:255f). Bisher wurden solche Datensammlungen dann auch überwiegend zur Behandlung und Überprüfung von Fragestellungen aus "traditionellen" Themengebieten des Bereichs Internationale Beziehungen wie z.B. Machtgleichgewichte, Rüstungswettläufe und Allianzen benutzt (Singer/Diehl 1990) oder auf die Untersuchung zwischenstaatlicher Kriege bezogen, die zwar vor dem Zweiten Weltkrieg als die "klassische" Form besonders der europäischen Kriege angesehen werden können, seitdem aber - trotz der Zerfallsprozesse der UdSSR und auf dem Balkan - eine nur noch untergeordnete und ständig zurückgehende Dimension des weltweiten Kriegsgeschehens darstellen. Unter den 45 Ende 1993 laufenden Kriegen beispielsweise ist kein einziger rein zwischenstaatlicher Krieg mehr zu verzeichnen.

Ohne entsprechende gesellschaftstheoretische Untermauerung ist die empirisch-quantitative Forschung auch für die vergleichende Kriegsursachenforschung nur von begrenztem Wert. Solange keine gesellschaftstheoretisch begründete Periodisierung von Krieg vorliegt und damit die Historizität des Gegenstandes ein ungelöstes Problem bleibt, führen die "mannigfaltigen Untersuchungszeiträume in den Datensätzen und Analysen" (Mendler/Schwegler-Rohmeis 1986:23) auch zu unterschiedlichen und widersprüchlichen Ergebnissen über Trends und Tendenzen im Kriegsgeschehen (ebd.:13).[6] Ähnlich wie bei der Wahl der Untersuchungszeiträume besteht auch über die Abgrenzung geographischer und kultureller Räume oder gesellschaftlich-sozialer Untersuchungsfelder keine Übereinstimmung, so daß die quantitativ ausgerichtete Forschung insgesamt keine verläßliche Basis darstellt und bislang nur begrenzt zum Verständnis der konfliktiven Prozesse in der Welt beitragen konnte.[7]

So wie die quantitativ ausgerichtete Forschung bisher an der alle Gesellschaftsformen, Kulturräume und Epochen übergreifenden Dimension des Krieges gescheitert ist, hat die eher qualitativ ausgerichtete Forschung bislang keinen Weg gefunden, die Komplexität des Gegenstandes methodisch in den Griff zu bekommen. Da die Vielfalt möglicher Kriegsursachen von den Einflüssen des internationalen Systems über die unterschiedlichsten gesellschaftlichen Ursachen bis auf die Ebene der psychosozialen Beweggründe der Akteure reicht, hat sich in der Forschungspraxis hinsichtlich der Ansatzhöhe der Untersuchung eine Dreiteilung in die weitgehend inkompatiblen Analyseebenen "internationales System", "Staat/Gesellschaft" und "Individuum" eingebürgert. In diesem "Trilemma der Ansatzhöhen" dokumentiert sich nicht nur die Grenze zwischen quantitativer und qualitativer Forschung, sondern vor allem auch der Umstand, daß die Ursachen kriegerischer Konflikte in den Bereich verschiedener Sozialwissenschaften mit ihren unterschiedlichen, sich z.T. widersprechenden methodischen, theoretischen und kategorialen Grundlagen hineinreichen. Da keine der Analyseebenen die Gesamtheit kriegsursächlicher Bestimmungsgründe umfaßt und die Komplexität des Gegenstandes von vornherein die fachspezifischen Grenzen überschreitet, hat sich auch die Einsicht durchgesetzt, daß die Untersuchung von Kriegsursachen "eigentlich die interdisziplinäre Zu-

---

[6] Sorokin (1959) etwa untersucht die Kriege von 1100 bis 1925, Richardson (1960) die Kriege von 1820 bis 1949, Wright (1965) die Kriege von 1480 bis 1941, Butterworth/Scranton (1976) die Kriege von 1945 bis 1974, Small/Singer (1982) die Kriege von 1816 bis 1980, Gantzel/Meyer-Stamer (1986) die Kriege von 1945 bis 1984, Luard (1986) die Kriege von 1400 bis 1984 oder eine kanadische Studie (Kaye u.a. 1985) die Kriege von 1720 bis 1985.

[7] Dies bedeutet allerdings nicht, daß die empirisch-quantitative Kriegsforschung oder, wie sie auch genannt wird, Kriegsvorkommensforschung überflüssig wäre. Im Gegenteil: Sie hat ihren Erkenntniswert dort, wo sie das, was die Theorie allgemein erklärt, in einer den Einzelfall übergreifenden Reihe von Fällen zu zeigen in der Lage ist. So läßt sich das, was die konkrete Untersuchung der Einzelfälle an Besonderem zutage fördert, auch als Tendenz und seiner historischen Bedeutung nach zum Vorschein bringen. Sie stellt mithin einen unverzichtbaren Teil des allgemeinen Wissens über Kriege dar. Es muß aber deutlich hervorgehoben werden, daß es keine "statistische Selbstbegründung" empirischer Forschung gibt, sondern daß die quantitative Forschung ihre Kompetenz und Erklärungskraft nur von einer Theorie zugewiesen bekommen kann. Das Fehlen eines grundlegenden theoretischen Erklärungsrahmens in der Kriegsursachenforschung entwertet insofern auch die Bemühungen der Kriegsvorkommensforschung.

sammenarbeit mehrerer Sozial- und Geisteswissenschaften erfordert" (Massarat 1988:429). Gerade was die Erforschung von Konflikten in der Dritten Welt angeht, ist "für eine verstärkte Expertise von Kolonialhistorikern, Ethnologen, Entwicklungssoziologen und Kulturwissenschaftlern zu plädieren, die in der Lage sind, das vorkoloniale und koloniale Erbe mit in die Analyse einzubeziehen" (Matthies 1988:57).

So wird zwar überall auf die Notwendigkeit interdisziplinärer Zusammenarbeit hingewiesen, aber kaum irgendwo wird sie konsequent umgesetzt, weil interdisziplinäre Forschung mehr erfordert als die bloße Addition fachwissenschaftlicher Ergebnisse und Kompetenzen. Insofern ist die Verknüpfung der Analyseebenen "eine zwingende Forderung, wenn man ein so komplexes Phänomen wie...den Krieg überhaupt hinreichend erklären will" (Gantzel 1972:55). "Zwar gilt es mittlerweile als selbstverständlich, sich nicht mit monokausalen Erklärungsansätzen zu begnügen, doch ist damit allein das Problem der Wahl und Gewichtung von Analyse-Ebenen (Mensch, Staat und internationales System) und von Einflußfaktoren (politischer, sozialer, ökonomischer und psychischer Art) noch nicht gelöst" (Matthies 1988:54). Es gilt daher nach wie vor: "Die direkte Verbindung zwischen Analyseebene 'Individuum' und der Ebene des internationalen Systems und ihrer Vermittlungsformen sind noch immer ungeklärt" (Mendler/Schwegler-Rohmeis 1988:270). Die Lösung dieser Aufgabe stellt sich für die Forschung so als zwingende Notwendigkeit dar, um die Reichweite der Disziplin zu vergrößern, erscheint ihr zugleich aber auch als "Quadratur des Kreises" (dies.: 1989:151).

Das Problem der Analyseebenen und der Gewichtung der verschiedenen Einflußfaktoren stellt sich prinzipiell zwar bei jeder Untersuchung der Ursachen eines Krieges, wird jedoch in der Forschungspraxis meist nach Gutdünken "gelöst", so daß die Problematik in der Regel erst beim Vergleich der Ursachen kriegerischer Konflikte voll zum Tragen kommt. Für die vergleichende Forschung hat dies zur Konsequenz, daß die verschiedenen und methodisch meist heterogenen Fallstudien und Einzeluntersuchungen nur mit äußerster Mühe und geringem Erfolg aufeinander bezogen werden können und so nur wenig zum systematischen Wissen beitragen. Entsprechend ist auch die Ausarbeitung einer Typologie des Kriegsgeschehens nach qualitativen Kriterien in den Anfängen steckengeblieben. Namentlich bei innerstaatlichen Kriegen "gerät man in einen 'Morast' unklarer Definitionen, Typen und Zuordnungen" (Matthies 1985:367).

Es kann hier darauf verzichtet werden, die Auswirkungen der methodischen Probleme und des Theoriedefizits innerhalb der Forschung weiter zu verfolgen. Festzuhalten bleibt, daß sich die beiden Aufgabenfelder, die im Mittelpunkt dieser Arbeit stehen, unmittelbar aus den zentralen Problemen und Defiziten der Forschung ergeben, über die bisher ein weitgehender Konsens bestanden hat. Der kurze Überblick über den Stand der Forschung wäre jedoch unvollständig, ohne noch auf zwei Dinge hinzuweisen.

Zum einen muß erwähnt werden, daß mit dem Zusammenbruch des Staatssozialismus und dem Ende der globalen Ost-West-Konfrontation auch für die Friedens- und Konfliktforschung die alten Koordinaten und der ganze bisherige Interpretationsrahmen nicht mehr stimmen. Spätestens seit der Kontroverse zwischen "Bellizisten" und "Pazifisten" während des Zweiten Golfkriegs weist der zuvor breite Konsens über die Grundfragen der Disziplin überall deutlich spürbare Risse auf. Galt beispielsweise die Kriegsursachenforschung zuvor noch als Kern der Friedens- und Konfliktforschung, so findet heute eine immer stärkere Orientierung auf die Erforschung der Bedingungen des Friedens statt. Nicht mehr die Ursachen der Kriege, sondern die Bedingungen des Friedens sollen fortan den Schwerpunkt der Forschung bilden.[8] Es ist zu hoffen, daß die Auseinandersetzungen um die grundsätzliche Orientierung der Forschung, um ihre neuen zentralen Aufgaben und Ziele, nicht zu einer weiteren Zersplitterung der ohnehin begrenzten Kräfte und Ressourcen führt, sondern zu einer Konzentration auf die wirklich zentralen Probleme.

Zum anderen darf nicht unerwähnt bleiben, daß dem bislang breiten Konsens über die methodischen und theoretischen Grundprobleme der Forschung in der Forschungspraxis ein ebenso breiter Konsens darüber ent-

---

[8] Es soll hier keineswegs gegen eine verstärkte wissenschaftliche Beschäftigung mit den Bedingungen des Friedens Stellung bezogen werden. Eingedenk einer in Hunger, Elend und Krieg versinkenden Welt hat es die proklamierte "Friedensursachenforschung", die nun ins Zentrum der Aufmerksamkeit gerückt werden müsse (Senghaas 1992), ohnehin schwer, sich plausibel zu machen. Bedenklich ist allerdings, wenn die "Anforderungen an ein zeitgemäßes Friedenskonzept" über die antithetische Abgrenzung gegen eine als zeitgeschichtlich überholt dargestellte Kriegsursachenforschung gewonnen werden (ebd.) oder dieser letztlich gar das Recht abgesprochen wird, sich in Zukunft noch "mit dem Etikett 'Friedensforschung' (zu) schmücken" (ders. 1993:28). So gern die Kriegsursachenforschung sich selbst überflüssig wüßte, gehört sie leider nicht zu den Altlasten der Nachkriegsordnung, sondern zu den Voraussetzungen, um realistische Friedenskonzepte zu entwickeln. So verständlich angesichts der Weltlage der Wunsch nach Veränderungen und die Hoffnung auf tragfähige Konzepte zur Konfliktregulierung auch sein mögen, und so sehr sich der Autor diesen Zielen verpflichtet fühlt - in der vorliegenden Arbeit geht es nicht um therapeutische Konzepte. Die Diagnose geht der Therapie voraus.

spricht, die Bewältigung dieser Aufgaben den jeweils anderen zu überlassen, so daß im Resultat nichts geschieht. Dem Wissen um die Defizite steht deren fast schon fatalistische Hinnahme gegenüber. Innerhalb des Forschungsbereichs finden sich daher praktisch keinerlei Ansatzpunkte zur Lösung der anstehenden Aufgaben. Sie müssen außerhalb des Forschungsbereichs gesucht werden. Damit liegt eine weitere Schwierigkeit darin, daß sich im Untersuchungsgegenstand Krieg offenbar eine Reihe von Problemen zusammenfassen, die auf dem Feld der Kriegsursachenforschung selbst gar nicht gelöst werden können. So wie das Problem der Verbindung der Analyseebenen nur die bereits auf den Gegenstand Krieg bezogene Form des Problems ist, die weitgehend inkompatiblen theoretischen, methodischen und kategorialen Grundlagen etwa der Geschichts- und Politikwissenschaft, der Soziologie, Ethnologie und Sozialpsychologie systematisch zu verbinden, so ist auch das Problem der Historizität sozialer Phänomene nicht auf das Feld der Kriegsursachenforschung beschränkt. Martin Mendler und Wolfgang Schwegler-Rohmeis ist daher zuzustimmen, wenn sie in ihrem Bericht zum Stand der Forschung abschließend festhalten: "Für die Zukunft der Kriegsursachenforschung wird es wichtig sein, daß sie sich zunächst einmal ihrer Defizite, methodischen Probleme und wissenschaftstheoretischen Ausgangspunkte bewußt wird" (dies. 1988:278). Damit kommen wir zu den Hindernissen für Fortschritte in der Konfliktforschung, die jenseits der objektiven Schwierigkeiten, die der Gegenstand bietet, in den wissenschaftstheoretischen und methodischen Grundlagen liegen, die als Erbe unserer Wissenschaftstradition auch das Fundament der Kriegsursachenforschung darstellen.

1.2 Probleme der Theoriebildung

Solange Kriege existieren, haben sie die Phantasie der Menschen angeregt, so daß sich der Krieg in allen kulturellen Zeugnissen der Menschheitsgeschichte verarbeitet findet. Von den homerischen Epen bis zur modernen Literatur, von Landsknechtsliedern oder Marschmusik bis zu Schostakowitschs Leningrader Symphonie oder den Protestsongs der Antivietnambewegung, von rituellen Kriegstänzen oder der religiösen Heiligung des Krieges wie im islamischen Dschihad bis zum religiösen Pazifismus der

Mennoniten oder zu Rambos filmischer Überwindung des Vietnamtraumas reichen die symbolischen Verarbeitungsformen dieses gesellschaftlichen Phänomens. In den verschiedenen Formen symbolisch-kulturellen Ausdrucks dokumentieren sich nicht nur die Auffassungen und Empfindungen der Kunstschaffenden selbst, sondern immer auch das Selbstverständnis der jeweiligen Gesellschaft. Die Vergewisserung über die Hintergründe und Triebkräfte von Krieg reicht so vom Krieg als göttlich verfügtem Schicksal, wo sich die Entschlüsse der Götter in den Taten der Menschen offenbaren, bis zu den heutigen wissenschaftlichen Versuchen der Erklärung des Krieges als eines entmythologisierten Phänomens, das auf nacktem Machtkalkül und der Durchsetzung rational begründbarer Interessen beruht.

Durch die Geschichte hindurch haben sich so nicht nur die Beweggründe und Antriebskräfte oder die Formen kriegerischen Konfliktaustrags und das Niveau der Kriegstechnik, sondern auch die Art und Weise geändert, in der sich die Menschen den Krieg vergegenwärtigen. Der Blick in die Geschichte offenbart, daß die mythologisch-religiösen Formen der Aneignung der Welt sich immer mehr zugunsten rationaler Vergewisserung des Gesamtzusammenhangs von Natur, Gesellschaft und Individuum verändert haben. Dabei zeigen sich aber nicht nur die generellen Fortschritte im Erkenntnisvermögen, es zeigen sich auch die jeweiligen Grenzen der Erkenntnis. Dem Krieg und seiner geistig-emotionalen oder wissenschaftlichen Verarbeitung haftet so von vornherein eine historische Spezifik an. Dies gilt besonders für den epochalen Einschnitt, der sich mit dem Übergang von der mittelalterlich-feudalen zur bürgerlichen Gesellschaft ergibt. Er hat nicht nur den Kriegscharakter revolutioniert, sondern auch die Art der Vergewisserung über die Ursachen des Krieges radikal verändert.

Der europäische Übergang zum Kapitalismus hat die mittelalterlichen Verhältnisse aus ihren Verankerungen gerissen und die ganze bisherige Geschichte in einen Prozeß verwandelt, der alle Ebenen des gesellschaftlichen Lebens erfaßt und so auch das mythologisch-mittelalterliche Weltbild durch das bürgerliche Denken ersetzt. Die Vernunft wird zum Vermögen, sich vom Überlieferten zu befreien. In den Wissenschaften, die sich allmählich aus den Alltagsvorstellungen herauslösen, zeigt sich der kapitalistische Prozeß der permanenten Revolutionierung aller Verhältnisse in der Fähigkeit zur Kritik, die zur Grundlage und zum zentralen Motor wissenschaftlichen Fortschritts wird. Trotz dieser Kritikfähigkeit fällt es den Wissenschaften jedoch bis heute schwer, die Defizite und Grenzen des bürgerlichen Denkens zu überwinden. Und es sind diese überlieferten Grenzen der modernen Wissenschaft, die neben den objektiven Schwierigkeiten, die der Gegenstand Krieg seiner theoretischen Durchdringung entgegensetzt, das Haupthindernis auf dem Weg zu einer Theorie des Krieges darstellen. Die wissenschaftlichen Denkformen, Methoden und Begriffe, mit denen wir uns heute auf die analytische Jagd um den Erdball und durch die Geschichte begeben, behindern die Einsicht in das, was es aufzudecken gilt. Nur wenn die Probleme der Kriegsursachenforschung auch als Grenzen unserer Wissenschaftstradition erkannt werden, ergibt sich die Möglichkeit, einem gesellschaftstheoretischen Bezugsrahmen näher zu kommen. Dies soll anhand von drei miteinander zusammenhängenden Entwicklungen in der bürgerlichen Wissenschaftstradition verdeutlicht werden: dem Methodenverständnis der Sozialwissenschaften, ihrem formallogischen Reduktionismus und der traditionellen Geschichtsauffassung.

Die erste dieser traditionellen Entwicklungslinien, die mitten in einen zentralen Problembereich der gegenwärtigen Kriegsursachenforschung hineinführt, beginnt an der Schwelle zur bürgerlichen Revolution in England. Sie geht zurück auf Bacon und Locke, die Philosophie und Wissenschaft revolutioniert haben. Sie haben die klassischen spekulativen Methoden der Philosophie durch eine an der sinnlichen Erfahrung orientierte Empirie ersetzt und so Methoden und Anschauungsweisen der Naturwissenschaften auf die Philosophie übertragen. Damit wurde der Grundstein für den Siegeszug naturwissenschaftlicher Methoden gelegt, deren Dominanz heute die Geisteswissenschaften zu erdrücken droht. Dabei hat es nie an Mahnern ganz unterschiedlicher Provenienz gefehlt: Von Marx über Popper bis zu Elias, der in einer seiner letzten Veröffentlichungen noch einmal mit Nachdruck die Emanzipation der Sozialwissenschaften von der Dominanz der Naturwissenschaften fordert (Elias 1987:230ff).

Nun hat es die Naturwissenschaft durch die Zerlegung der Natur in ihre einzelnen Bestandteile zu faszinierenden Ergebnissen gebracht. "Aber sie hat uns ebenfalls die Gewohnheit hinterlassen, die Naturdinge und Naturvorgänge in ihrer Vereinzelung und außerhalb ihres großen Gesamtzusammenhangs aufzufassen; daher nicht als wesentlich veränderliche, sondern als feste Bestände; nicht in ihrem Leben, sondern in ihrem Tod" (Engels 1980:65). So ist auch in den Geistes- und Sozialwissenschaften der gesellschaftliche Gesamtzusammenhang durch die Spezialisierung in Teildisziplinen und Untersuchungsfelder immer mehr aus dem Blick geraten. Auch hier werden immer kleinere Bestandteile aus dem organischen Zusammenhang des Ganzen herausgelöst und als Manifestationen des gesellschaftlichen Prozesses festgehalten. Erst als solche zum Stillstand gebrachten Momente, als abgestorbene Tatsachen, als tote Fakten, Daten und Zahlen gelten sie als objektiviertes wissenschaftliches Material und damit auch als Ziel empirischer Forschung.

Je komplexer aber der Gegenstand sozialwissenschaftlichen Interesses ist, desto deutlicher tritt das Problem hervor, daß in den Einzelwissenschaften von immer weniger immer mehr gewußt wird. Die Differenzierung und Verselbständigung der Disziplinen und ihrer theoretischen und methodischen Ausgangspunkte führt so letztlich zum Verlust des Gegenstandes und zum Primat der Methode gegenüber der Sache. Diese Verkehrung zeigt sich, sobald die Komplexität eines Gegenstandes die Grenzen einer Disziplin überschreitet und die Segmente anderer Disziplinen berührt. Die Analyse des Untersuchungsgegenstandes wird dann von den ganz unterschiedlichen und, wie das Beispiel der Kriegsursachenforschung zeigt, letztlich von unintegrierbar nebeneinanderstehenden theoretischen und methodischen Idealen der Fachdisziplinen aus vorgenommen. Aber die "Methoden hängen nicht vom methodischen Ideal ab sondern von der Sache" (Adorno 1975:130). So sind ungezählte Untersuchungen dadurch zur Irrelevanz verurteilt, "daß sie dem Primat der Methode gehorchen und nicht dem des Gegenstandes" (ebd.).

Das traditionelle Wissenschaftsverständnis aber kennt eine vom Gegenstand und seiner inneren Logik ausgehende Analyse und Methode nicht, so daß sich die Komplexität eines Gegenstandes durch die nicht integrierbar arbeitsteilige Wissenschaftstradition überhaupt erst in das Problem unvereinbarer analytischer Ausgangspunkte übersetzt. Daß sich die Komplexität des Krieges für die Kriegsursachenforschung als Problem der scheinbar unintegrierbar verschiedenen Analyseebenen Individuum, Staat/Gesellschaft und internationales System darstellt, ist offenbar nicht ein Problem des Gegenstandes, sondern ein Problem unserer Wissenschaftstradition. Die Konfliktforschung, die ursprünglich angetreten war, ihren Gegenstand vor der arbeitsteiligen Zersplitterung zu bewahren, versagt es sich jedoch bis heute, die Paradigmen traditionellen Wissenschaftsverständnisses in Frage zu stellen. Auf der Grundlage dieser Tradition aber ist die Möglichkeit einer methodisch einheitlich begründeten Theorie der Kriegsursachen strukturell blockiert. Denn der Verlust des Gegenstandes ist durch die bloße

Addition der Fachkompetenzen nicht rückgängig zu machen. Die Wiederaneignung des Gegenstandes als notwendige Voraussetzung für eine Theorie der Kriegsursachen kann nur gelingen, wenn ein von der inneren Logik des Gegenstandes selbst ausgehender, einheitlicher methodischer Zugriff auf den Gesamtkomplex kriegsursächlicher Faktoren möglich ist. Einem solchen inhaltslogischen Zugang zur Komplexität der Kriegsursachen und zum Prozeß ihrer Verdichtung zu kriegerischem Konfliktaustrag müssen sich die Einzelwissenschaften unterordnen, von ihm müssen sie sich Position und Einfluß wie auch die Methode zur Untersuchung ihres Segments im Gesamtkomplex möglicher kriegsursächlicher Bestimmungsgründe zuweisen lassen. Nur auf diese Weise können die Fachkompetenzen fruchtbar gemacht und zu interdisziplinärer Forschung integriert werden.

Auch die zweite Traditionslinie, die die Erarbeitung einer Theorie des Krieges strukturell behindert, führt mitten in die Praxis gegenwärtiger Kriegsursachenforschung hinein. Sie geht zurück auf die Comtesche Vorstellung, wonach der Stufengang geistiger Entwicklung, ausgehend vom primitiven Denken, über das zunächst theologische, dann metaphysische endlich zur positiven, vollendeten theoretischen Erkenntnis geführt habe, in der die reinen Formen menschlichen Denkens einer nackten, empirisch vorfindlichen Realität gegenüberstehen. Auch wenn heute dieser "positivistische Kult" (Cassirer) verblaßt und entzaubert ist, so sind doch längst nicht die notwendigen paradigmatischen Wendungen vollzogen, die die Attraktivität der Vorstellung besiegt hätten, nach der es den Formen reinen Denkens gelingt, das vorgeblich unbestechlich Faktische durch logische Verknüpfungen zu einer gedanklichen Rekonstruktion der gesellschaftlichen Verhältnisse zusammenzusetzen. So bleibt - nicht zuletzt vor dem Hintergrund der faktischen Macht arbeitsteilig verfahrender Sozialwissenschaften - als unhinterfragte Denkvoraussetzung die Vorstellung vorherrschend, daß sich, ausgehend von den isolierten Fakten und Tatsachen und durch deren formallogische Verknüpfung, ein Verständnis von Gesellschaft oder einzelner ihrer Manifestationen erzeugen ließe.

Gesellschaft ist aber weder eine Ansammlung toter Fakten, noch läßt sich das gesellschaftliche Ganze als ein komplexes Netzwerk formallogisch verbundener Sachverhalte rekonstruieren. Gesellschaft ist vielmehr ein Gesamtprozeß, und Fakten können schon deswegen nicht letztes Ziel der Erkenntnis sein, weil die Fakten und Tatsachen selbst durch die Gesellschaft vermittelt sind. Geht es also um die Erforschung der Ursachen gesellschaftlicher Phänomene, so geht es um die verborgenen Vermittlungszusammenhänge zwischen den Erscheinungsformen, um das facere hinter dem Faktum, die Tat hinter der Sache, kurz, es geht um den Prozeß und die Vermittlungsglieder, die die Fakten und Tat-Sachen erst erzeugen. Denn ihrem Inhalt nach sind diese Vermittlungsglieder gerade das, was die gesellschaftliche Formbestimmtheit, das gesellschaftlich Spezifische der sich isoliert darstellenden Erscheinungsformen ausmacht.

Aber selbst die Frage nach dem Interesse, mit dem der Sozialwissenschaftler nach den Ursachen forscht und in den Vermittlungszusammenhang zwischen den Erscheinungsformen hineinfragt und mit der sich übrigens auch die qualitative Kriegsursachenforschung von der Dominanz quantitativer Forschung befreien will, durchbricht die von der formalen Logik gesetzten Grenzen nicht. Als Kategorie bewußten Handelns bleibt das Interesse eine an die zweckrationale Verfolgung begrenzter Motive rückgebundene Kategorie, die nicht jenseits dessen liegt, was wir mit formaler Logik nachvollziehen können. Umgekehrt, nur weil und insoweit die gesellschaftlichen Akteure zweckrational handeln, ist die formale Logik überhaupt ein brauchbares wissenschaftliches Instrument. Sie versagt überall dort, wo dem Handeln kein zweckrationales Motiv zugrunde liegt.

Irrationale Motive, unbewußte Triebkräfte und vorrationale Bestimmungsgründe menschlichen Handelns werden durch die analytische Kategorie des Interesses und das Instrument formaler Logik nicht freigelegt. Damit werden weder das den individuellen oder gruppen- und klassenmäßigen Besonderungen gemeinsam zugrunde liegende unbewußt Gesellschaftliche noch die aus religiösen, ethnischen, familialen oder anderen aus traditionalen Vergesellschaftungszusammenhängen hervorgehenden handlungskonstitutiven Bestimmungen erfaßt. Die Frage nach dem Interesse legt den Konnex zwischen Ziel und Mittel, Motiv und Resultat, Ursache und Wirkung nur frei, soweit dieser auch zweckrational vermittelt ist.

Die traditionelle Wissenschaft rekonstruiert Gesellschaft als ein aus der logischen Verknüpfung von Tatsachen und der Artikulation rationaler Motive und Interessen zusammengesetztes Ganzes. So wenig aber die Kausalkette von Interesse, Handeln und resultierenden Tatsachen schon das Ganze der gesellschaftlichen Verhältnisse ausmacht, so wenig deckt die bisherige Kriegsursachenforschung das Ganze des konfliktursächlichen Zusammenhangs auf. Vielmehr kehrt die Ursachenforschung die Kausalkette nur um:

Ihr Ausgangspunkt ist das fertige Resultat, die Tatsache des Krieges. Von hier aus wird mit Hilfe der Kategorie des Interesses nach den zugrunde liegenden Ursachen zurückgefragt. Also, was treibt die beteiligten Akteure zu ihrem Verhalten, welche Interessen verfolgen sie?

Es sind gerade diese sicherlich notwendigen Fragen, die die Gefahr mit sich bringen, dem Krieg ex post eine Kausalität zu unterschieben, die ihm nicht zukommt, so daß er sich geradlinig und ohne Rest in rationale Bestandteile, Triebkräfte und Ursachen auflöst. Dadurch werden gerade die Umschlagpunkte und Verselbständigungsprozesse ausgelöscht, die erst erklären können, wie beispielsweise aus Freiheit Unfreiheit, aus Gleichheit Ungleichheit oder eben aus Frieden Krieg wird. Die Ursachen des Krieges müssen vielmehr in den Bedingungen des Friedens gesucht werden und nicht, wie so oft, nur im Eskalationsprozeß der Gewalt, dort, wo sich die Bestandteile des Krieges längst entwickelt haben und nurmehr im Wechselspiel der Verhaltensweisen der beteiligten Akteure zu kriegerischem Konfliktaustrag eskalieren. Jede Verkürzung des Entstehungsprozesses und damit der Ursachen des Krieges auf seinen Eskalationsprozeß ist abzulehnen, weil die Wahrheit über das Kriegsursächliche nur das Ganze seiner Bestimmungsgründe sein kann. Nur wenn die Polarität von Frieden und Krieg aufgehoben und mit den Umschlags- und Verselbständigungsprozessen ihr innerer Zusammenhang aufgedeckt wird, können auch die Wurzeln des Krieges freigelegt werden. Erst dann ist es möglich, das gesellschaftlich Spezifische, die gesellschaftliche Formbestimmtheit des Umschlags von Frieden in Krieg zu zeigen und damit zu erklären, wie sich aus dem Zustand des Friedens heraus das kriegsursächliche Bedingungsgefüge zu kriegerischem Konfliktaustrag verdichtet.

Die formale Logik aber muß kapitulieren vor den Diskontinuitäten, Umschlagpunkten und Verselbständigungsprozessen, die sie nur als Inkonsistenz ausweisen kann und daher als unschlüssig verwerfen muß. Es ist ein Spezifikum der formalen Logik, die Umschlags- und Verselbständigungsprozesse nicht erfassen zu können und die Wissenschaft zu verleiten, diese Bruchstellen wegzurationalisieren und so die gesellschaftliche Spezifik und damit das, worauf es gerade ankommt, auszulöschen. Die formale Logik als Denkfundament bürgerlicher Wissenschaft der Unvollkommenheit anzuklagen, bedeutet allerdings nicht die Preisgabe rationaler Erklärung. Im Gegenteil, die formale Logik in ihre Schranken zu weisen, heißt nur, daß nicht alles formallogisch erklärt werden kann. Eine Inhaltslogik, d.h. eine dem Gegenstand selbst innewohnende Logik aber kennt unsere geisteswissenschaftliche Tradition ebensowenig wie eine vom Gegenstand abhängige Methode seiner Untersuchung.

Der inhaltslogische Zusammenhang zwischen den gesellschaftlich erzeugten Fakten und Tatsachen kann nur durch eine genetische Methode und damit über die Dialektik ausgewiesen werden. Denn Dialektik ist die Wissenschaft von den Formwandlungs-, Umschlags- und Verselbständigungsprozessen und thematisiert damit genau das, wovor die formale Logik notwendigerweise kapitulieren muß. Als Wissenschaft von den gesellschaftlichen Gesamtzusammenhängen geht es der Dialektik um das gesellschaftlich Spezifische, um die gesellschaftliche Formbestimmtheit, also um das, was die formale Logik gerade verdeckt. Dialektik ist immer auch Einheit von Methode und Gegenstand, daher wesentlich genetische Methode, "Bewußtsein über die Form der inneren Selbstbewegung des Inhalts" (Bischoff 1973:9). Die genetische Methode zeigt das Ganze des Gegenstandes als Werden des Resultats. Sie ist Nachvollzug des Erzeugungsprinzips der gesellschaftlichen Wirklichkeit, der Art und Form des Procedere selbst. Sie zeigt daher sowohl die selbständige Existenz der verschiedenen Momente des gesellschaftlichen Lebensprozesses, wie sie uns an der Oberfläche als gesellschaftlich erzeugte Tatsachen und Fakten entgegentreten, als auch deren inneren Zusammenhang.

Dialektik ist damit die Wissenschaft von den gesellschaftlichen Zusammenhängen, von den Ursprüngen der Resultate menschlichen Handelns. Aber Dialektik und die ihr zugehörige genetische Methode sind keine Zauberformel, um beliebige Zusammenhänge aufzudecken. Auch die Dialektik hat nur eine begrenzte Reichweite, und wer ihre Grenzen nicht kennt, kann auch ihre Möglichkeiten nicht nutzen. Sie ist kein anderer Ausdruck für den Begriff der Wechselwirkung, die es zwischen allem und jedem geben kann. Als Einheit von Methode und Gegenstand können Dialektik und genetische Methode nur die Vermittlungsglieder gleichursächlicher, d.h. genetisch zusammenhängender Verhältnisse ausweisen. In dieser Begrenztheit umschließt die Dialektik jedoch als eine einheitliche Methode das Ganze des Gegenstandes und damit gerade das, was unserer Wissenschaftstradition abhanden gekommen ist. "Aber dieses Ganze kann nicht auf einmal hingegeben, sondern es muß vom Gedanken, in seiner eigenen Selbstbewegung und gemäß dem Rhythmus derselben, fortschreitend entfaltet werden. Diese

Entfaltung macht erst das Sein und das Wesen der Wissenschaft selbst aus" (Cassirer 1982:VI).

Auch wenn die Entfaltung der verschiedenen Stufen des Entstehungsprozesses kriegerischer Konflikte die Komplexität des Kriegsursachenproblems nicht mindert, so übersetzt sich die Komplexität des Untersuchungsgegenstandes hier nicht in das Problem unintegrierbar gegensätzlicher Analyseebenen. Die strukturelle Theorieunmöglichkeit einer in den Fallstricken traditioneller Wissenschaftsgrundlagen und Denkweisen verfangenen Kriegsursachenforschung läßt sich nur durch eine neue methodische Grundlegung dieses Forschungsbereichs aufheben: Dialektik und genetische Methode bilden unabdingbare Voraussetzungen für eine Theorie des Krieges. Damit sind weder der Interessenansatz noch die formale Logik als rationale Erkenntnisinstrumente abgeschafft, noch ist die Empirie überflüssig geworden. Im Gegenteil, sie werden eingebunden in einen tiefer greifenden Erkenntniszusammenhang und erhalten so ihre Eigenschaft als wichtige und scharfe Instrumente wissenschaftlicher Analyse zurück, weil sie nicht länger die Grenzen ihrer Möglichkeiten überschreiten.

Um jedoch zu einer Wiederaneignung des Gegenstandes zu kommen, muß in diesem Zusammenhang auf einen weiteren Sachverhalt hingewiesen werden, der die Erarbeitung einer Theorie behindert und durch die faszinierenden Möglichkeiten datentechnischer Verarbeitung neuen Aufschwung erhalten hat. Es ist der Versuch, die von der Vielfalt der Methoden unerreichte Einheit des Gegenstandes mit Hilfe statistischer Verfahren zu erfassen. Weil mit Hilfe der Statistik allgemeine Trends, Tendenzen usw. gezeigt werden können, die von Einzelfallstudien nicht offengelegt werden und auch jenseits der bloßen Verallgemeinerung von Einzelergebnissen liegen, gibt es auch in der Kriegsursachenforschung seit jeher die Verwechslung statistisch gewonnener allgemeiner Aussagen mit theoretischen Aussagen - also die Verwechslung von Statistik und Theorie.

Aber Theorie ist nicht die Herstellung irgendeines Allgemeinen. Im Verhältnis von Statistik und Empirie wird das Grundprinzip der Erkenntnis, "daß sich das Allgemeine immer nur im Besonderen anschauen, das Besondere immer nur im Hinblick auf das Allgemeine denken läßt" (Cassirer 1988:18), nicht eingelöst. In der Beziehung von Besonderem und Statistisch-Allgemeinem ist nur begrenzte Erkenntnis möglich. "Die einzelnen Formen stehen dann einfach nebeneinander: sie lassen sich zwar ihrem

Umfang nach übersehen und in ihrer Besonderheit beschreiben, aber es drückt sich in ihnen nicht mehr ein gemeinsamer ideeller Inhalt aus" (ebd.16). Das Gemeinsame ist hier kein den verschiedenen Besonderen gemeinsamer Inhalt, sondern ein ihnen äußerliches Drittes, gewogenes Mittel, erzeugter Durchschnitt. Während also das Statistisch-Allgemeine, woraus dann Schlußfolgerungen, Hypothesen usw. gebildet werden, immer nur den Durchschnitt der verschiedenen Besonderen und damit die mathematische Einebnung des Konkreten bedeutet, das Statistisch-Allgemeine also nicht das Gemeinsame hinter den Besonderungen hervorhebt, sondern gerade von der Negation des Konkreten lebt, ist das Theoretisch-Allgemeine das genaue Gegenteil. Beim Theoretisch-Allgemeinen geht es gerade um das hinter den verschiedenen konkreten Manifestationen verborgene Gemeinsame, um den ihnen gemeinsam zugrunde liegenden Inhalt. Das Statistisch-Allgemeine und das Theoretisch-Allgemeine sind fundamental entgegengesetzt. Dieser Gegensatz kann nur aufgehoben werden, wenn ein gesellschaftstheoretisches Fundament die statistischen Verallgemeinerungen begründet, wenn also die Theorie zur Grundlage empirisch-statistischer Forschung geworden ist, und nicht umgekehrt die Statistik zur theoretischen Grundlage gemacht wird.

In der gegenwärtigen Forschungspraxis werden die von den unintegrierbar nebeneinanderstehenden Fachdisziplinen zur Verfügung gestellten Resultate zu gleich-gültigen Daten, Fakten und Zahlen komprimiert und von den Statistikern zu einer ideellen Gesamtursache aggregiert. Im Bereich der Kriegsursachenforschung ist die empirisch-quantitative Forschung wegen des Fehlens eines grundlegenden theoretischen Erklärungsrahmens zum verselbständigten, rein spekulativen Theorieersatz geworden. Durch die datentechnischen Verarbeitungsmöglichkeiten werden die immanenten Grenzen traditioneller Wissenschaft nicht beseitigt, sondern nur auf ein neues technisches Niveau gehoben. Der Glaube an die computergestützte Aufdeckung gesellschaftlicher Zusammenhänge droht zu einer modernen Phantasmagorie zu werden und belegt einmal mehr, wie die Technik gewordenen Naturwissenschaften heute ihre Dominanz gegenüber den Geisteswissenschaften aufrechterhalten.

Die auf den Grundsätzen formaler Logik basierende binäre Verknüpfung von Daten, Fakten und Zahlen erzeugt die Illusion, zugleich auch den inneren Zusammenhang zwischen ihnen aufzudecken, was noch dadurch verstärkt wird, daß das Resultat wieder unmittelbar in der Form unbestechlicher Faktizität vorzuliegen scheint. Aber die Möglichkeit, auf diese Weise gesellschaftliche Tatsachen offenzulegen und so Einsichten in den gesellschaftlichen Zusammenhang zu ermöglichen, ist begrenzt. Denn die korrelative Datenproduktion schließt die Tendenz ein, sich gegenüber den gesellschaftlichen Verhältnissen, die das primäre empirische Material als gesellschaftliche Tat-Sachen erst hervorbringen, zu verselbständigen, so daß den erzeugten Daten schließlich keine gesellschaftlichen Sachverhalte mehr zugrunde liegen. Denn Korrelation und Kausalität fallen nicht zusammen. Korrelationen statistischer Daten können nicht mehr sein als mögliche Indizien für angenommene kausale Zusammenhänge. Die hinter den kausalen Beziehungen liegenden sozialen Verhältnisse können nur von einer Theorie ausgewiesen werden. Das empirische Material erhält seinen wissenschaftlichen Nutzen nur im ständigen Rückbezug auf ein theoretisches Gerüst.

Wir kommen damit zum dritten zentralen Traditionsbestand bürgerlicher Wissenschaft, der ein strukturelles Hindernis für das Zustandekommen einer Theorie des Krieges darstellt - zu der nur allmählich verschwindenden traditionellen Geschichtsauffassung. Auch ihre Grundlagen müssen im Zuge einer notwendigen Erneuerung der Kriegsursachenforschung einer kritischen Überprüfung unterzogen werden. Denn Geschichte ist Moment jeder Form gesellschaftlicher Ursachenforschung, schon weil die Ursache dem Verursachten immer vorausgeht. Die traditionelle Geschichtsauffassung aber ist im wesentlichen Ereignisgeschichte, wo das historische Geschehen als Prozeß aufeinander aufbauender und auseinander hervorgehender Ereignisse und Begebenheiten gedacht und rekonstruiert wird. Auch sie hat die formale Logik und das positivistische Ideal einer kumulativen Anhäufung geschichtlicher Fakten als Konstruktionsgrundlage und verdeckt das gesellschaftlich Spezifische. Die formale Logik wird zur Quelle einer die Bruchstellen und Diskontinuitäten auslöschenden Betrachtungsweise und zur Voraussetzung für das Kontinuitätsparadigma in der bürgerlichen Geschichtsauffassung. Eine epochen- oder strukturgeschichtliche Betrachtungsweise hat sich in ihr auch schon deshalb nicht allgemein durchsetzen können, weil sie ihrer Tradition nach Quellenforschung ist, strukturelle Prozesse in den Quellen aber keinen Niederschlag finden. Die traditionelle Geschichtsauffassung neigt dazu, die Geschichte als Aneinanderreihung von Ereignissen in einen kontinuierlichen Dauerteig zu verwandeln, als dessen Hefe wahlweise der technische Fortschritt oder die großen Männer herhalten müssen. In dieser Tradition stehend, beteiligt sich auch die

Kriegsursachenforschung nach Kräften an der historischen Einebnung ihres Untersuchungsgegenstandes.

Dabei kommt ihr der Umstand zur Hilfe, daß die Schreckensgestalt des Krieges mit seinen immergleichen Resultaten von Zerstörung, Verstümmelung und Tod unsere Entwicklungsgeschichte seit Menschengedenken begleitet hat. Eine nicht-kriegerische Vorgeschichte der Menschheit läßt sich ja bestenfalls in das Dunkel askriptiver Gesellschaften hineinromantizieren. So hat die Tatsache, daß die Menschheit schon immer Kriege geführt hat, nicht nur das Alltagsbewußtsein dazu verführt, den Krieg zu einer anthropologischen Bestimmung zu erheben. Die immer noch wohl populärste "Kriegstheorie" besteht dann auch in einem Verdacht, den der Alltagsverstand gegen die Menschheit hegt: Der Verdacht über den Zusammenhang von Aggression und Krieg. So wie die Aggression natürlicher Trieb und letztlich Selbsterhaltungsfunktion des Einzelnen ist, so sei der Krieg notwendige Funktion der Selbsterhaltung gesellschaftlicher Organismen. Das Alltagsbewußtsein ist nur nicht konsequent genug, den Krieg dann auch als menschlich zu bezeichnen und die Hoffnung aufzugeben, der Mensch könne sich von seiner eigenen Natur emanzipieren.

Aber auch in der Wissenschaft umgibt den Krieg noch der Schleier des ewig Gültigen. Zwar gilt hier mittlerweile als ausgemacht, daß psychologische Bestimmungsgründe allein unzureichend sind, und daß die Ursachen des Krieges nicht in der blindlings, gewaltsam und zerstörend aus den Akteuren hervorbrechenden menschlichen Natur liegen, sondern daß zuallererst gesellschaftliche Gründe organisierte Kriegsgewalt hervorrufen. Aber "die gesellschaftlich wirksamen Kräfte wirken ganz wie die Naturkräfte: blindlings, gewaltsam, zerstörend, solange wir sie nicht erkennen und nicht mit ihnen rechnen" (Engels 1980:88). Und weil die bisherige Forschung nur dürftige Ergebnisse hervorgebracht hat, vermag die Wissenschaft dieser populären Theorie auch nur wenig entgegenzusetzen und unterliegt selbst latent der Gefahr, die Anthropologisierung des Krieges und seiner Ursachen zu betreiben.

Der unausrottbare Biologismus gibt sich im aufgeklärten wissenschaftlichen Bewußtsein allerdings nicht offen zu erkennen. Denn in demselben Maße, wie sich das wissenschaftliche Bewußtsein aus dem Alltagsbewußtsein herausgearbeitet hat, hat sich auch die Grundstruktur des bürgerlichen Bewußtseins, dem sich gesellschaftliche Verhältnisse wie Natureigenschaften darstellen, im wissenschaftlichen Bewußtsein zu einer unhinterfragten Denkvoraussetzung sedimentiert. Diese in der tagtäglichen Praxis des Warentausches begründete Grundstruktur der Mystifikationen bürgerlichen Denkens, die sich unmittelbar nur als Sprache des Alltagsbewußtseins artikuliert, ist in der Wissenschaft zur Grammatik des Denkens geworden.

Sieht man einmal von den immer noch einflußreichen Fossilien der Humanethologie wie Lorenz oder Eibl-Eibesfeldt ab, für die das Geheimnis des Krieges letztlich nur ein Problem der Zoologie ist, so gibt es eigentlich keine ernstzunehmenden Wissenschaftler mehr, die der Anthropologisierung oder Enthistorisierung des Krieges offen das Wort reden. Dennoch leben die unterliegenden Grundstrukturen des Bewußtseins auch hier im Verborgenen fort, finden sich zwischen den Zeilen oder treten wie bei der Kriegsursachenforschung im Gesamtresultat wieder zutage. So hat die oben dokumentierte Wahllosigkeit bei der Wahl der Untersuchungszeiträume gezeigt, daß bis heute keine sinnvolle, theoretisch begründbare epochengeschichtliche Periodisierung des Krieges vorliegt. Betrachtet man die Disziplin einmal als Einheit, so scheint die Geschichte für sie ein unterschiedsloses Kontinuum zu sein, dem sich beliebige Zeiträume zur Untersuchung des Kriegsgeschehens entnehmen lassen, so daß sich das lineare Geschichtsbild bürgerlicher Wissenschaftstradition mit dem aufgesummten Resultat der Einzelbeiträge dem Fortschritt der Forschung doch wieder in den Weg stellt.

Nur wenn Geschichte von vornherein als Epochengeschichte, also als Geschichte unterschiedlicher Gesellschaftsformationen verstanden wird, wo nicht mehr geschichtliche Ereignisse und als autonom unterstellte Subjekte die Motoren des gesellschaftlichen und historischen Prozesses bilden, sondern beide als Resultate eines zugrunde liegenden gesellschaftlichen Entstehungszusammenhangs gefaßt werden und damit, rückgebunden an eine bestimmte gesellschaftliche Formation, ihren Gesellschaft und Geschichte prägenden Charakter erhalten, können auch die jeweiligen Besonderheiten der kriegsursächlichen Bestimmungsgründe freigelegt werden. Erst auf der Grundlage einer theoretisch fundierten, also von der Existenz unterschiedlicher Gesellschaftsformationen, ihrer inneren Reproduktionslogik und Entwicklungsdynamik ausgehenden Periodisierung der Geschichte ist es möglich, zu einer die Vergleichbarkeit der Kriege ermöglichenden Bestimmung "homogener" historischer Untersuchungsräume zu kommen. Diese stellen dann ihrerseits die Basis für die Beseitigung zentraler Defizite im Bereich der elementaren Forschungsgrundlagen wie etwa die Unklarheit über die zugrunde zu legende Kriegsdefinition, über den Begriff der Ursache oder die geographische Abgrenzung von Untersuchungsräumen usw. dar, kurz, eine formationstheoretische Fassung der Geschichte wird selbst zum notwendigen Bestandteil einer Theorie der Kriegsursachen.

Es kann also abschließend festgehalten werden, daß die Schwierigkeiten der Theoriebildung in der Kriegsursachenforschung keineswegs nur auf seiten des Gegenstandes selbst liegen, sondern sich auf allen Ebenen mit den vorherrschenden Wissenschaftstraditionen in einer Weise verschränkt haben, daß von einer prinzipiellen Theorieunmöglichkeit auf Grundlage des traditionellen Wissenschaftsverständnisses gesprochen werden kann. Um zu einer theoretischen Fundierung der Forschung zu kommen, ist daher der Bruch mit einer Reihe zentraler Traditionsbestände erforderlich, die sich in folgenden paradigmatischen Wendungen zusammenfassen lassen: Die Forschung muß umgelenkt werden von der Kontinuität auf die Bruchstellen, von ihrer bloß additiven zu einer wirklich integrativen Interdisziplinarität. Sie muß umgelenkt werden von ihrer formallogisch-empirischen zu einer genetisch-dialektischen Grundlage und von ihrem linear ereignisgeschichtlichen zu einem epochengeschichtlichen Verständnis. Jenseits der Erfüllung dieser Anforderungen ist weder die Wiederaneignung des Forschungsgegenstandes noch seine theoretische Untermauerung zu haben.

Wesentliche Elemente dieses Anforderungsprofils lassen sich im Geschichts-, Methoden-, und Theorieverständnis der Politischen Ökonomie finden. Mit seiner Analyse der Kernstruktur der bürgerlichen Gesellschaft und der auf ihr begründeten Geschichtsauffassung hat Marx diese paradigmatischen Wendungen vollzogen und einheitliche theoretische, methodische und kategoriale Grundlagen gelegt, die für eine Theorie der Kriegsursachen fruchtbar gemacht werden können. Die Marxsche Theorie ist allerdings kein fertiges Gebäude, aber auch kein Steinbruch, sondern ein Fundament, auf dem aufgebaut werden kann, wenn die strukturelle Theorieunmöglichkeit in der Kriegsursachenforschung überwunden werden soll.

1.3 Ausgangspunkte des Ansatzes

Der kurze Überblick über die Defizite der Forschung und die Probleme der Theoriebildung hat gezeigt, daß es innerhalb der Disziplin kaum brauchbare Anknüpfungspunkte für eine gesellschaftstheoretische Untermauerung der Kriegsursachenforschung gibt und daß sich die Schwierigkeiten, die der Untersuchungsgegenstand selbst seiner Theoretisierung entgegensetzt, mit Problemen unserer Wissenschaftstradition verschränken, so daß die Möglichkeiten zu einer Theorie von Grund auf neu gedacht werden müssen. Dies bedeutet allerdings nicht, daß voraussetzungslos begonnen werden müßte oder daß es keine Anknüpfungspunkte an vorhandenes Wissen gäbe. Im Gegenteil, außerhalb der eng gezogenen Grenzen der Kriegsursachenforschung finden sich die Grundbausteine, die für ein theoretisches Fundament notwendig sind. Sie müssen aus verschiedenen Wissensgebieten zusammengetragen und zu einer Theorie des Krieges verbunden werden.

Die entscheidenden wissenschaftlichen Anknüpfungs- und Bezugspunkte, auf die die vorliegende Arbeit zurückgeht, finden sich bei den sozialwissenschaftlichen Klassikern. Die stärksten Impulse kamen dabei vom Marxschen Werk. Nicht nur, weil Marx die bis heute einzige umfassende Theorie der bürgerlichen Gesellschaft vorgelegt hat, sondern weil das gesamte Geschichts-, Methoden- und Theorieverständnis wesentlich zur Erarbeitung dieses Theorieansatzes beigetragen hat. Sowohl der auf einem epochengeschichtlichen Verständnis gesellschaftlicher Entwicklung basierende gesellschaftstheoretische Erklärungsrahmen für das Kriegsgeschehen der Gegenwart als auch die aus einem inhaltslogischen Methodenverständnis heraus entwickelte "Grammatik des Krieges" gehen wesentlich auf Marx zurück. Der Bezug auf die Klassiker gilt aber auch für die Stammväter der Soziologie wie Weber, Simmel, Tönnies, Durkheim oder Elias sowie für die religionswissenschaftlichen Arbeiten von Eliade, die Kulturphilosophie Cassirers oder die klassische Arbeit des französischen Anthropologen und Soziologen Mauss über Form und Funktion des Austauschs in archaischen Gesellschaften. Was diesen unterschiedlichen Arbeiten als gemeinsame Erkenntnis entnommen werden kann, ist die Notwendigkeit, die gesellschaftlichen Lebensgrundlagen des Kapitalismus von denen aller ihm vorausgegangenen Gesellschaftsformationen fundamental zu unterscheiden. Dabei ist es unerheblich, ob diese Grundunterscheidung in den Begriffspaaren vorbürgerlich/bürgerlich, traditional/modern, kapitalistisch/vorkapitalistisch oder als Unterschied zwischen Gemeinschaft und Gesellschaft gefaßt wird. Hinter dem menschheitsgeschichtlichen Einschnitt, den die Entwicklung der kapitalistischen Gesellschaft darstellt, verschwinden auch alle Unterschiede, die zwischen den vorbürgerlichen Vergesellschaftungsformen bestehen.

Das Verdienst dieser Arbeit liegt allein darin, diese Grunderkenntnis für eine Theorie des Krieges in der Weltgesellschaft fruchtbar gemacht und die Bedeutung des Epochenwechsels für das Kriegsgeschehen herausgearbeitet zu haben. Im Kontext des weltgeschichtlich bis heute unabgeschlossenen kapitalistischen Transformationsprozesses stellt die idealtypische Grenzziehung zwischen kapitalistischen und nicht-kapitalistischen Vergesellschaftungsformen für die theoretische Durchdringung des Untersuchungsgegenstandes Krieg gewissermaßen die "Leitdifferenz" der Arbeit dar. Eine gesonderte Darstellung der Ansätze und Theorien der genannten Autoren erübrigt sich. Dies nicht nur, weil sich deren Anteile am Zustandekommen dieses Theorieansatzes ebensowenig bemessen lassen wie die anderer Autoren, sondern vor allem deshalb, weil es hier nicht darum geht, vorhandene Theorien auf den Gegenstand "anzuwenden", sondern vorhandenes Wissen für eine eigenständige Theorie fruchtbar zu machen.

Bereits einleitend wurde darauf hingewiesen, daß es nicht darum gehen kann, eine universalgeschichtliche Kriegstheorie zu entwickeln, sondern daß eine Theorie der Kriege in der Weltgesellschaft einen epochengeschichtlichen Ansatz erforderlich macht, dessen zentraler Ausgangspunkt der Prozeß globaler Vergesellschaftung ist, und daß die Möglichkeit für eine Theorie der Kriege der Gegenwart in der Entwicklung des Kapitalismus zur Weltgesellschaft begründet liegt. Dabei handelt es sich nicht um die willkürliche Setzung eines Ausgangspunktes, nicht um eine Konstruktion a priori, sondern um den sowohl historisch als auch methodisch notwendigen und einzig möglichen Ausgangspunkt, um zu einer gesellschaftstheoretischen Begründung des weltweiten Kriegsgeschehens zu kommen.

So konstituiert sich überhaupt erst mit dem Übergang aus der mittelalterlich-feudalen zur staatlich verfaßten bürgerlichen Gesellschaft der Erkenntnisgegenstand Krieg in unserem Sinne als ein vom Frieden deutlich zu trennender gesellschaftlicher Zustand. Die Sippen, Gefolgschaften, Verbände und Gesellschaften lagen in ununterbrochenem Streit, und die Gewalt war ihr ständiger Begleiter, so daß eine strikte Trennung von Krieg und Frieden fehlte. So war der mittelalterlichen Gesellschaft die Gewalt noch endemisch, der "Krieg meist ein chronischer Prozeß" (Huizinga 1975:87). Die Geschichte des Mittelalters ist "eine Geschichte unaufhörlicher feudaler Kriege und Fehden" (Gurjewitsch 1986:288). Erst mit der beginnenden Neuzeit und dem modernen Staatenbildungsprozeß entwickelt sich allmählich die Trennung von Krieg und Frieden. "Die Gesellschaft des Mittelalters, eine Gesellschaft ohne Staat im strengen Sinne, war eine zutiefst gewalttätige Gesellschaft... Aus der Permanenz von Konflikt und Belligerenz, aus der Allgegenwart der Gewalt hat der neuzeitliche Staat durch die Zentralisierung und Monopolisierung legitimer physischer Gewalt Krieg und Frieden erst geschaffen, nicht nur nach innen, sondern auch nach außen, insofern er erst Innen und Außen getrennt hat, indem er sich selbst als Trennwand zwischen beidem konstituierte" (Münkler 1992:210). Die Absorption der in der Gesellschaft allgegenwärtigen Gewalt und ihre Konzentration auf die räumlich und zeitlich begrenzte Entladung im Krieg hat die Intensität der Gewaltausübung erhöht. Zugleich aber hat die politische Enteignung physischer Gewalt im Zuge des neuzeitlichen Staatenbildungsprozesses (vgl. Weber 1988:511) mit der Trennung von Krieg und Frieden auch den ersten notwendigen Schritt zur möglichen Überwindung von Gewalt und Krieg vollzogen.

So wie der Übergang aus mittelalterlich-feudalen Verhältnissen zur bürgerlichen Gesellschaft den Ausgangspunkt moderner Staatenbildung markiert und den Untersuchungsgegenstand Krieg erst als deutlich abgrenzbares Phänomen zum Erkenntnisobjekt macht, so liegt hier auch der Beginn einer Entwicklung, in deren Verlauf der Kapitalismus für die Völker der Welt zu einem unentrinnbaren Vergesellschaftungszusammenhang geworden ist. Gab es zuvor noch weitgehend voneinander unabhängige und nach eigenen Gesetzen organisierte Welten, so wurden diese erst allmählich zu einer Welt und zu einer Geschichte, zur Weltgeschichte zusammengebunden. Hatte der Kolonialismus zunächst nur die Fäden zwischen den Kontinenten gezogen, so hat der Kapitalismus in seinen entwickelteren Formen die Gesellschaften der Welt durch ein inneres Band verbunden und so die zuvor nur "regional geknüpften Verbindungsnetze zu einer globalen Partitur vereint und sie einem weltumspannenden Rhythmus unterworfen" (Wolf 1986:531). Alle Gesellschaften sind so früher oder später mit mehr oder weniger entwickelten Formen des Kapitalismus in Berührung gekommen, haben seine Elemente in sich aufgenommen und weiterentwickelt, so daß sich immer stärker ein innerer Zusammenhang zwischen den verschiedenen Gesellschaften herausgebildet hat. Mit dem Siegeszug, den der Kapitalismus von Europa aus angetreten hat, beginnt sich überhaupt erst etwas qualitativ Gleiches als notwendige Voraussetzung einer Theorie und als Maßstab vergleichender Forschung zu entwickeln. Was der Kapitalismus seit fünf Jahrhunderten immer stärker zusammenbindet, kann als Tendenz zur Entwicklung eines einheitlichen Raumes für den gesellschaftstheoretischen Zugriff angesehen werden. Es kommt also darauf hinaus, daß es die historische Entwicklung selbst ist, die nicht nur den Untersuchungsgegenstand konstituiert, sondern in zunehmendem Maße auch die Voraussetzungen für seine theoretische Durchdringung schafft.

Der Durchsetzung des kapitalistischen Weltsystems entspricht auf der anderen Seite die schrittweise Zurückdrängung und konfliktive Auflösung traditionaler Vergesellschaftungsformen. Sind Veränderungen sozialer Konfigurationen schon im normalen Gang evolutionärer Entwicklung traditionaler Gesellschaften problematisch, so sind die Dynamik und Radikalität der sozialen Umwälzungen, die im Zuge des kapitalistischen Transformationsprozesses vor sich gehen, von katastrophalen Erschütterungen des sozialen Lebens begleitet und werden von den betroffenen Gemeinschaften als Niedergang und Verfall, Entweihung und Erniedrigung empfunden. Denn "die kapitalistische Produktionsweise setzt voraus, daß alle blutsverwandtschaftlichen, familiären, religiösen, politischen etc. Verhältnisse, in denen die Individuen stehen mögen, aus dem Umkreis der materiellen Produktion herausgelöst und zu Überbaustrukturen der materiellen Basis geworden sind" (SOST 1985:54). Die sozialen Bindungen als Grundlage der engen Verklammerung aller Lebenssphären traditionaler Gesellschaften werden zugunsten sachlicher Abhängigkeit aufgelöst und zum Überbau einer alle gesellschaftlichen Lebensbereiche grundlegend strukturierenden ökonomischen Basis. "Die Wirtschaft ist nicht mehr in die sozialen Beziehungen eingebettet, sondern die sozialen Beziehungen sind in das Wirtschaftssystem eingebettet" (Polanyi 1977:88f). Aus dieser vollständigen Umwälzung der gesellschaftlichen Grundlagen erklärt sich, warum der kapitalistische Transformationsprozeß von Anfang an ein von Gewalt und Aufständen, Konflikten und Kriegen begleiteter Prozeß ist. Hier verschränken sich also kapitalistische Entwicklung und Kriegsentwicklung zu einem die Geschichte der Moderne grundlegend prägenden Zusammenhang. Hier liegt auch die Schnittstelle einer Theorie des Kapitalismus mit einer Theorie des Krieges, hier verzahnen sich Marxsche Theorie und Kriegstheorie.

Aus diesem Zusammenhang leitet sich auch die Kernthese ab, wonach der bis heute unabgeschlossene kapitalistische Transformationsprozeß vor- bzw. nicht-kapitalistischer Lebensverhältnisse die zentrale, dem Kriegsgeschehen unserer Epoche unterliegende strukturelle Konfliktlinie darstellt, so daß sich das weltweite Kriegsgeschehen seit dem 16. Jahrhundert entlang den Ausbreitungsmustern kapitalistischer Vergesellschaftung verfolgen läßt. Entsprechend der globalen Ausweitung und innergesellschaftlichen Durchsetzung des Kapitalismus verlaufen diese Ausbreitungsmuster sowohl horizontal als auch vertikal. In seiner horizontalen Dimension breitet sich der Kapitalismus lokal, regional und global aus und unterwirft immer größere Teile der Weltbevölkerung seinen Produktions- und Austauschverhältnissen. In seiner vertikalen Dimension führt er zur Umwälzung der ganzen gesellschaftlichen Konstruktion, verändert also nicht nur die ökonomischen Grundlagen, sondern transformiert auch alle sozialen, politischen, kulturellen und geistigen Lebensbedingungen. So geraten tradierte familiale, religiöse oder ethnisch bestimmte Sozialverhältnisse in den Sog eines gesellschaftlichen Transformationsprozesses, durch den diese ursprünglich zentralen vergesellschaftenden Potenzen zu Momenten eines gesellschaftlichen Überbaus reduziert werden, der sich über einer diese Lebensbereiche immer stärker prägenden ökonomischen Basis auszudifferenzieren beginnt. Da der Prozeß kapitalistischer Vergesellschaftung auf diese Weise nach und nach die Gesamtheit aller Lebensverhältnisse erfaßt, also keineswegs nur als eine Veränderung der ökonomischen Lebensgrundlagen verstanden werden darf, sondern über die Veränderung der Herrschafts- und Legitimationsformen bis hin zur Veränderung des Denkens, der Wertvorstellungen und Gefühle reicht, betrifft dieser konfliktive Wandlungsprozeß auch alle Ebenen sozialen Lebens und artikuliert sich entsprechend in den unterschiedlichsten Formen ökonomischer, sozialer, politischer, ethnischer, religiöser oder kultureller Auseinandersetzungen und Konflikte.

So lassen sich die Ausbreitungsmuster sowohl als welthistorischer Prozeß einer von Europa ausgehenden, zunächst gewaltsamen kolonialen und imperialistischen Expansion wie auch als innergesellschaftlicher Prozeß der konfliktiven Auflösung und Zersetzung aller traditionalen Lebensverhältnisse verfolgen, der den gesamten Gesellschaftskörper bis in seine feinsten Kapillaren hinein durchdringt und sich als gebrochene Identität auch im Innenleben der Menschen abbildet. Was weltgeschichtlich als ein Nacheinander verschiedener Stufen der Durchsetzung kapitalistischer Vergesellschaftung deutlich sichtbar wird, zeigt sich im Innern der vom Transformationsprozeß ergriffenen Gesellschaften als Verschränkung und widersprüchliches Nebeneinander unterschiedlicher Vergesellschaftungsformen, so daß die Heterogenität gesellschaftlicher Strukturen zur inneren Charakteristik und zum Strukturmerkmal aller Übergangsgesellschaften wird. Bei der Untersuchung heterogen zusammengesetzter Gesellschaften oder der Verdichtungsräume gesellschaftlicher Konfliktpotentiale entlang den Bruchstellen zwischen den Vergesellschaftungsformen löst sich das Problem der Heterogenität jedoch in das Problem der Ungleichzeitigkeit auf. Denn die Heterogenität ist nur der Ausdruck der Ungleichzeitigkeit gesellschaftlich-sozialer Entwicklungen. Die Dynamik kapitalistischen Fortschritts hat die traditionalen Gesellschaften aus ihrer nur evolutionären Entwicklung herausgerissen und die Weltgeschichte in einen Prozeß verwandelt, in dem das ungleiche und ungleichzeitige Verhältnis der Entwicklung von Basis und Überbau, Staaten und Regionen zum Normalfall der Entwicklung und daher zur "Signatur der Epoche" (Dietschy 1988:267) geworden ist.

Die aus der Ungleichzeitigkeit der Entwicklungen hervorgehende Heterogenität der Staats-, Herrschafts-, Lebens- und Konfliktformen läßt sich analytisch nur von den unterschiedlichen Quellen her dechiffrieren, aus denen sich die heterogenen gesellschaftlichen Strukturen speisen. Die verschiedenen Formen der Vergesellschaftung, die nur ein anderer Ausdruck für die Art und Weise sind, in der sich in den unterschiedlichen Gesellschaftsformen der innere Zusammenhang der verschiedenen Momente des sozialen Lebens herstellt, machen auch einen diese Unterschiede respektierenden analytischen, methodischen und kategorialen Zugriff erforderlich. Während sich der Strukturzusammenhang der bürgerlichen Gesellschaft nur von der ökonomischen Basis her erschließt, ist bei der Analyse aller vorbürgerlichen Verhältnisse von den sozialen Beziehungen auszugehen. Denn der vergesellschaftende Zusammenhang ergibt sich hier - anders als in der bürgerlichen Gesellschaft - nicht erst vermittelt über den Austausch warenförmiger Arbeitsprodukte, sondern ist in der Form des Gemeinwesens bereits unmittelbar gegeben. Denn "während tausch-organisierte Systeme die Individuen post festum über Warenbeziehungen vergesellschaften, werden in Gesellschaften, die über 'Verwandtschaft' strukturiert sind, die Individuen jeweils schon als vergesellschaftete geboren" (Apel

1982:26). "Die Analyse dieser Gesellschaftsformationen kann daher nicht mit der Arbeit beginnen, um aus ihr die Form des Gemeinwesens zu entwickeln. Das Gemeinwesen ist nicht als Resultat, sondern als Voraussetzung aufzunehmen" (SOST 1984:29). Für die Ausgangspunkte der Analyse bürgerlicher und vorbürgerlicher Gesellschaften gilt also ein umgekehrtes Verhältnis primärer und sekundärer gesellschaftlicher Strukturen.

Was methodisch hinsichtlich der Ausgangspunkte der Untersuchung gilt, findet seine Entsprechung bei der Verwendung analytischer Kategorien zur Erfassung gesellschaftlicher Strukturen und Entwicklungen. Um die Triebkräfte des Denkens, Fühlens und Handelns in traditionalen Lebenszusammenhängen freizulegen, wo religiöse, mythologische, ethnische oder familiale Bezüge das strukturierende Zentrum gesellschaftlicher und individueller Reproduktion bilden, lassen sich kategoriale Instrumente zur Erfassung bürgerlich-kapitalistischer Verhältnisse nicht umstandslos anwenden. Genaugenommen reicht deren analytische Gültigkeit nur soweit und in dem Maße, wie sich bürgerlich-kapitalistische Verhältnisse in einer gegebenen Gesellschaft auch tatsächlich durchgesetzt haben. Solange also, wie es der Fall ist, ein allgemeiner kategorialer Rahmen zur Erfassung traditionaler Lebensverhältnisse oder anderer Kulturen fehlt, muß der Begriffsapparat, der für die Analyse kapitalistischer Gesellschaftsstrukturen zur Verfügung steht, auch bei der Untersuchung von Übergangsgesellschaften als Instrumentarium zur Unterscheidung bürgerlich-kapitalistischer und vorbürgerlicher Elemente dienen. Er kann diese Funktion als "tertium comparationis" aber nur dann erfüllen, wenn der eingeschränkte Geltungsbereich des methodischen und kategorialen Instrumentariums auf allen Ebenen der Untersuchung Berücksichtigung findet. Geschieht dies nicht, werden die Unterschiede analytisch eingeebnet und mit ihnen die Zugänge zu den horizontalen und vertikalen Grenzverläufen zwischen den Vergesellschaftungsformen, wo die zentralen Verdichtungsräume der Konfliktpotentiale liegen, verschüttet. Der eingeschränkte Geltungsbereich gilt selbstverständlich auch für das methodische und begriffliche Instrumentarium der politischen Ökonomie, dessen historisch und gesellschaftlich spezifischer Charakter von Marx immer wieder betont wurde. Daß gerade marxistischerseits die Methoden und Begriffe der politischen Ökonomie immer wieder umstandslos auf die vorkapitalistische Geschichte und die Analyse anderer Kulturen oder der Übergangsgesellschaften der Dritten Welt angewandt worden sind, zeigt, wie wenig die historische und gesellschaftliche Spezifik verstanden wurde. Daß die Marxsche Theorie vor allem als "handlich vulgarisiertes Dogma" (Wehler 1984:22) und rascher Welterklärungsansatz mißbraucht worden ist, ändert jedoch nichts an ihrer Erklärungskraft.

Es kann also festgehalten werden, daß der Prozeß globaler Vergesellschaftung den historischen Ausgangspunkt für eine Theorie des Krieges darstellt und sich mit der Entwicklung von Kapitalismus und bürgerlicher Gesellschaft zugleich auch der Raum eines einheitlichen methodischen und kategorialen Zugriffs auf das weltweite Kriegsgeschehen ausweitet und der analytische Zugang zu den zentralen Verdichtungsräumen gesellschaftlichen Konfliktpotentials geschaffen wird. Aber die Entwicklungsgeschichte des Kapitalismus ist nicht nur der Schlüssel zum Verständnis der Kriege der Gegenwart, sie zeigt auch die der kapitalistischen Gesellschaftsformation immanenten Möglichkeiten zur Pazifizierung gesellschaftlicher Konflikte. Denn mit der Auflösung traditionaler Strukturen setzt sich im Innern der Gesellschaften auch die auf äquivalentem Austausch von Waren basierende Vergesellschaftung durch, die die systemimmanente Grundlage für die Möglichkeit einer Pazifizierung gesellschaftlicher Konflikte bildet. Im Innern traditionaler Gesellschaften stellen die Austauschbeziehungen noch weit mehr dar, als einen bloß formalen, rein ökonomischen Vorgang. Eingebettet in die sozialen Beziehungen, ist der Austausch hier "zur gleichen Zeit ein ökonomisches, juristisches, moralisches, ästhetisches, religiöses, mythologisches und sozio-morphologisches Phänomen" (Mauss 1968:10).

Erst mit dem Übergang zum Kapitalismus werden diese im ökonomischen Sinne nicht-äquivalenten Austauschbeziehungen - die auf den Prinzipien des Geschenktausches (Mauss) sowie von Redistribution und Reziprozität basieren und auch in Europa ihre Gültigkeit noch bis zum Ende des Feudalismus behalten haben (Polanyi 1978:71-87) - durch die Verallgemeinerung rein ökonomischer Formen des Tausches ersetzt. Ursprünglich hatte sich diese von allen sozialen und ethischen Normen freie, rein ökonomische Form des Tausches als Tauschhandel zwischen den Gesellschaften entwikkelt und dabei ihre pazifizierende Potenz bereits angedeutet: "Der Markt ist in vollem Gegensatz zu allen anderen Vergemeinschaftungen, die immer persönliche Verbrüderung und meist Blutverwandtschaften voraussetzen, jeder Verbrüderung in der Wurzel fremd. Der freie Tausch findet zunächst nur nach außerhalb der Nachbargemeinschaft und aller persönlichen Verbände statt; der Markt ist eine Beziehung zwischen Orts-, Bluts- und Stammgrenzen, ursprünglich die einzige formell friedliche Beziehung zwischen ihnen" (Weber 1985:383). Aber erst mit der vollständigen Durchsetzung und Verallgemeinerung kapitalistischer Produktions- und Austauschverhältnisse im Innern der Gesellschaft, wie sie für die entwickelten bürgerlichen Staaten charakteristisch sind, bietet sich die Chance, die systemimmanenten Möglichkeiten dieses "Marktfriedens" auch in konkrete Geschichte umzusetzen und den Zivilisationsprozeß in eine dauerhafte Pazifizierung gesellschaftlicher Konflikte einmünden zu lassen.

Teil 2

Die historische Logik des Krieges

Ein gesellschaftstheoretischer Erklärungsrahmen

In dieser historisch-systematischen Darstellung soll es darum gehen, den inneren Zusammenhang von Kapitalismus und Krieg, genauer den Zusammenhang von kapitalistischer Epochenentwicklung und weltweitem Kriegsgeschehen darzustellen, um so die allgemeinen Rahmenbedingungen der Kriege der Gegenwart als Resultat einer globalen historischen Entwicklung erfassen und theoretisch einordnen zu können. Die historische Spur des sich entwickelnden Kapitalismus wird in den norditalienischen Städten des 15. Jahrhunderts aufgenommen und entlang dem Ausbreitungsmuster kapitalistischer Vergesellschaftung bis in die Gegenwart verfolgt. Von Anfang an treten dabei mit der innergesellschaftlichen Durchsetzung und der weltweiten Ausbreitung des Kapitalismus zwei bereits im Begriff des Kapitals enthaltene Dimensionen deutlich hervor. Für die Darstellung bildet diese Unterscheidung das erste grundlegende Differenzierungsmerkmal. Denn sowohl nach der Seite ihrer vertikalen Durchsetzung wie auch nach der Seite ihrer horizontalen Ausweitung ist die Entwicklung der neuen Gesellschaftsformation ein konfliktiver Prozeß.

Im Innern der Gesellschaften führt bereits die Entwicklung der Vorformen des Kapitals, wie sie vom Handels- und Wucherkapital repräsentiert werden, zum Konflikt mit den überkommenen vorkapitalistischen Formen direkter Vergesellschaftung. "Dieser Konflikt, der vom Standpunkt der entwickelten warenproduzierenden Gesellschaft als Vorgeschichte des industriellen Kapitals erscheint, stellt sich den Mitgliedern jener in diesem Konflikt stehenden Gesellschaften allein als Verderbnis und Niedergang der 'Ordnung' des Gemeinwesens in seiner Totalität dar, als Verfall der Sitten, der Frömmigkeit, der Ehrerbietung usw." (Müller 1981:119). Aber nicht nur die innergesellschaftliche Durchsetzung des Kapitalismus gegen die vormals gültigen Lebensverhältnisse ist von Anfang an ein von gewaltsamen Konflikten und Kriegen begleiteter Prozeß, der erst als ein spätes historisches Produkt mit der vollständigen Durchsetzung der bürgerlichen

Gesellschaft in pazifizierte Formen gesellschaftlichen Konfliktaustrags einmündet.

Auch hinsichtlich der globalen Ausweitung der neuen Produktionsweise stehen Begriffe wie Kolonialismus und Imperialismus geradezu programmatisch für die gewaltsame Form der bis heute unabgeschlossenen Konstitution eines kapitalistischen Weltmarktes. "Da aber der Weltmarkt nicht außerhalb der nationalen Reproduktionsräume existiert, sondern als Bewegungsform des Kapitals in ihnen, reproduzieren sich die Widersprüche, Ungleichzeitigkeiten und Krisen notwendig, wenn auch aufgrund vieler besonderer Umstände von Land zu Land, von Region zu Region unterschiedlich, auf nationaler und regionaler Ebene" (Altvater 1987:79). Kolonialismus, Imperialismus und die entwickelteren Formen weltmarktlicher Durchdringung stellen damit nur verschiedene Etappen im Prozeß der Verankerung bestimmter, mit der globalen Durchsetzung des Kapitalismus verbundener Konfliktlinien im Innern der weltmarktintegrierten Gesellschaften dar. In der heutigen Dritten Welt und nun auch in den vormals sozialistischen Staaten wurden und werden damit im Zuge der Ausweitung der europäischen Geschichte zur Weltgeschichte Konfliktlinien installiert, die innerhalb dieser Staaten auch zu ganz spezifischen Formen gesellschaftlicher Konflikte und Kriege führen und ein sich wiederholendes Prozeßmuster sozialer Konflikte erkennen lassen.

Theoretisch gefaßt, stellen die innergesellschaftliche Durchsetzung und die globale Ausweitung kapitalistischer Vergesellschaftung nur unterschiedliche Seiten der Entfaltung des Wertverhältnisses dar. Denn die differencia specifica des Kapitalismus gegenüber allen anderen Formen der Vergesellschaftung ist der Wert. Er ist das verborgene Gravitationszentrum aller gesellschaftlichen Entwicklung unter kapitalistischen Verhältnissen. Ob auf der Ebene individueller Reproduktion als bürgerliche Bewußtseinsformen, auf der gesellschaftlichen Ebene als Entwicklung konkurrenzbestimmter Marktverhältnisse oder in seiner globalen Dimension als Weltmarkt; dies sind nur unterschiedliche Ausformungen gesellschaftlicher Verhältnisse, die an die Produktion und den Austausch von Waren rückgebunden und daher nur besondere Erscheinungsformen des Wertes sind. Die Entwicklungsgeschichte des Kapitalismus ist, theoretisch gefaßt, die Entwicklungsgeschichte des Wertverhältnisses.

Nur aus der werttheoretischen Perspektive heraus lassen sich dann auch die qualitativen Veränderungen des Kapitalverhältnisses präzise bestimmen und damit die unterschiedlichen Entwicklungsstufen der kapitalistischen Gesellschaftsformation adäquat erfassen. Der realhistorische Prozeß dagegen zeigt diese qualitativen Veränderungen nicht mit der notwendigen Deutlichkeit. Zwar hat auch er hier und dort seine Knotenpunkte, wo er sich in Revolutionen, Kriegen oder anderen herausragenden Ereignissen zu beschleunigtem Gang entschließt. Diese Bruchstellen fallen aber bestenfalls ausnahmsweise mit den theoretisch ausweisbaren Veränderungen der geschichtlichen Entwicklung zusammen. Denn der realhistorische Prozeß vollzieht sich von Tag zu Tag als Prozeß aufeinander aufbauender und auseinander hervorgehender Ereignisse und Begebenheiten und verdeckt in dieser Kontinuität die qualitativen Veränderungen und Wendepunkte, die eine Periodisierung von Geschichte erst ermöglichen. Während die historische Entwicklung des Kapitalismus, von der theoretischen Seite her betrachtet, als inhaltslogisch ableitbare und daher als selbstläufige Entwicklung rekonstruiert werden kann, deren qualitative Veränderungen als unterschiedliche Entwicklungsstufen des Wertverhältnisses erfaßt werden können - was für sich genommen zu inhaltsleerem Geschichtsautomatismus und selbstläufigen Abfolgeschemata führt - verdeckt die Kontinuität des realhistorischen Prozesses gerade die für eine theoretisch begründbare Periodisierung der Entwicklung notwendigen qualitativen Veränderungen.

Um die kapitalistische Entwicklung als epochengeschichtlichen Prozeß auszuweisen, der es ermöglicht, die qualitativen Veränderungen in den zugrunde liegenden gesellschaftlichen Reproduktionsmechanismen zu den Veränderungen des weltweiten Kriegsgeschehens in Beziehung zu setzen, ist es notwendig, den realhistorischen Prozeß auf die theoretisch ausweisbaren Veränderungen der Entwicklung des Kapitalverhältnisses rückzubeziehen. Nur so läßt sich zeigen, in welchen Ereignissen des Geschichtsverlaufes die qualitativen Veränderungen zum Ausdruck kommen. Denn die theoretisch rekonstruierbaren Entwicklungsphasen reihen sich im realhistorischen Prozeß nicht zu einer entsprechenden Kette diese Veränderungen zum Ausdruck bringender aufeinander folgender Ereignisse auf. Die begrifflich-systematische und die realhistorische Entwicklung fallen nicht zusammen. In der Regel legen sich die theoretisch rekonstruierbaren qualitativen Veränderungen im Geschichtsverlauf in einen diskontinuierlichen Prozeß auseinander, so daß die Ereignisgeschichte aus epochengeschichtlicher Perspektive ein von Friktionen, Ungleichzeitigkeiten und Diskontinuitäten geprägter Prozeß ist. Was hierin zum Ausdruck kommt, ist, daß die Menschen keine autonom handelnden Individuen sind, daß menschliches Handeln vielmehr ein in soziale und historische Umstände eingebettetes, daher nur begrenzt autonomes Handeln darstellt. "Die Menschen machen ihre eigene Geschichte, aber sie machen sie nicht aus freien Stücken, nicht unter selbstgewählten, sondern unter unmittelbar vorgefundenen, gegebenen und überlieferten Umständen" (Marx 1973:115).

Die kapitalistische Entwicklung darf also weder als blind wirkende Gesetzmäßigkeit einer subjektlosen Geschichte noch als Resultat des voraussetzungsfreien Handelns geschichtsloser Subjekte aufgefaßt werden. Geschichte vollzieht sich durch das Handeln der Menschen, zugleich aber hinter ihrem Rücken und über ihre Köpfe hinweg. Als Resultat der Verhaltensweisen bringt der Geschichtsverlauf damit sowohl die Autonomie der Akteure gegenüber den ihnen vorausgesetzten Verhältnissen als auch diese Verhältnisse selbst zum Ausdruck. Aber den gesellschaftlichen Verhältnissen kommt außerhalb der Verhaltensweisen der Akteure keine selbständige Existenz zu. Auch die Herrschaft der Verhältnisse, die sich mit der bürgerlichen Gesellschaft entwickelt, ist nur als eine Bestimmung des Verhaltens der bürgerlichen Individuen zu begreifen. Obgleich aber die gesellschaftlichen Verhältnisse nur als Bestimmung des Verhaltens zu verstehen und zu erfassen sind, so sind sie doch "das Objektive im subjektiven Verhalten der Individuen" (Röhr 1980:89). In der Kontinuität des Geschichtsverlaufes und, theoretisch gesprochen, in seiner Notwendigkeit zeigen sich diese dem bewußten Verhalten unterliegenden unbewußten gesellschaftlichen Bestimmungsgründe. In der Diskontinuität der historischen Entwicklung kommt dann sowohl die objektive Gesellschaftlichkeit menschlichen Handelns wie auch dessen Autonomie zur Geltung.

Damit kommt in der epochen- oder strukturgeschichtlichen Betrachtung als Einheit begrifflicher und historischer Entwicklung zugleich auch der Umstand zum Tragen, daß die Menschen, soweit sie sich in ihrem Handeln bewußt auf die vor sich gehenden Ereignisse beziehen, ihre Geschichte selbst machen, ihrem bewußten Handeln aber zugleich unbewußte Triebkräfte und Motive unterliegen, die ihnen von den vorgegebenen gesellschaftlichen Verhältnissen ebenso selbstverständlich mitgeliefert werden wie Sprache oder Eßgewohnheiten. Diese verborgenen Bestimmungsgründe des Denkens und Handelns aber lassen sich allein aus der theoretischen Rekonstruktion des gesellschaftlichen und historischen Prozesses ableiten. Es kann daher gesagt werden, daß die epochengeschichtliche Darstellung durch die Rückbindung der realhistorischen Entwicklung an die Entwicklung des Wertverhältnisses sowohl die Bezugspunkte des bewußten Handelns und damit das Moment der Autonomie der gesellschaftlichen Akteure wie auch die gesellschaftlich objektiven aber unbewußten Triebkräfte geschichtlichen Handelns und so insgesamt die beiden, den wirklichen Geschichtsverlauf prägenden Kräfte zur Geltung bringt.

Der historisch-systematischen Darstellung des Zusammenhangs von kapitalistischer Entwicklung und weltweitem Kriegsgeschehen liegt daher der Dreischritt einer auf die Wertentwicklung rückbezogenen Ereignisgeschichte zugrunde, die dann als Epochengeschichte ihrerseits zur Entwicklung von Gewalt und Krieg in Beziehung gesetzt wird. Damit soll die zunehmend breiter werdende Darstellung das weltweite Kriegsgeschehen aus der Wertentwicklung heraus erklären und dabei den Formwandel von Gewalt und Krieg sowohl nach der Seite der innergesellschaftlichen Durchsetzung der sich neu entwickelnden kapitalistischen Produktionsweise, wie auch nach der Seite ihrer globalen Ausweitung verfolgen. Aus der zugleich theoretischen, historischen und globalen Perspektive der Darstellung wird dabei ein Prozeßmuster der Entwicklung kriegerischer Konflikte deutlich werden, das weitreichende Schlüsse auch in bezug auf die Ursachen des weltweiten Kriegsgeschehens zuläßt.

2.1 Handelskapitalistische Akkumulationslogik als Kriegsursache

Die historische Spur des Kapitalismus führt zurück bis zu den norditalienischen Städten, wo "die ersten Anfänge kapitalistischer Produktion uns schon im 14. und 15. Jahrhundert ... sporadisch entgegengetreten" (Marx 1974:743). Im Gefolge der Kreuzzüge waren seit dem 12. Jahrhundert vor allem die Stadtrepubliken Venedig und Genua zu Zentren des internationalen Handels im Mittelmeer geworden, die bald auch die Rolle des Vermittlers im Handel zwischen Europa und der Levante einnahmen. Der Niedergang der norditalienischen Städte als Drehscheibe des Handels zwischen dem Morgenland und den Ländern des Abendlandes wurde durch die Konsolidierung und Expansion des Osmanischen Reiches und der mit ihr einhergehenden Blockierung der alten Orienthandelswege einerseits sowie durch die "Revolution des Welthandels seit dem Ende des 15. Jahrhunderts" (Marx 1974:744) andererseits herbeigeführt.

Die Verlagerung der Haupthandelswege an die Küsten Westeuropas und die geographischen Entdeckungen dieser Zeit, namentlich die Entdeckung Amerikas 1492 und die Entdeckung des Seeweges nach Indien um das Kap der Guten Hoffnung 1487 durch die Portugiesen, machten die iberischen Länder Portugal und Spanien während des 16. Jahrhunderts zu Zentren des Welthandels und zum Ausgangspunkt der ersten Kolonisierungen in Afrika, Asien und dem damaligen Amerika. Für die Entwicklung Portugals und Spaniens selbst wirkte sich der koloniale Reichtum langfristig jedoch negativ aus, da er ohne nachhaltig positive Auswirkungen auf die heimische Landwirtschaft und das heimische Gewerbe blieb. Die bloß konsumtive Verwendung der zum großen Teil aus Edelmetallen bestehenden kolonialen Einkünfte führte zum Import agrarischer und gewerblicher Produkte aus Nordeuropa, besonders aus flämischer und holländischer, später auch aus englischer Produktion und stärkte so die ökonomische Potenz dieser Länder.

Der Aufschwung der manufakturellen Produktion unter der Regie des merkantilen Kapitals machte Holland im Gefolge des Sezessionskrieges von Spanien zur "kapitalistischen Musternation des 17. Jahrhunderts" (Marx 1974:779). Die holländische Handelssuprematie, die sich im wesentlichen auf eine überlegene manufakturelle Produktion und auf das Monopol im Gewürzhandel stützte, ging erst nach langem Ringen um die Vorherrschaft im Welthandel Mitte des 18. Jahrhunderts an England verloren. Damit ging auch die erste Phase der historischen Entwicklung kapitalistischer Verhältnisse in Europa zu Ende. Die norditalienischen Städte, die iberischen Länder und Holland repräsentieren dabei nicht nur Zentren der europäischen Wirtschaftsentwicklung, sondern zugleich auch Entwicklungsschritte des Kapitalverhältnisses, was sie als aufeinanderfolgende dominante Kräfte der handelskapitalistisch-kolonialen Expansion ausweist, die zur "ersten Welteinheit" (Krippendorff 1975:47ff) geführt hat.

Die Dominanz des Handelskapitals prägt den Charakter der gesamten Epoche vom 16. bis zur Mitte des 18. Jahrhunderts. Aufstieg und Niedergang der dominanten Nationen waren ebenso durch die Bewegungsform des Handelskapitals geprägt wie der spezifische Charakter der weltweiten Expansion und die Konflikte dieser Epoche. Als die historisch älteste Form des Kapitals war das Handelskapital allerdings noch nicht Kapital im eigentlichen Sinne und verdient daher nur sehr eingeschränkt diesen Namen. Es war in Marx' Worten eine "antedeluvianische Form des Kapitals", die zu den historischen Voraussetzungen der kapitalistischen Produktionsweise zählt und damit der Geschichte der Herausbildung kapitalistischer Lebensverhältnisse angehört. "Nicht nur der Handel, sondern auch das Handelskapital sind älter als die kapitalistische Produktionsweise" (Marx 1974a:337).

Die erste Welteinheit, die unter der Dominanz des zunächst iberischen, später niederländischen Handelskapitals entstand, war also nicht Resultat kapitalistischer Verhältnisse, sondern Ausdruck der verschiedenen Entwicklungsstufen auf dem Wege zur Durchsetzung der kapitalistischen Produktionsweise. Dabei zeigt der wirtschaftliche Niedergang der iberischen Länder und später Hollands, daß die "Handelsvölker in ihrer wirtschaftlichen Entwicklung gegenüber den Nationen, deren Handel sie vermitteln, im Laufe ihrer Entwicklung stagnieren" (Ahlers et al 1975:122). Da das Handelskapital nur den Austausch von Produkten innerhalb der Zirkulationssphäre vermittelt, die Bewegungsform des Handelskapitals daher Kauf und Verkauf von Produkten ist, liegt die Quelle des Handelsprofits nicht im Produktionsprozeß, sondern im "Veräußerungsprofit, profit upon alienation" (Marx 1974a:342).

Die Zirkulation, aus der Ware und Geld hervorgehen, ergriff anfangs nur die Überschüsse und blieb zunächst ohne nennenswerte Rückwirkung auf die Produktion. Es ist nicht die Produktion von Waren, woraus der Handel hervorgeht, sondern das Produkt wird zur Ware durch den Handel. "Es ist der Handel, der ... die Gestaltung der Produkte zu Waren entwickelt; es ist nicht die produzierte Ware, deren Bewegung den Handel bildet. Kapital als Kapital tritt hier also zuerst im Zirkulationsprozeß auf. Im Zirkulationsprozeß entwickelt sich das Geld zu Kapital. In der Zirkulation entwickelt sich das Produkt zuerst als Tauschwert, als Ware und Geld. Das Kapital kann sich im Zirkulationsprozeß bilden und muß sich in ihm bilden, bevor es seine Extreme beherrschen lernt, die verschiedenen Produktionssphären, zwischen denen die Zirkulation vermittelt. Geld- und Warenzirkulation können Produktionssphären der verschiedenen Organisationen vermitteln, die ihrer inneren Struktur nach noch hauptsächlich auf Produktion des Gebrauchswerts gerichtet sind. Diese Verselbständigung des Zirkulationsprozesses, worin die Produktionssphären untereinander verbunden werden durch ein Drittes, drückt ein Doppeltes aus. Einerseits, daß die Zirkulation sich noch nicht der Produktion bemächtigt hat, sondern sich zu ihr als gegebener Voraussetzung verhält, andererseits, daß der Produktionsprozeß die Zirkulation noch nicht als bloßes Moment in sich aufgenommen hat" (Marx 1974a:340).

Durch den zunächst zufälligen, später regelmäßigen Austausch verselbständigte sich die Zirkulation gegen die ihr vorausgesetzten Extreme Produktion und Konsumtion, und der Handel beherrschte in den Vorstufen der kapitalistischen Gesellschaft die Produktionssphäre. Zugleich jedoch unterwirft der Handel die Produktion mehr und mehr dem Tauschwert, "indem er Genüsse und Subsistenz mehr abhängig macht vom Verkauf als vom unmittelbaren Gebrauch des Produkts. Er löst daher die alten Verhältnisse auf" (Marx 1974a:342). In demselben Maße, wie der Handel die Produktion dominierte, trug er auch zur Auflösung der Subsistenz und zur Orientierung der Produktion auf den Tauschwert und damit zur Unterminierung seiner eigenen beherrschenden Stellung gegenüber der Produktion bei und führte letzlich zu seiner eigenen Unterordnung unter die Produktion als dem dominanten Verhältnis. Die handelskapitalistische Entwicklung und das Kolonialsystem hatten so wesentlich zur Sprengung der feudalen Schranken der Produktion und zur Entwicklung der auf dem Äquivalententausch basierenden kapitalistischen Produktionsweise beigetragen.

Solange aber - wie zwischen dem 16. und dem 18. Jahrhundert - das Handelskapital den Produktenaustausch traditionaler Gemeinwesen vermittelte, ging mit der Dominanz des Handelskapitals auch die Dominanz handelskapitalistischer Akkumulationsbedingungen einher, die auf dem Veräußerungsprofit und damit auf der Übervorteilung von Käufer oder Verkäufer, nicht aber auf dem Äquivalententausch basierten. Zur Mehrung des Handelsprofits, also zum Zweck der Akkumulation war das Handelskapital gezwungen, die Sphäre der Zirkulation und damit den Warenhandel ständig zu erweitern und über die Monopolisierung abzusichern, um so zusätzliche Gewinne zu erzielen. "Dem Kapital in seiner Form als Handelskapital wohnt demnach die Tendenz inne, den Weltmarkt auszubilden, weil territoriale Ausweitung der Sphären des Handels und der mit ihm gesetzten Plünderung und Prellerei Bedingung seiner Akkumulation ist" (Neusüß 1972:34).

Daß das auf Nicht-Äquivalententausch, Monopolisierung und Expansion gegründete System des Handelskapitals notwendig auf die Anwendung konzentrierter und organisierter gesellschaftlicher, d.h staatlicher Gewalt zurückgreifen mußte, liegt ebenso auf der Hand wie der enge Entstehungszusammenhang zwischen moderner Staatlichkeit, staatlich monopolisierter Gewalt, kolonialer Expansion und Ausbildung des Weltmarktes insgesamt. Die Dominanz des Handels gegenüber der Produktion, der noch unmittelbar gegebene Zusammenhang von Politik, Gewalt und Ökonomie und die handelskapitalistischen Akkumulationsbedingungen als die inneren Triebkräfte dieses Verhältnisses zeigten sich nirgendwo so exemplarisch wie in der Holländisch-Ostindischen-Kompanie und den anderen großen Handelsgesellschaften dieser Zeit.

Die direkte Beherrschung der Produktion durch den Handel dort, wo sie sich über die selbstgenügsame Subsistenz hinausentwickelte, koloniale Expansion, Monopolisierung des Handels, die beginnende Entwicklung zu moderner Staatlichkeit, die Konkurrenz der Kolonialmächte und die Kolonial- und Handelskriege sind hervorstechende Merkmale der ersten Welteinheit. Die Notwendigkeit der Erweiterung der Zirkulationssphäre in Form von territorialer Ausdehnung und die Notwendigkeit der Monopolisierung des Handels hatte zum "Handelskrieg der europäischen Nationen mit dem Erdenrund als Schauplatz" (Marx 1974:779) geführt. Alle europäischen Kolonialmächte waren mehr oder weniger in die Handelskriege und kolonialen Auseinandersetzungen dieser Epoche verwickelt.

Dabei liegt die Notwendigkeit, die Handelskonkurrenz mit kriegerischer Gewalt auszutragen, einzig und allein in der Logik der handelskapitalistischen Akkumulationsbedingungen und damit in der Quelle des Handelsprofits begründet. Da der Ursprung des Handelsprofits nicht in der Produktion und daher im Äquivalententausch, sondern in der Zirkulation und damit auf der Übervorteilung der unmittelbaren Produzenten und auf Raub und Plünderung basiert, wäre die Konkurrenz an der Quelle des Profits hier gleichbedeutend mit der Schmälerung und letzlich dem Versiegen dieser Quelle. Sicherung des Monopols und Ausweitung des Handels sind Existenz- und Akkumulationsbedingungen des Handelskapitals.

So wie das Handelskapital seinen Namen nur sehr eingeschränkt verdient, ist auch die Handelskonkurrenz nicht Konkurrenz im eigentlichen Sinne. Es ist keine Konkurrenz von Monopolen um den Handel, sondern Konkurrenz um die Monopole des Handels, es ist die Konkurrenz der Kolonialmächte, keine Konkurrenz ihrer Ökonomien, es ist eine Konkurrenz der Waffen, keine des Geldes, und es ist daher eine mit militärischen und nicht mit ökonomischen Mitteln ausgetragene Konkurrenz.

Erst die ökonomische Konkurrenz, die Konkurrenz des Kapitals, die Bewegung des verselbständigten Wertes, dessen historisch erster Ausdruck erst sehr viel später in dem von England etablierten System des Freihandels zum Ausdruck kam, befreite von dem Zwang, die Ausbeutung mit militärischen Mitteln oder anderen Zwangsmaßnahmen vorzunehmen, befreite von der Notwendigkeit direkter Gewaltanwendung zum Zwecke der Ausbeutung und vom Kampf um die Quellen des Profits. Der Übergang vom Handelsmonopol zum Freihandel war also nicht in erster Linie eine "Liberalisierung des Handels", sondern verweist auf eine Veränderung der Quellen der Aneignung fremder Arbeit oder ihrer Produkte, verweist auf die Dominanz des industriellen Kapitals gegenüber dem Handelskapital und damit auf die Dominanz der Produktion gegenüber der Zirkulation. Er verweist auf das Versiegen der Quellen des Veräußerungsprofits und auf die Etablierung des Äquivalententauschs als Vermittler einer neuen, ganz anderen Form der Aneignung der Produkte fremder Arbeit, verweist also auf den vollzogenen Übergang zur kapitalistischen Produktionsweise. Erst auf der Grundlage dieser neuen Produktionsweise wurde es überhaupt möglich, die Aneignung der Resultate fremder Arbeit auf rein ökonomischer Grundlage durchzuführen.

Erst unter kapitalistischen Bedingungen entstand die Möglichkeit, den Krieg aus ökonomischen Gründen durch die Konkurrenz und damit die unmittelbar gewaltsamen Formen der Aneignung fremder Arbeit oder ihrer Produkte durch friedliche Mittel zu ersetzen. Die handelskapitalistische Konkurrenz zwischen den europäischen Kolonialmächten während des 16., 17. und 18. Jahrhunderts aber mußte ebenso wie die koloniale Expansion dieser Mächte mit kriegerischer Gewalt durchgeführt werden - dies liegt in der Logik der Bewegungsform des Handelskapitals und dem Ursprung des Handelsprofits. Unter diesen noch nicht entwickelten kapitalistischen Verhältnissen war die Gewalt selbst noch eine ökonomische Potenz. Damit lassen sich für die gesamte Epoche vom 16. bis ins 18. Jahrhundert zunächst einmal zwei dominant hervortretende Formen kriegerischer Gewaltanwendung unmittelbar aus den handelskapitalistischen Akkumulationsbedingungen ableiten: Neben den Handelskriegen zwischen den europäischen Nationen sowohl innerhalb wie außerhalb Europas ist auch der gewaltsame Charakter der kolonialen Expansion selbst, die Kolonisation und die Kolonialkriege, geprägt von der Logik der Bewegungsform des Handelskapitals und spiegelt die verschiedenen Stufen handelskapitalistischer Entwicklung im Übergang zur kapitalistischen Produktionsweise wider.

So ist die Zeit der Vorherrschaft der iberischen Länder und Hollands nur als Phase des "Raub- und Plünderungskolonialismus" (Ahlers et al 1975:122ff) zu bezeichnen. Die direkte Ausplünderung der Kolonien läßt den parasitären Charakter des Handelskapitals noch deutlich hervortreten. Der z.T. genozidale Charakter, der die Etablierung der ersten Welteinheit in den Kolonien begleitete, kann nur als handelskapitalistischer Vernichtungskrieg gegen die kolonisierten Gesellschaften angesehen werden. Raub, Plünderung, Versklavung und Ausrottung der eingeborenen Bevölkerung zeigen den begrenzten Entwicklungsstand der Ausbeutungsformen und verweisen darauf, "daß die jedesmalige Form kolonialer Expansion Spiegelbild des sozioökonomischen Entwicklungsstandes der Metropole ist" (ebd.:136). Es war gerade die damalige Rückständigkeit der europäischen Mächte, die dem Kolonialismus in seinen Anfängen diese Strukturmerkmale aufprägte. Die Veränderungen und Deformationen innerhalb der kolonialen Gesellschaften weisen einen ganz anderen Charakter auf als spätere, entwickeltere Formen des Kolonialismus, die auf völlig anderen gesellschaftlichen Grundlagen innerhalb Europas basieren.

Solange sich der Handel auf den reinen Zwischenhandel von Überschüssen beschränkte, die auf der Basis gegebener Produktionsweisen erarbeitet wurden, blieb er ohne nennenswerte Folgen für die innere Gliederung der gesellschaftlichen Organisation. Mit zunehmender Bedeutung des Handels nahmen auch die Rückwirkungen auf die produktive Basis der in den Handel einbezogenen Gesellschaften zu. Das Handelskapital selbst aber blieb letztlich an die produktiven Grundlagen der verschiedenen vorkapitalistischen Gesellschaften und damit auch an die in ihnen gegebenen Formen der Abpressung und Aneignung des Mehrproduktes gebunden. Die mit der handelsmäßigen Beförderung der auf den Tauschwert orientierten Produktion ohnehin gegebene Erweiterung der Menge handelbarer Produkte und die Steigerung der Produktivkraft der Arbeit ließen sich innerhalb vorkapitalistischer Produktionsverhältnisse nur gewaltsam erhöhen. In der Phase handelskapitalistischer Dominanz trat dann auch die Gewalt in ihrer ökonomischen Potenz mit aller Deutlichkeit hervor.

Die Möglichkeiten und Grenzen handelskapitalistisch befruchteter Entwicklung vorkapitalistischer Gesellschaftsgrundlagen sind daher mit der Schaffung der ersten Welteinheit einerseits und der nur gewaltsam zu befördernden Ausweitung von Handel und Produktion auf Grundlage gegebener Produktions- und Ausbeutungsformen andererseits abgesteckt. Eine über die bloße Differenzierung dieser Grundlagen hinausgehende neue Qualität der Produktion und der Aneignungsformen von Mehrarbeit und Mehrprodukt ist erst auf kapitalistischer Grundlage gegeben.

Sieht man davon ab, die im Zuge der Entwicklung kapitalistischer Weltökonomie nur scheinbar immergleiche und nur fortschreitende Deformierung kolonisierter Gesellschaften zu differenzieren und die Phase des vorimperialistischen Kolonialismus selbst noch einmal in verschiedene Entwicklungsstufen zu zerlegen, - die sich mit der grundsätzlichen Begrenzung der Ausbeutungsformen in den Kolonien durch den jeweiligen Entwicklungsstand ihrer Kolonialmächte ergeben und eine weitgehende Parallelisierung der Abfolge hegemonialer europäischer Handelsnationen mit unterschiedlichen Funktionen der Kolonien, Formen der Ausbeutung und Herrschaftssicherung usw. zulassen - so zeigt sich in bezug auf die Zerstörung der traditionalen Lebensformen in den Kolonien durch den Einfluß frühkapitalistischer Verhältnisse auf diese Länder eine Gemeinsamkeit: Die Deformierung traditionaler Lebensformen in den Kolonien bis hin zur Ausrottung ganzer Kulturen basierte in der vom Handelskapital beherrschten Epoche noch auf der Zerstörung von außen, auf einer gewaltsamen, von außen aufgezwungenen Veränderung gegebener Lebensverhältnisse, welche sich, sofern sie der Gewalt entgehen konnten, nach dem alten Muster reorganisierten.

Selbst die Plantagenwirtschaften - die als die entwickeltste Form handelskolonialer Ausbeutung gelten können, weil sich in ihnen die Dominanz des Handelskapitals über die Produktion zusammenfaßt, und die auf der Zerstörung der vorgefundenen Lebensformen und der Versklavung der eingeborenen Bevölkerung oder eben der Sklavenjagd in anderen Kolonien beruhen, daher nicht nur auf Raub und Plünderung der Arbeitsprodukte, sondern schon auf die unmittelbare Ausbeutung der Arbeitskraft selbst gegründet sind - basierten auf einer gewaltsamen Zerstörung der vorgefundenen Produktionsbedingungen von außen und etablierten ein auf unfreier Arbeit beruhendes Ausbeutungssystem. Auch hier noch war die Gewalt unmittelbar ökonomische Potenz.

Erst wenn das Kapital alle Zwischenstufen seiner eigenen Entwicklung zum sich selbst verwertenden Wert durchlaufen hat, entsteht überhaupt die Möglichkeit, auf direkte Gewalt als ökonomische Potenz zu verzichten. Denn erst dem Kapitalismus sind gesellschaftliche Mechanismen zur permanenten Steigerung der Produktivkraft der Arbeit und des gesellschaftlichen Reichtums immanent, die die Anwendung direkter Gewalt im Aneignungsprozeß der Resultate fremder Arbeit überflüssig machen. Dies gilt nicht nur für die Pazifizierung des Ausbeutungsprozesses und den innergesellschaftlichen Akkumulationsprozeß des Kapitals insgesamt, sondern prinzipiell auch für die Ausweitung des Kapitalverhältnisses im Weltmaßstab.

Die Akkumulationslogik des Kapitals setzt - anders als die des Handelskapitals - unmittelbare Gewaltverhältnisse nicht notwendig voraus. Entsprechend unterscheiden sich auch die Formen der im Kapitalbegriff bereits angelegten kapitalistischen Vergesellschaftung im Weltmaßstab. So ist das Kapital in seiner fertigen Form nicht mehr auf die gewaltsame Zerstörung nicht-kapitalistischer Gesellschaften durch äußere Gewalt angewiesen. Die gewaltsame Zerstörung vorkapitalistischer Lebensverhältnisse von außen kann unter entwickelten kapitalistischen Verhältnissen durch die Zersetzung der überkommenen Lebensverhältnisse von innen heraus abgelöst werden, was den Charakter der sozialen Konflikte und Kriege völlig verändert.

2.2 Innereuropäische Kriege im Übergang zum Kapitalismus

Die Dominanz des Handelskapitals hatte nicht nur zwischen den europäischen Mächten zu Handelskriegen außerhalb Europas und zu Kolonialkriegen gegen die eingeborene Bevölkerung, sondern auch zwischen den Konkurrenten und ihren Verbündeten zu Kriegen innerhalb Europas geführt. Zwar trat bei den innereuropäischen Kriegen dieser Zeit der handelskapitalistische Charakter der Konflikte nicht so deutlich hervor wie bei den Kolonialkriegen und den außereuropäischen Handelskriegen und vermischte sich mit vielfältigen anderen kriegsursächlichen Bestimmungsgründen. Grundsätzlich aber kann gesagt werden, daß die meisten innereuropäischen Kriege durch Handels- und Kolonialinteressen beeinflußt worden sind. Als typische Beispiele seien hier nur der niederländische Befreiungskrieg von Spanien, der spanische Erbfolgekrieg (1701-1714) oder der französisch-britische Kolonialkrieg in Verbindung mit dem Siebenjährigen Krieg (1756-63) genannt.

So bildeten die handelskapitalistischen Akkumulationsbedingungen als verborgene Triebkraft gewaltsam ausgetragener ökonomisch-politischer Konkurrenz auch eine strukturelle Komponente der innereuropäischen Kriege in der Epoche handelskapitalistischer Dominanz. Für das Verständnis der innereuropäischen Konflikte und Kriege ist diese strukturelle Komponente allein jedoch nicht ausreichend. Sie erklärt weder das Ganze der kriegerischen Auseinandersetzungen zwischen den europäischen Mächten noch gar die europäischen "Bürgerkriege". Das zweite entscheidende und für die weitere Entwicklung noch bedeutsamere Strukturmerkmal ist der durch Handelskapital und Kolonialsystem beförderte Übergang zur kapitalistischen Produktionsweise. Um die Durchsetzung des Kapitalismus gegen die vielfältig unterschiedlichen mittelalterlich-feudalen Systeme als zentrales kriegsursächliches Strukturmerkmal gruppieren sich eine Reihe gesellschaftlicher Konfliktlinien, deren Manifestationen sehr viel heterogener sind als im Falle der Handels- und Kolonialkriege. Sie sind zwar weniger unmittelbar auf die zugrunde liegenden Triebkräfte zurückzuführen, lassen sich jedoch gleichwohl nur aus dem Formationswechsel heraus erklären.

Der Niedergang Hollands als der dominanten Handelsnation des 17. Jahrhunderts und der Aufstieg Englands zur unumstrittenen Führungsmacht markieren die qualitativen Veränderungen, die mit der Durchsetzung der neuen Produktionsweise einhergehen. Ähnlich wie Holland hatte England vom Zerfall der Handelssuprematie der iberischen Länder profitiert und sich zu einer starken Handels- und Manufakturnation entwickelt. Mit der sogenannten ursprünglichen Akkumulation entwickelten sich in England die Voraussetzungen für den Übergang zur kapitalistischen Produktionsweise. Während sich zuvor die verschiedenen Momente der ursprünglichen Akkumulation "mehr oder minder in zeitlicher Reihenfolge namentlich auf Spanien, Portugal, Holland, Frankreich und England" verteilten, wurden sie in England "Ende des 17. Jahrhunderts systematisch zusammengefaßt" (Marx 1974:779). Die Emanzipation der Produktion vom Handwerk und damit der Übergang von der Manufaktur zur großen Industrie markiert den entscheidenden Ausgangspunkt der industriellen Revolution ab Mitte des 18. Jahrhunderts. "Mit der Revolutionierung der industriellen Basis, des

Transportwesens und der folgenden erneuten Expansion des internationalen Handels verbreitete sich - ausgehend von England - die kapitalistische Entwicklung über den Rest der Welt" (SOST 1981:191).

Der Handel, aus dem Ware und Geld ursprünglich hervorgegangen waren und der sich im Laufe seiner Entwicklung mehr und mehr der Produktion bemächtigte und sie zur großen Industrie entwickelt hatte, wurde dieser nun selbst unterworfen. Die Warenzirkulation wurde im Laufe der kapitalistischen Entwicklung zum bloßen Moment der Produktion von Waren, und das Handelskapital wurde zum Bestandteil des Kreislaufs des industriellen Kapitals. Das Kapital streifte damit seinen antedeluvianischen Charakter ab und wurde zu wirklichem Kapital, zum Moment der Selbstverwertung des Wertes. So ist dann auch "die Geschichte des Untergangs Hollands als herrschender Handelsnation" als die "Geschichte der Unterordnung des Handelskapitals unter das industrielle Kapital" (Marx 1974a:346) zu verstehen.

Die durch die industrielle Revolution ausgelöste radikale Umwälzung vorkapitalistischer Lebensverhältnisse, die sich zuerst in England vollzog und von hier aus ihren Siegeszug begann, konnte sich zunächst auf dem europäischen Festland und in den 1783 unabhängig gewordenen Kolonien Neuenglands durchsetzen. In Europa und den Vereinigten Staaten von Amerika waren - wenngleich vor dem Hintergrund unterschiedlicher Ausgangsbedingungen - günstige Voraussetzungen für die Durchsetzung der neuen Produktionsweise entstanden.

Die Vorgeschichte des Kapitalismus unter der Dominanz des Handelskapitals vom 15. bis zum 18. Jahrhundert hatte mit der ersten Welteinheit und der Aneignung kolonialen Reichtums dazu beigetragen, die ökonomischen Voraussetzungen bürgerlich-kapitalistischer Entwicklung geschaffen. Dabei spielte das Anhäufen kolonialer Reichtümer sicherlich eine wesentliche Rolle gerade auch für den Aufschwung von Verlags- und Manufakturwesen und damit für die Entwicklung der Produktivkräfte als Voraussetzung für den Übergang zur industriellen Revolution. Gleichwohl darf der koloniale Beitrag nicht überschätzt (vgl. Elsenhans 1979) und schon gar nicht als entscheidend für die Herausbildung des Kapitalverhältnisses und den Übergang zur kapitalistischen Produktionsweise angesehen werden. Denn "das bloße Dasein des Geldvermögens und selbst Gewinnung einer Art supremacy seinerseits reicht keineswegs dazu hin, daß jene Auflösung in Kapital geschehe, sonst hätte das alte Rom, Byzanz etc. mit freier Arbeit und Kapital seine Geschichte geendet oder vielmehr eine neue Geschichte begonnen. Auch dort war die Auflösung der alten Eigentumsverhältnisse verknüpft mit Entwicklung des Geldvermögens - des Handels etc. ... Die Urbildung des Kapitals geht nicht so vor sich, daß das Kapital aufhäufte, wie sich das vorgestellt wird... Nicht so, daß das Kapital die objektive Bedingung der Arbeit schafft. Sondern seine Urbildung geschieht einfach dadurch, daß der als Geldvermögen existierende Wert durch den historischen Prozeß der Auflösung der alten Produktionsweise befähigt wird einerseits zu kaufen die objektiven Bedingungen der Arbeit, andererseits die lebendige Arbeit selbst gegen Geld von den freigewordenen Arbeitern einzutauschen" (Marx 1974b:405f). Der Verwandlung von Geld in Kapital und der damit verbundenen Umwälzung der gesamten Grundlagen gesellschaftlicher Lebensgewinnung ist also ein Auflösungsprozeß der alten Produktionsweise vorausgesetzt, der nicht Resultat der kapitalistischen Produktionsweise selbst sein kann, sondern sich innerhalb der vorkapitalistischen Verhältnisse entwickelt haben muß.

Innerhalb der europäisch-feudalen Verhältnisse mußte sich daher als historische Voraussetzung nicht nur das Geldvermögen zu einer gewissen Breite entwickelt haben, ein Prozeß, zu dem koloniale Raubzüge und handelskapitalistische Akkumulation entscheidend beigetragen hatten. Auch das subjektive Arbeitsvermögen mußte als - im doppelten Sinne - freie Lohnarbeit existieren: Es mußte frei sein von den Verwirklichungsbedingungen der Arbeit, also von Boden und Produktionsinstrumenten, eine Freiheit, die nicht selten durch die gewaltsame Trennung der unmittelbaren Produzenten von ihren objektiven Produktionsbedingungen geschaffen wurde, und es mußte frei sein von überkommenen persönlichen Abhängigkeitsverhältnissen, von Sklaverei, Knechtschaft und direkt gemeinschaftlicher Vergesellschaftung, also von persönlichen Abhängigkeitsverhältnissen, die der Konstitution des Lohnarbeiters als freier Person entgegenstanden. Es gehört daher zu den historischen Voraussetzungen der kapitalistischen Produktionsweise, daß der Einzelne innerhalb der dem Kapitalismus vorhergehenden Verhältnisse gegenüber dem ihn vergesellschaftenden Gemeinwesen bereits weitgehende Selbständigkeit erreicht hat. Die Auflösung traditionaler Vergesellschaftungsformen ist überhaupt die Bedingung dafür, daß das Kapital als Gegenpol zur Lohnarbeit zum "Subjekt der Vergesellschaftung" und zum "realen Gemeinwesen" (Marx) wird.

Um sich in Kapital zu verwandeln, muß das Geld, das an sich nur Kapital der Möglichkeit nach ist, als für sich seiender Wert dem subjektiven Arbeitsvermögen in der Form eines bloßen Gebrauchswertes für den Wert gegenübertreten. Nur in dieser widersprüchlichen, gegeneinander verselbständigten und zugleich aufeinander bezogenen Existenz von lebendiger und vergegenständlichter Arbeit stellt sich das Kapitalverhältnis her. Der einfache Austausch von lebendiger Arbeit oder ihrer Produkte gegen Geld konstituiert weder das Kapitalverhältnis, noch trägt er in demselben Maße wie das Kapitalverhältnis zur Auflösung traditionaler Produktionsverhältnisse bei.

Zwar hatte die vom Handelskapital beförderte Orientierung der Produktion auf den Austausch bereits die Veränderung traditionaler Produktions- und Lebensverhältnisse nachhaltig befördert, entscheidend für die Herausbildung kapitalistischer Verhältnisse aber war, daß dieser Prozeß in Europa seit dem 15. Jahrhundert mit einer beschleunigten Verselbständigung des Wertes einherging, die rückgebunden war an eine schon weitgehende Verselbständigung des lebendigen Arbeitsvermögens, an die fortgeschrittene Auflösung unmittelbar gemeinschaftlicher Vergesellschaftung, an die zunehmende Konstitution des Einzelnen als Subjekt und die Zurückdrängung gemeinschaftlicher zugunsten privater Eigentumsformen. Die bäuerliche Familienwirtschaft des europäischen Mittelalters war bereits durch "individualwirtschaftlich ausgerichtete Verhältnisse" charakterisiert, so daß "aus der Reproduktionsweise des Agrarsektors in den europäischen Agrargesellschaften die wichtigsten Voraussetzungen für den ursprünglichen Durchbruch und die ersten regionalen Folgeentwicklungen des industriellen Kapitalismus resultieren konnten" (Kuchenbach 1983:135f). Entscheidend für die Urbildung des Kapitals waren somit die besonderen gesellschaftlich-sozialen Grundlagen, auf denen das akkumulierte Geldvermögen sich erst zum sich selbst verwertenden Wert verselbständigen konnte.

Daß sich das Geld zum Kapital und das lebendige Arbeitsvermögen zum Gebrauchswert für das Kapital entwickeln kann, setzt also eine weitgehende Herauslösung des Einzelnen aus unmittelbar gemeinschaftlicher Vergesellschaftung und das Privateigentum als vorherrschende Form des Eigentums voraus - eine Bedingung, die unter den auf der germanischen Dorfgemeinde aufbauenden feudalen Strukturen wie in keinem anderen gesellschaftlichen Formationstypus gegeben war. Der fortgeschrittene Auflösungsprozeß des Zusammenhangs von Einzelnem und Gemeinwesen und die schon vorherrschende Form privaten Eigentums, wie sie für die germanische Dorfgemeinde als einem besonderen "Evolutionspfad" (Godelier 1982:32) charakteristisch war, entspricht mehr als alle anderen gesellschaftlichen Grundformationen den notwendigen Bedingungen kapitalistischer Vergesellschaftung.

Die weitgehende Selbständigkeit von Familie und Einzelnem zeigt sich dann auch bereits in der Zersplitterung des frühmittelalterlichen Privateigentums, das entscheidend zur Dynamisierung der feudalen Verhältnisse beitrug und später auch zu einer zentralen Voraussetzung dafür wurde, daß eine gewaltsame Trennung des selbstwirtschaftenden Bauern oder Handwerkers von seinen Produktionsbedingungen und darüber seine Freisetzung als Lohnarbeiter überhaupt gelingen konnte. Denn diese Form der gewaltsamen Enteignung der objektiven Bedingungen der Produktion muß überall dort, wo Einzelner und Gemeinwesen enger verwoben sind und das Eigentum vorwiegend als gemeinschaftliches Eigentum existiert, notwendig entweder zur Versklavung oder zum Untergang des Gemeinwesens führen. So hatten es die handelskapitalistisch über die Welt verbreiteten Veränderungen der europäischen Gesellschaftsentwicklung nicht vermocht, in den Kolonien freie Lohnarbeit zu erzeugen, sondern zunächst nur zur Ausrottung, Versklavung oder bestenfalls zur Lohnknechtschaft der eingeborenen Bevölkerung geführt.

Allein die besondere Form der mit der germanischen Dorfgemeinde gegebenen gesellschaftlichen Grundlagen sowie die auf ihnen basierende feudale Entwicklungsdynamik und die Auswirkungen der handelskapitalistischen Expansion hatten es vermocht, den Übergang zur kapitalistischen Produktionsweise aus sich heraus zu schaffen. Für keine andere Weltregion lassen sich ähnliche Bedingungen einer endogenen Entwicklung zum Kapitalismus nachweisen. Überall sonst ist die Entwicklung kapitalistischer Verhältnisse von außen induziert, ist sie Resultat des Exports dieser spezifischen Form der Vergesellschaftung und daher geprägt durch die unterschiedlichen Entwicklungsniveaus der Verhältnisse innerhalb der europäischen Ursprungsländer. Bis heute lassen sich die unterschiedlichen Phasen der zunächst handelskapitalistischen, später imperialistischen Expansion in den kolonisierten Ländern an den ebenso vielfältigen Formen unterschiedlicher kolonialer Prägung der gesellschaftlichen Strukturen und Entwicklungen ablesen.

Innerhalb Europas führte die handelskapitalistisch beschleunigte Dynamik der feudalen Gesellschaftsgrundlagen zu einer beschleunigten Verselbständigung des Wertes und damit zu einer beschleunigten Zersetzung der traditionalen Lebensverhältnisse bei gleichzeitiger Schaffung der elementaren Bedingungen für den Übergang aus feudalen Verhältnissen zum Kapitalismus. Dieser epochale Formationswechsel hatte die gesellschaftlichen Lebensgrundlagen in einer bis dahin menschheitsgeschichtlich beispiellosen Tiefe, Breite und Radikalität umgewälzt. Die Umwälzung und Neustrukturierung der gesamten Lebensverhältnisse gruppierte sich im Kern um die Herausbildung einer - aus der Verselbständigung des Wertes notwendig hervorgehenden - selbständigen Sphäre des Ökonomischen, die sich allmählich zum strukturierenden Zentrum aller weiteren gesellschaftlichen Lebensbereiche entwickelte. Mit der Herauslösung der Wirtschaft aus der Gesellschaft löste sich die alle vorbürgerlichen Gesellschaften charakterisierende unmittelbare Einheit ökonomischer, politischer und sozialer Lebensverhältnisse auf, und die ökonomische Entwicklung wurde zur Basis der sich mit ihr verändernden sozialen, politischen, religiösen usw. Lebensverhältnisse. Diese wurden zu abgeleiteten Bereichen des gesellschaftlichen Überbaus. Der Umwälzungsprozeß ergriff daher auch alle Lebensbereiche und artikulierte sich entsprechend in sozialen Konflikten auf allen Feldern des gesellschaftlichen Lebens. Die strukturelle Konfliktlinie, die sich im Übergang zur bürgerlichen Gesellschaft ergab, hatte so zwar eine zentrale Triebkraft, aber keine einheitliche Gestalt. Die Gestalt der Konflikte und damit der Verlauf der Konfliktlinien war selbst noch einmal abhängig von den früheren Gesellschaftsstrukturen und von Art, Umfang und Zeitpunkt des einsetzenden kapitalistischen Transformationsprozesses.

An der Wiege des Kapitalismus standen damit gewaltige Umwälzungen des sozialen, politischen und religiösen Lebens, die sich weitgehend parallel zu den ökonomischen Veränderungen vollzogen und an denen sich die gesellschaftlichen Konflikte auch kriegerisch entzündet hatten. So nahmen Renaissance und Humanismus von Italien aus denselben Weg wie die Entwicklung des Handels und leiteten den Kulturwandel ein, an dem das einheitliche mittelalterlich-religiöse Weltbild zerbrach, und der den Übergang vom Mittelalter zur Neuzeit markierte. Mit der Reformation, die sich aus der Erosion des mittelalterlichen Weltbildes ergab, löste sich die kirchliche Einheit des Abendlandes auf, und mit dem Protestantismus entstand die Religion des sich mit dem Handelskapital entwickelnden Bürgertums. Die protestantische Ethik wurde zum Geist des Kapitalismus. Die Religionskriege, die im Gefolge der Reformation und besonders nach Beginn der Gegenreformation nahezu den ganzen europäischen Kontinent verwüsteten und ihm schließlich mit dem Westfälischen Frieden 1648 ein neues Gesicht gaben, standen daher bereits im Zusammenhang mit der Entwicklung der neuen kapitalistischen Form der Vergesellschaftung.

War im "cuius regio, eius religio" des Augsburger Religionsfriedens 1555 die Auflösung des einheitlichen religiös-mythologischen Weltbildes und eine mögliche Lösung der religiösen Glaubenskämpfe bereits deutlich geworden, so konnten sie jedoch erst in der neuen absolutistischen Ordnung zur Ruhe kommen. Die Möglichkeit einer Beendigung der Glaubenskämpfe durch die Verwandlung der die religiösen Kämpfe bestimmenden "moralischen Alternative zwischen Gut und Böse in die politische Alternative von Frieden und Krieg" (Koselleck 1973:20) hatte zum Sieg des Fürstenstaates über das Primat des Religiösen beigetragen. Damit war der erste Schritt der für die bürgerliche Gesellschaft charakteristischen Herausbildung einer selbständig sich über die Gesellschaft erhebenden Sphäre des Politischen getan, deren Legitimation gerade darin bestand, durch die staatliche Monopolisierung der gesellschaftlichen Gewalt einen entscheidenden Schritt zur Befriedung der Gesellschaft getan zu haben. In den folgenden "Kabinettskriegen" des Absolutismus aber deutete sich zugleich schon die hierin liegende Tendenz zu reinen Staatenkriegen und zur Bürokratisierung und Professionalisierung von Gewalt und Krieg an.

Der absolutistische Staat und die europäische Staatenordnung nach 1648 waren Resultat wie Voraussetzung für die Beendigung der Religionskriege und mit der Überwindung der feudalen Zersplitterung der Souveränitätsverhältnisse im 17. und 18. Jahrhundert Voraussetzung für die Entstehung der Nationalstaaten sowie Vorbedingung für den Übergang zu einer bürgerlichen Ordnung. "Erst mit der politischen Neutralisierung der religiösen Auseinandersetzungen und mit der Einschränkung der Kriege auf reine Staatenkriege wurde der gesellschaftliche Raum freigelegt, in dem sich die neue Elite entfalten konnte. Der Bürger wußte sich innerhalb dieser Ordnung, gemessen an der Vergangenheit, sicher und geborgen" (Koselleck 1973:38).

Mit der Trennung von Moral und Politik, das heißt, mit der Aufspaltung des Menschen in den "Menschen als Menschen", der nun souverän über einen moralischen Innenraum herrschte, und den "Menschen als Staatsbürger", der seiner Gehorsamspflicht gegenüber dem Staat nachzukommen und sich der Staatsraison zu unterwerfen hatte, nistete sich ein Spannungsfeld in der Gesellschaft ein, das zum Ausgangspunkt der Aufklärung wurde. Im Privatraum des Individuums entwickelte sich die bürgerliche Moral und Kritik, die gegen die kraft absoluter Souveränität herrschende politische Ordnung auftrat. Die Kritik wurde zur weltanschaulichen Waffe der Aufklärung, die gegen alle bisherigen Gesellschafts- und Staatsformen, gegen Religion und althergebrachte Vorstellungen in Stellung gebracht wurde. Alles wurde vor den "hohen Gerichtshof der Vernunft" (Engels) zitiert, in der das aufstrebende Bürgertum als Ankläger fungierte. Die Kritik wurde zum ruhenden Pol in dem Prozeß, der allem Gegebenen, Alten und Bekannten gemacht wurde. Und es war dieser Prozeß, worin sich die ganze Dynamik der aufkommenden bürgerlichen Gesellschaft bereits ausdrückte.

So entwickelte sich die in der Kritik verselbständigte Moral zur öffentlichen Meinung und zu einer Kraft, die gegen die absolute Macht und das fürstliche Recht zur Gewalt auftrat und die noch nicht vollzogene Trennung der Gewalten einzuklagen begann. Die Grundlage des absolutistischen Staates, die Unterordnung von Gewalt und Moral unter die souveräne Macht des Fürsten, wurde zur Legitimation der bürgerlichen Revolutionen. Das "Zeitalter der europäischen Revolutionen von 1780-1848" (Bergeron et al 1973) war angebrochen.

Auf der ökonomischen Ebene war es nicht nur das Handelskapital, das die manufakturelle Produktion gefördert hatte, die sich dann zur großen Industrie und zur industriellen Massenproduktion entwickelte und schließlich zur qualitativ neuen Herrschaft des industriellen Kapitals führen sollte. Die merkantilistische Wirtschaftspolitik des Absolutismus war der planmäßige Versuch, einen einheitlichen Wirtschaftsraum des Staates zu schaffen und den streng protektionistischen Städten und Fürstentümern ihre Privilegien zu nehmen. "Der Merkantilismus zerstörte den überholten Partikularismus des örtlichen und interurbanen Handels, indem er die Barrieren zwischen diesen Arten des konkurrenzfreien Handels niederriß, und bereitete damit den Weg für den nationalen Markt" (Polanyi 1978:99). Parallel zur Konstitution des modernen Nationalstaates etablierte sich so neben den lokalen und Fernhandelsmärkten langsam ein einheitlicher nationaler Markt, der jedoch ähnlich protektionistisch gegen die Konkurrenz abgesichert blieb wie die Fernhandelsmonopole oder das Handelsmonopol der Städte. Es war dieses Milieu, in dem die großindustrielle Produktion von Waren für den

Austausch die selbstgenügsame Subsistenz- und Handwerksproduktion mit ihrer nur handelsmäßigen Verwandlung der Produkte in Waren ersetzen sollte.

Insgesamt hatten sich mit der Zerstörung der traditionalen Formen der Produktion, der Schaffung eines der kapitalistischen Marktordnung adäquaten Wirtschaftsraumes, der Überwindung der feudalen Zersplitterung der Souveränitätsverhältnisse durch eine moderne Form der Staatlichkeit und mit der Zersetzung der religiös-mythologischen Wert- und Weltanschauung des Mittelalters durch die bürgerlichen Wertideale nicht nur die Voraussetzungen für den Übergang zur kapitalistischen Produktionsweise entwickelt - auch dem feudalen Kriegscharakter waren damit die gesellschaftlichen Grundlagen entzogen.

Mit diesen Entwicklungen, die die europäischen Gesellschaften in ihrer ganzen Tiefenstruktur aufgebrochen und umgewälzt hatten, waren neue gesellschaftliche Klassen entstanden, die nun auch als organisierte Akteure auf die Bühne der europäischen Revolutionen und Kriege traten und so die bislang verborgenen Triebkräfte der Entwicklungen seit dem 15. Jahrhundert sichtbar werden ließen. Die bisherige Dominanz der alten Kräfte, die die eigentlichen Ursachen und Triebkräfte der gesellschaftlichen Konflikte durch die Vielfalt ihrer Erscheinungsformen verdeckt hatte, war gebrochen. Die gesellschaftlichen Auseinandersetzungen, die jetzt den europäischen Kontinent erfaßten, wurden von nun an zum unmittelbaren Ausdruck der Durchsetzung der kapitalistischen Produktionsweise gegen die vorbürgerliche, feudale Gesellschaftsordnung. Die beginnende Durchsetzung bürgerlich-kapitalistischer Vergesellschaftung führte zu tiefgreifenden Umwälzungen, Revolutionen und Kriegen und ließ die gegensätzlichen sozialen Kräfte der neuen Gesellschaft, das aufstrebende Bürgertum und das entstehende Proletariat, gemeinsam gegen das Ancien Régime antreten. Auf der historischen Ebene war es die Französische Revolution, in der diese Kämpfe ihre - allerdings eher symbolische - Zusammenfassung fanden.

Mit dem Zeitalter der europäischen Revolutionen endet die Vorgeschichte des Kapitals und der bürgerlich-kapitalistischen Vergesellschaftung. Unter der Dominanz des Handelskapitals wurden die erste Welteinheit wie auch die innereuropäischen Voraussetzungen des Übergangs zur bürgerlichen Gesellschaft geschaffen. In bezug auf die Ursachen der gesellschaftlichen Konflikte und Kriege war diese Epoche von zwei zentralen, strukturell zusammenhängenden Konfliktlinien geprägt: Einerseits hatten die handelskapitalistischen Akkumulationsbedingungen zwangsläufig sowohl zu gewaltsamen kolonialen Eroberungen und damit zu den Kolonialkriegen gegen die dortigen Gesellschaften als auch zu den Handelskriegen zwischen den europäischen Kolonialmächten außerhalb Europas geführt. Andererseits war die Handelskonkurrenz immer auch Moment der Kriege zwischen den europäischen Mächten auf dem Kontinent. Als wesentliches Element der Durchsetzung der für den Übergang zur Vorherrschaft des industriellen Kapitals notwendigen Voraussetzungen reichte die Entwicklung des Handels auch tief in die innergesellschaftlichen Konflikte der feudalen europäischen Verhältnisse hinein. Hier bildete die Entwicklung des Handels aber nur einen, wenngleich zentralen Aspekt der vielfältigen Konfliktlinien, die sich aus den grundlegenden Gegensätzen speisten, wie sie sich mit dem epochalen Formationswechsel im Übergang aus vorbürgerlichen Verhältnissen zur bürgerlichen Gesellschaft ergeben mußten. Die vielfältigen Formen von Aufständen, Revolten und "Bürgerkriegen", die von den Glaubenskämpfen bis zu den Kabinettskriegen und von den Bauernkriegen bis zu Auseinandersetzungen der freien Handelsstädte reichten und die insgesamt den Kriegscharakter dieser Übergangsepoche ausmachten, erklären sich aus der Tatsache, daß sich die Elemente der neuen Gesellschaft als die Entwicklung zunehmend prägende Kräfte in die noch dominanten vorbürgerlichen Verhältnisse eingegraben hatten und so auf allen gesellschaftlichen Ebenen Erosionsprozesse hervorriefen. Aber erst in den sozialen Kräften, die als Akteure in der Französischen Revolution gegeneinander auftraten, wird die zentrale Konfliktlinie deutlich erkennbar, die den Kriegen der ganzen Übergangsepoche strukturell unterlag und diese auch in wachsendem Maße prägen sollte. Die Französische Revolution markiert auch den Wendepunkt der neuzeitlichen Kriegsführung.

2.3 Imperialistische Expansion unter der Dominanz des industriellen Kapitals

Während die Französische Revolution die politischen Voraussetzungen für die Befreiung der bürgerlichen Gesellschaft aus ihrer feudalen Umklammerung geschaffen hatte, wurde die industrielle Revolution zur materiellen Basis für den Kampf der Bourgeoisie gegen das Ancien Régime. Die

Kämpfe, Revolutionen und Kriege dieser Zeit waren allerdings alles andere als schon der Beweis für die Dominanz der neuen Kräfte. Zwar gab die napoleonische Expansion, die mit dem ersten Volksheer ganz Europa von 1792 bis 1815 mit einem bis dahin beispiellosen Krieg überzog, dem Nationalbewußtsein in den europäischen Staaten ungeheuren Auftrieb und führte besonders infolge der Kontinentalsperre gegen England zu massiven Verschiebungen im kontinentalen Wirtschaftsgefüge, die sich in einer Verlagerung der Hauptwirtschaftsachse vom Atlantik an den Rhein zusammenfassen lassen, und hob mit der Einführung des Code Napoleon im gesamten französischen Machtbereich die feudale Rechtszersplitterung auf, so daß die napoleonische Expansion insgesamt zu einem Markstein der Durchsetzung bürgerlicher Verhältnisse wurde - sie endete aber, zumindest auf der politischen Ebene, noch mit der Restauration. Die Restauration der alten Kräfte brachte zwar keine Refeudalisierung, aber die Heilige Allianz konnte sich noch einmal gegen die beunruhigenden Neuerungen durchsetzen und machte so die relative Schwäche der kontinentalen Bourgeoisie und das vorhandene industrielle Entwicklungsgefälle zwischen England und dem Kontinent deutlich.

War die erste Hälfte des 18. Jahrhunderts noch von dem Ringen Englands und Hollands um die Vorherrschaft im Welthandel geprägt, so konnte England mit dem Abschluß der sogenannten ursprünglichen Akkumulation und dem Übergang von der handwerklichen und manufakturellen Produktion zur großen Industrie die Rolle Hollands als Welthandelsmacht endgültig zurückdrängen. "Die Expropriation des Landvolks von Grund und Boden, die Auflösung der feudalen Gefolgschaften und die Verwandlung von Ackerland in Schafweide hatten den doppelt freien Lohnarbeiter auf der einen Seite geschaffen, wie andererseits durch das Kolonialsystem, Staatsschuldensystem, modernes Steuersystem und Protektionssystem der erforderliche Kapitalreichtum akkumuliert wurde. Die Auflösung der Subsistenzwirtschaft führte bereits frühzeitig zur Bildung des inneren Marktes" (SOST 1981:190). Ab der Mitte des 18. Jahrhunderts nahm dann die industrielle Revolution in England ihren Ausgang und begründete das industrielle Monopol Englands, das später zur Grundlage des Freihandels und des Liberalismus wurde.

Die kontinentaleuropäische Entwicklung mit den napoleonischen Kriegen und die weltweiten Auseinandersetzungen zwischen England und Frankreich, die zum Verlust nahezu des gesamten französischen Kolonialreiches führten, hatten die weltweite Vormachtstellung Englands gegenüber den kontinentalen Mächten noch gestärkt. Aber selbst in bezug auf England, wo die industrielle Revolution seit der Mitte des 18. Jahrhundets zur eindeutig bestimmenden Kraft gesellschaftlicher Entwicklung geworden war, kann von der ökonomischen Dominanz der neuen Produktionsweise frühestens seit Beginn des 19. Jahrhunderts gesprochen werden. Erst mit der ökonomischen Krise von 1825 tritt sie aus ihrem Kindheitsalter heraus und eröffnet den periodischen Kreislauf ihres modernen Lebens (vgl. Marx 1974:20; 1974b:884). "Erst von dieser Zeit an datieren jene sich stets wiedererzeugenden Zyklen, deren aufeinanderfolgende Phasen Jahre umfassen, und die immer hinauslaufen auf eine allgemeine Krise, die Ende eines Zyklus und Ausgangspunkt eines neuen ist" (Marx 1974:662). Die Phase nationaler Dominanz des Kapitals, dessen Voraussetzung ein nationaler Markt und die Herausbildung der industriellen Produktion als gesellschaftliche Totalität ist, und deren untrügerisches Charakteristikum der zyklische Verlauf der kapitalistischen Produktions- und Akkumulationsdynamik ist, zeigte sich selbst in England erst im zweiten Drittel des 19. Jahrhunderts. Erst von dieser Zeit an kann überhaupt von der Dominanz kapitalistischer Produktionsverhältnisse - und dies zunächst auch nur in England - und daher von der Dominanz des industriellen Kapitals gegenüber dem Handelskapital und den vorkapitalistischen Produktionsverhältnissen gesprochen werden.

Auf dem Kontinent, wo die nationalstaatliche Konsolidierung nach der staatlichen Neuordnung Europas 1815 in der Zeit des "hundertjährigen Friedens" vor allem in Preußen, das als Musterbeispiel kapitalistischer Modernisierung "von oben" (Krippendorff 1975:110ff) angesehen werden kann, günstige industrielle Entwicklungsbedingungen geschaffen hatte, fand diese Entwicklung erst später und in Abhängigkeit von der ökonomischen Entwicklung Englands statt. "Wie die Periode der Krise später eintritt auf dem Kontinent als in England, so die der Prosperität. In England findet stets der ursprüngliche Prozeß statt; es ist der Demiurg des bürgerlichen Kosmos. Auf dem Kontinent treten die verschiedenen Phasen des Zyklus, den die bürgerliche Gesellschaft immer von neuem durchläuft, in sekundärer und tertiärer Form ein" (Marx/Engels 1960:440).

In der zweiten Hälfte des 19. Jahrhunderts hatte die kapitalistische Entwicklung mit Preußen und den USA zwei für England mächtige kapitalistische Konkurrenten entstehen lassen, die seine industrielle und handelsmäßige Vormachtstellung bedrohten. Das auf die überlegene industrielle Produktivität gegründete System des Freihandels, das mit der Aufhebung der 1651 verordneten Navigationsakte 1849 von England zum weltweit gültigen Ordnungsprinzip erhoben wurde und das den vollzogenen Übergang zu der neuen Epoche der Vorherrschaft des industriellen gegenüber dem Handelskapital markierte, ging mit dem Aufstieg dieser neuen, rivalisierenden kapitalistischen Mächte in eine Phase des Protektionismus über, die 1929 ihren Höhepunkt erreichte. Das von England etablierte System des Freihandels war zwar gegenüber der Epoche des Handelskapitals bereits ein Zeichen für die veränderten Quellen des Mehrwerts, hatte aber nur auf der Grundlage einer gleichsam monopolistischen industriellen Position Bestand und mußte mit dem Auftauchen ernst zu nehmender kapitalistischer Konkurrenzmächte in sich zusammenbrechen.

Auch wenn es sich bei Preußen und den USA nicht um klassische imperialistische Mächte handelte und sich mit dem Aufstieg der Vereinigten Staaten bereits der Hegemon der nachimperialistischen Epoche ankündigte, so ist es doch kein Zufall, daß das Erstarken dieser beiden Mächte mit der Zeit des klassischen Imperialismus zusammenfiel, der "in den achtziger und neunziger Jahren ... zur De-facto-Aufteilung der gesamten Welt unter die führenden kapitalistischen Nationen führte" (Krippendorff 1975:115). Die beschleunigte Industrialisierung auf Grundlage der Dominanz des industriellen Kapitals und die nationalstaatliche Konsolidierung, die beginnende Konkurrenz kapitalistischer Staaten und der sich ausweitende Nationalismus, kurz, die qualitativen Veränderungen innerhalb der industrialisierten Nationalstaaten und ihr Verhältnis zueinander bildeten die Grundlage des klassischen Imperialismus von 1870 bis 1914. Sie sind das qualitative Unterscheidungsmerkmal zu historisch früheren Formen imperialer Herrschaft wie auch zum Kolonialismus. Der Imperialismus gehört daher der Geschichte des Kapitalismus und nicht wie der Kolonialismus seiner Vorgeschichte an.

Allerdings kann der Imperialismus nicht als ein bereits entwickeltes Stadium des Kapitalismus angesehen werden. Er ist kein spätes Produkt der Geschichte des Kapitalismus, sondern charakterisiert im Gegenteil die Anfangsphase kapitalistischer Entwicklung sowohl innerhalb der kapitalistischen Staaten wie auch international. Dabei zeigten der Imperialismus und das industrielle Kapital zunächst noch Spuren ihres handelskapitalistischen und manufakturellen Ursprungs. Handelsgewinne und manufakturelle Produktion waren in hohem Maße von Monopolisierung und Schutzzoll abhängig. Die entstehenden Nationalstaaten des 18. und 19. Jahrhunderts waren so im Übergang zur neuen Produktionsweise noch auf den Schutz der sich entwickelnden nationalen Industrien und die Ausschließung der Konkurrenz angewiesen, so daß sich die einzelnen europäischen Nationen von vornherein nicht nur als eine politische, sprachliche und kulturelle Einheit, sondern zugleich als ein ökonomisches Ganzes konstituierten.

Die sich durchsetzende Dominanz der kapitalistischen Produktionsweise entwickelte sich anfänglich unter den vorgegebenen Bedingungen einer nationalstaatlichen Verfaßtheit, die sich zwar selbst erst als Resultat des Übergangs vom Feudalismus zum Kapitalismus herausgebildet, aber keineswegs überall die politische Herrschaft des Bürgertums sichergestellt oder gar schon eine der kapitalistischen Produktionsweise entsprechende bürgerliche Gesellschaft etabliert hatte. Die Bedingungen also, die den Raum der Entwicklung der nationalen Kapitale anfänglich gewährleisteten und zum Teil zu monopolistischen Konzentrationen der Wirtschaftsmacht geführt hatten, hatten sich nicht auf der Grundlage der "Ablösung der kapitalistischen Konkurrenz durch die kapitalistischen Monopole" (Lenin 1976:270) entwickelt, sondern waren im Schatten protektionistischer, nationalistischer, monarchistisch geführter und um Autarkie bemühter Mächte entstanden. Der Imperialismus kennzeichnet daher nicht den vielbeschworenen Übergang vom Konkurrenzkapitalismus in ein neues Stadium des sogenannten Monopolkapitalismus, sondern markiert im Gegenteil eine Epoche, in der sich die Konkurrenz noch als Konkurrenz aufstrebender kapitalistischer Mächte, nicht aber als kapitalistische Konkurrenz darstellt.

Zwar drückt sich in der expansionistischen Konkurrenz der mittlerweile nicht mehr nur europäischen Mächte fraglos der Expansionsdrang des nationalen Kapitals aus. Das Kapital expandiert aber noch unter der alten Form, das heißt, unter monopolistischer Absicherung der neuen Märkte, Einflußsphären und Territorien durch den imperialistischen Staat. Die entfesselte Dynamik des industriellen Kapitals erfaßt so den handelskapitalistisch aufbereiteten Weltmarkt, eingeschnürt in das Korsett traditioneller europäischer Machtpolitik, einer Politik, der mit dem überschäumenden Nationalismus noch die Geburtsmale der sich konstituierenden Einheit der Nation, mit der Monopolisierung der Einflußsphären die Methoden handelskapitalistischer Gewinnsicherung und mit der politischen Macht der Monarchie noch die Einflüsse nicht-bürgerlicher Kräfte aufgeprägt waren.

So war es dann auch die beherrschende Vorstellung dieser Zeit, "daß die kapitalistische Wirtschaftsentwicklung früher oder später auf eine natürliche Grenze stoßen werde" (Mommsen 1968:28), weshalb sich jede Nation zur Sicherung des künftigen Wohlstands einen möglichst großen Anteil an der ökonomischen Beherrschung der Erde sichern müsse. Diese unter handelskapitalistischen Bedingungen gereiften Vorstellungen, die selbst von Marxisten unter den damaligen Imperialismustheoretikern geteilt wurden und sich bis heute in den verschiedensten Varianten der Bewertung des Charakters des Kapitalismus gehalten haben, dokumentieren die tiefe Verunsicherung über das Wesen der neuen Produktionsweise und die Phasen ihrer Entwicklung.

Erst in der Zeit des Imperialismus begann die systematische kapitalistische Entwicklung eines Weltmarktes, die Umgestaltung der Welt nach den Bedürfnissen und Erfordernissen der Verwertungslogik des industriellen Kapitals auf der Grundlage sich selbst erzeugender kapitalistischer Bedingungen. Die erste Welteinheit, die noch unter der Dominanz des Handelskapitals hergestellt wurde und in der sich keimhaft bereits die aus der Selbstverwertung des Wertes und damit die aus der Logik der Bewegungsformen des Kapitals resultierenden Formen der Herstellung eines kapitalistischen Weltmarktes und der Transformation traditioneller vorkapitalistischer Verhältnisse zeigten, war notwendige Voraussetzung dieser Entwicklung und wurde erst durch das System des Imperialismus auf eine qualitativ neue Stufe gehoben.

Bereits mit dem Übergang zur Vormachtstellung Englands im internationalen System zeigte sich dann auch ein neuer Typus des Kolonialismus. "Die englischen Siedlungskolonien (Neuengland, Australien, Neuseeland) stellen einen ganz neuen Typ in der Geschichte der überseeischen Expansion Europas dar... Der Siedlungskolonialismus ist ursächlich aus der Freisetzung der unmittelbaren Produzenten in der ursprünglichen Akkumulation zu erklären" (Ahlers et al 1975:136f). Der Siedlungskolonialismus, der vielerorts erst mit der territorialen Absicherung imperialistischer Einflußsphären zusammenfiel, schuf wegen seines landnehmenden Charakters neue Konflikte mit der eingeborenen Bevölkerung, deren wirkliche Expropriation von Grund und Boden nicht durch nur formale Eigentumsvorbehalte etwa der Krone oder durch tributäre Abgabeformen, sondern nur durch die tatsächliche Vertreibung von den angestammten Lebensgrundlagen erfolgen konnte. Durch den Zustrom der Siedler wurden die Kolonien nicht nur zu Absatzmärkten industrieller Massenprodukte, sondern erhielten auch als Rohstofflieferanten für den rapide wachsenden Bedarf der Mutterländer eine neue Rolle.

Die erforderliche Rationalisierung der Produktion innerhalb der Kolonien war auf der Grundlage der vom Handelskapital hinterlassenen Plantagenproduktion nicht möglich. Zwar war die Plantagenwirtschaft als entwickeltste Stufe handelskapitalistisch induzierter Produktion bereits Produktion für den Weltmarkt, nicht aber schon kapitalistische Produktion. Sie basierte entweder auf der Grundlage von Sklavenarbeit oder auf der Grundlage der vorgefundenen traditionalen Produktionsweise, die beide nur vermittels direkter Gewalt- oder Abhängigkeitsverhältnisse aufrecht erhalten werden konnten. "In der zweiten Sorte Kolonien - plantations - von vornherein Handelsspekulationen, für den Weltmarkt produzierend, findet kapitalistische Produktion statt, obgleich nur formell, da die Negersklaverei die freie Lohnarbeit, also die Grundlage der kapitalistischen Produktion ausschließt. Es sind aber Kapitalisten, die das Geschäft mit der Negersklaverei betreiben. Die Produktionsweise, die sie einführen, ist nicht aus der Sklaverei entsprungen, sondern wird auf sie gepfropft. In diesem Fall ist Kapitalist und Grundeigentümer eine Person" (Marx 1982:299). Es waren daher Profit und Grundrente noch nicht geschieden. "Diese Scheidung ist aber gerade die Voraussetzung der kapitalistischen Produktionsweise, mit deren Begriff die Basis der Sklaverei zudem überhaupt im Widerspruch steht" (Marx 1974a:795). Die Abschaffung der Sklaverei im britischen Weltreich 1833 war insofern nur Ausdruck veränderter gesellschaftlicher Grundlagen der Produktion in England und der neuen Rolle der Kolonien im weltweiten Prozeß der Durchsetzung der kapitalistischen Produktionsweise.

Wie sehr die sklavenhaltende Plantagenwirtschaft im Widerspruch zur neuen Produktionsweise stand und wie unmittelbar die neue Produktionsweise in Gegensatz zu ihren eigenen historischen Entstehungsbedingungen trat, dokumentierte der amerikanische Bürgerkrieg von 1861 bis 1865. In diesem ersten modernen Krieg verwischen - anders als in Europa - keine mitgeschleppten Traditionsbestände die Grenzen zwischen den Kontrahenten und die Gegensätzlichkeiten in den Systemen der gesellschaftlichen Arbeit, die sich mit den Nord- und Südstaaten gegenüberstanden.

Mit der neuen Rolle der Kolonien als Absatzmärkte und Rohstofflieferanten für die Massenproduktion begann sich die neue Produktionsweise auch im Innern der Kolonien einzunisten und die oktroyierten Formen der Sklavenarbeit ebenso wie die traditionalen Produktionsweisen aufzulösen. Im Unterschied "zum Kolonialismus ist der Imperialismus gekennzeichnet durch die aktive wirtschaftliche Eingliederung vorindustrieller Gesellschaften in den kapitalistischen Produktionsprozeß, der dabei tendenziell ein internationaler wird" (Krippendorff 1975:188).

Wie zuvor schon in Europa der Prozeß der ursprünglichen Akkumulation erst die Voraussetzungen für die neue Produktionsweise geschaffen hatte, so wurde nun auch in den Kolonien die Aufhebung persönlicher Abhängigkeitsverhältnisse zu einer der Voraussetzungen für die Etablierung kapitalistischer Produktionsverhältnisse. So sehr sich aber die notwendigen Voraussetzungen gleichen, weil sie universelle Voraussetzungen für den Übergang zur kapitalistischen Produktionsweise darstellen, so sehr unterscheiden sich die Bedingungen, unter denen sich diese gesellschaftlichen Voraussetzungen tatsächlich hergestellt haben. Während sich in Europa alle Voraussetzungen dieses Übergangs aus den Veränderungen der gesellschaftlichen Verhältnisse selbst über mehrere Jahrhunderte hinweg langsam entwickelt haben und damit gewissermaßen naturwüchsig von innen heraus entstanden sind, gilt dieser Zusammenhang weltweit für keine andere Gesellschaft. Überall sonst ist die Schaffung der Voraussetzungen für die Etablierung kapitalistischer Produktionsverhältnisse ein von außen induzierter Prozeß, Resultat der Einbeziehung ganz unterschiedlicher vorkapitalistischer Gesellschaftsformationen in einen von Europa aus geschaffenen kapitalistischen Weltzusammenhang. Und wie schon in Europa war die Herstellung dieser Voraussetzungen, auch wenn sie lediglich punktuell erfolgte, nur als gewaltsamer gesellschaftlicher Transformationsprozeß möglich.

"Die Verschlingung aller Völker in das Netz des Weltmarktes und damit der internationale Charakter des kapitalistischen Regimes" (Marx 1974:790) aber sollte mit der, wenn auch zunächst nur begrenzten Etablierung kapitalistischer Produktionsverhältnisse innerhalb der Kolonien die Voraussetzungen der weltweiten kapitalistischen Entwicklung grundlegend verändern. Die neue Rolle der Kolonien für zunächst England und dann, phasenverschoben, für den europäischen Industrialisierungsprozeß insgesamt hatte zur imperialistischen Konkurrenz der Großmächte um weltweite Einflußsphären geführt, die dann verschärfend auf die Rivalitäten der europäischen Mächte zurückwirkte. Den Kulminationspunkt der innergesellschaftlichen, innereuropäischen und weltweiten Konflikte und Widersprüche, die sich in dieser Phase der Durchsetzung der neuen Produktionsweise ergaben, bildete schließlich der Erste Weltkrieg.

Erst nach dem Ersten Weltkrieg neigte sich die erste Periode kapitalistischer Entwicklung unter der Dominanz des industriellen Kapitals ihrem Ende zu. Es ist dies zugleich das Ende der Vormachtstellung Englands und der Beginn der Vormachtstellung der USA, die nach dem Ende des Zweiten Weltkrieges zum neuen unumstrittenen Demiurgen des bürgerlichen Kosmos aufsteigen sollten. Anders als bei den europäischen Mächten gab es in den USA keine traditionalen parasitären Schichten, die der kapitalistischen Umwälzung der ökonomischen Basis und besonders auch der Schaffung eines ihr entsprechenden gesellschaftlichen Überbaus Widerstand entgegensetzten. "Amerika hat keine großen geschichtlichen und kulturellen Traditionen, wird aber auch nicht von diesem Bleimantel erdrückt. Hier liegt einer der Hauptgründe (gewiß gewichtiger als der sogenannte natürliche Reichtum) für seine großartige Kapitalakkumulation... Das Fehlen dieser, aus vergangenen geschichtlichen Phasen ererbten, leimig parasitären Sedimentierungen erlaubt, der Industrie und besonders dem Handel eine gesunde Basis zu geben und erlaubt immer mehr die Reduktion der von Güterverkehr und Handel repräsentierten ökonomischen Funktionen auf eine wirklich der Produktion untergeordnete Tätigkeit" (Gramsci 1967:382).

Bereits "zu Beginn der 1890er Jahre überholten sowohl die USA als auch Deutschland Großbritannien in der Stahlproduktion. Fortan war Großbritannien nur einer unter mehreren großen Industriestaaten, aber nicht mehr der Schrittmacher der Industrialisierung" (Hobsbawm 1979:137). Die aufholende Industrialisierung Deutschlands und besonders der USA und die enger werdenden Verflechtungen zwischen den nationalen Entwicklungen und der Entwicklung auf dem Weltmarkt führten zur zunehmenden Parallelität und Synchronisierung der industriellen Zyklen, die mit dem Depressionszyklus von 1928 bis 1932 den Kollaps der Weltwirtschaft herbeiführten. Die Weltwirtschaftskrise markiert so einerseits den kumulierenden Zusammenbruch und vorläufigen Endpunkt einer vorangegangenen überzyklisch langfristigen Kapitalakkumulation und offenbart andererseits deren noch beschränkten Charakter.

Es ist "der noch unterentwickelte Stand der Ausbildung der kapitalistischen Produktionsweise, die zwar in den kapitalistischen Metropolen das Regime der großen Industrie hervorgebracht hatte, jedoch ihre abgeleiteten Sektoren (d.h. die Sektoren des gesellschaftlichen Überbaus, J.S.) noch nicht in der ihr entsprechenden entwickelten Gestalt ausgeformt hatte, wodurch die damalige Situation gekennzeichnet ist... Das immanente Entwicklungspotential der kapitalistischen Gesellschaftsformation ist in den zwanziger und dreißiger Jahren noch nicht ausgeschöpft, der großindustriell entwickelten Form der Produktion entsprechen noch keine gleichermaßen ausdifferenzierten abgeleiteten Sektoren in den nationalen Gesamtreproduktionsprozessen der kapitalistischen Metropolen. Diese werden erst in der Nachkriegsära, in den USA schon etwas früher geschaffen" (Krüger 1986:899f).

Der mangelnden kapitalistischen Durchdringung der abgeleiteten Sektoren entspricht der insgesamt noch unentwickelte Charakter der bürgerlichen Gesellschaft und die fehlende Ausdifferenzierung und Umgestaltung des gesamten gesellschaftlichen Überbaus in dieser ersten Phase kapitalistischer Entwicklung unter der Dominanz des industriellen Kapitals. Die Akkumulation des Kapitals hatte die Auflösung der traditionalen Verhältnisse und den gesellschaftlichen Transformationsprozeß zwar fortgesetzt und besonders durch die Arbeiterbewegung den Aufschwung demokratisch-republikanischer Kräfte gestärkt, was zur Durchsetzung des allgemeinen Wahlrechts und des demokratischen Staates und zu wachsender Partizipation breiter Bevölkerungsschichten am gesellschaftlichen Reichtum und damit zur Veränderung und Ausdifferenzierung des Überbaus geführt hatte. Zu einem qualitativen Wechsel der Grundlagen der ökonomischen Prosperität gegenüber der Periode, die vom zweiten Viertel des 19. Jahrhunderts bis zur großen Depression währte, kam es aber erst nach dem Zweiten Weltkrieg, als mit dem Ausbau der bisher unentwickelten Sektoren der beispiellose kapitalistische Nachkriegsboom begann. Die Differenzierung und Ausgestaltung der Gesamtheit der Überbauten, die Einbeziehung und Schaffung neuer Anlagesphären für das Kapital, wachsende Partizipations- und Gestaltungsmöglichkeiten, kurz, die rapide Aus- und Umformung aller Lebensbereiche der bürgerlichen Gesellschaft schufen erst die Grundlage für den überwältigenden Konsens mit den Lebens- und Herrschaftsverhältnissen in der bürgerlich-kapitalistischen Gesellschaft. Die Ausformung eines den gesellschaftlichen Grundlagen entsprechenden gesellschaftlichen Überbaus oder, was dasselbe ist, einer der kapitalistischen Produktionsweise entsprechenden bürgerlichen Gesellschaft ist ein historisch spätes Produkt kapitalistischer Entwicklung.

Die Kriege dieser ersten Phase kapitalistischer Entwicklung unter der Dominanz des industriellen Kapitals entsprechen - wie schon zuvor die Handels- und Kolonialkriege und die verschiedenen Formen innergesellschaftlicher Kriege im Übergang zur kapitalistischen Produktionsweise - den mit den Entwicklungsformen des Kapitals gegebenen allgemeinen Bedingungen. Zunächst einmal reichen die Aufstände, Revolutionen und Kriege, wie sie für die innergesellschaftlichen Entwicklungen Europas seit dem 16. Jahrhundert charakteristisch waren, noch bis in die Mitte des 19. Jahrhunderts hinein. Mit den napoleonischen Kriegen setzte sich dann im Kampf der Revolutionsarmee gegen die europäischen Monarchien fort, was in der Französichen Revolution als gemeinsamer Kampf von Bürgertum und Proletariat gegen das Ancien Régime begonnen hatte. Im Krimkrieg 1853-56, der den "hundertjährigen Frieden" der sich von der napoleonischen Expansion erholenden europäischen Staaten nach kaum 40 Jahren unterbrach und das "Europäische Konzert" sprengte, zeigten sich die imperialistischen Gelüste der europäischen Großmächte und die klassische Form der zwischenstaatlichen Kriege des 19. Jahrhunderts, die im Ersten Weltkrieg ihren Höhepunkt fanden.

In den Kolonien setzten sich während des Imperialismus einerseits noch die tradierten handelskapitalistisch-kolonialen Herrschaftsmechanismen fort, die andererseits durch die neue Funktion der Kolonien als Zulieferer und Absatzmarkt des industriellen Kapitals und durch die neuen Formen der Kolonisierung modifiziert wurden. Zugleich verschärfte der imperialistische Nationalismus noch die rassistische Komponente der Konflikte zwischen Kolonialherren und eingeborener Bevölkerung. Die Kriege dieser Entwicklungsphase des Kapitalismus waren insgesamt durch den noch unentwickelten Stand der Entfaltung kapitalistischer Lebensverhältnisse und die nur in zähen Kämpfen zurückzudrängenden alten Formen der Vergesellschaftung geprägt. Die Möglichkeit, den Krieg durch die Konkurrenz zu ersetzen, ergibt sich erst dann, wenn die Verdopplung der Gesellschaft in Staat und Gesellschaft abgeschlossen, die Gewaltenteilung etabliert und die entwickelte kapitalistische Ökonomie zur Basis einer ihr entsprechenden bürgerlichen Gesellschaft geworden ist und so die Gewalt aus Ökonomie und Gesellschaft in das staatliche Gewaltmonopol zurückgenommen wird.

2.4 Pazifizierung gesellschaftlicher Konflikte in den kapitalistischen Metropolen

In der Betrachtung der historischen Entwicklung des Kapitalismus wurde zunächst zwischen seiner handelskapitalistisch dominierten Vorgeschichte und seiner eigentlichen Entwicklung unter der Dominanz des industriellen Kapitals unterschieden. Waren es zunächst die norditalienischen Städte, die iberischen Länder und Holland, die die verschiedenen Stufen der Entwicklung des Kapitalismus auf der Grundlage der gegebenen Gesellschaftsordnung und seiner allmählichen Durchsetzung gegen die althergebrachten Verhältnisse repräsentierten, ohne daß die neue Produktionsweise selbst schon zur dominanten Grundlage dieser Entwicklung geworden war, so hatten sich mit dem "Zeitalter der britischen Vorherrschaft" (Hobsbawm 1981:38) die Grundlagen der innergesellschaftlichen wie auch der internationalen Entwicklung radikal verändert: Die industrielle Revolution war zur produktiven Basis der weiteren Entwicklung geworden.

Seitdem lassen sich zwei Perioden kapitalistischer Entwicklung unterscheiden, die mit der ökonomischen und politischen Vorherrschaft der beiden Demiurgen des industriellen Kapitals, England und USA, zusammenfallen. "Die erste Periode währte vom zweiten Viertel des 19. Jahrhunderts bis in die zwanziger Jahre, die zweite Periode umgreift den Zeitraum nach dem II. Weltkrieg bis Ende der 60er/Anfang der 70er Jahre" (Krüger 1986:906).

Das anfänglich exklusive Monopol industrieller Produktion hatte Englands Überlegenheit gegenüber seinen damals noch merkantilistischen Hauptkontrahenten Holland und Frankreich abgesichert und der "Weltherrschaft" so zum ersten Mal eine unmittelbar ökonomische Grundlage gegeben. Und es war die Verallgemeinerung der industriellen Produktion, die England der exklusiven Grundlage seiner Hegemonialmacht beraubte und vom Thron der neu entstandenen Hierarchie ökonomischer Produktivitäten stürzte. Zugleich aber zeigte sich in dieser ersten Periode kapitalistischer Entwicklung der insgesamt noch unentwickelte Charakter der neuen Gesellschaftsformation. So hatte sich die materielle Produktion, die sich allmählich zur Basis der ganzen gesellschaftlichen Konstruktion und zur Grundlage der Gestaltung des kapitalistischen Weltzusammenhangs entwickelte, noch nicht vollständig aus dem Umkreis der bisherigen Gesellschaftsverhältnisse gelöst und war noch starken traditionellen Einflüssen unterworfen.

In den internationalen Beziehungen des 19. Jahrhunderts dokumentierte sich diese Ambivalenz mit dem Aufkommen kapitalistischer Konkurrenzmächte. Die Konkurrenz wurde nicht allein mit ökonomischen Mitteln auf dem Felde des von England etablierten Freihandels und damit auf dem Sektor ausgetragen, der von nun an wesentlich über die Positionierung der Nationen in der internationalen Staatenhierarchie entscheiden sollte, sondern die Konkurrenz artikulierte sich noch einmal als unmittelbarer Zusammenhang von Politik und Ökonomie und damit als eine global ausgreifende machtpolitische Rivalität der europäischen Staaten. Diese Rivalität führte zunächst zu den Kolonialkriegen dieses Jahrhunderts und mündete schließlich in ihrer innereuropäischen Dimension in den Ersten Weltkrieg ein.

Im Innern der damals führenden Industrienationen hatte diese erste Periode kapitalistischer Entwicklung zur Herausbildung und Vervollkommnung der diese Produktionsweise charakterisierenden großindustriellen Basis in den bestimmenden Zweigen der Wirtschaft geführt. Das Entwicklungspotential des Kapitalismus aber war mit dem Ende der britischen Vorherrschaft keineswegs ausgeschöpft. Im Gegenteil, die groß- und schwerindustrielle Entwicklung war erst die Voraussetzung für die Entwicklung des Kapitalismus zu einer gesellschaftlichen Totalität. Die Um- und Ausgestaltung der Gesellschaften auf der Grundlage der neuen ökonomischen Kernbereiche stand erst am Anfang. Die Ausformung eines diesen gesellschaftlichen Grundlagen entsprechenden Überbaus und damit die Ausformung einer der kapitalistischen Produktionsweise entsprechenden bürgerlichen Gesellschaft bildete dann auch den Kern der Nachkriegsentwicklung in den fortgeschrittenen kapitalistischen Nationen und stellt die neue Qualität der Entwicklung in dieser zweiten Periode dar.

Das Ende der Ära der britischen Vormachtstellung, das sich bereits vor der Jahrhundertwende angedeutet hatte und in der Zwischenkriegszeit endgültig besiegelt wurde, markiert zugleich das Ende einer Phase beschleunigter Kapitalakkumulation, die die damals führenden kapitalistischen Nationen auch in einen internationalen Konjunkturzusammenhang eingebunden und gemeinsam in die Weltwirtschaftskrise hineingezogen hatte. "Die Weltwirtschaftskrise 1929 - 1932 markiert den augenfälligen Eklat dieses Umschlags der Kapitalakkumulation in strukturelle Überakkumulation" (Krüger 1986a:100). Die protektionistischen Tendenzen, die den Wirtschaftsliberalismus des 19. Jahrhunderts von Anfang an als Relikt der Epoche des Handelskapitals begleitet und in der Phase des klassischen Imperialismus wieder die Oberhand über die liberalen und freihändlerischen Tendenzen gewonnen hatten, mündeten zu Ende der Zwischenkriegszeit in eine fast gänzliche Abschottung der kapitalistischen Metropolen vom Weltmarkt und gipfelten in den Autarkiebestrebungen des mittlerweile faschistischen Deutschland.

Im Nationalsozialismus faßten sich dann auch die unterschiedlichen Komponenten, die bereits die zentralen Triebkräfte des Imperialismus bildeten, noch einmal auf besondere Weise zu einem explosiven sozialen Gemisch zusammen. Die faschistische Diktatur zwang die gegensätzlichen sozialen Triebkräfte einer unausweichlich voranschreitenden kapitalistischen Modernisierung und die von der zerstörerischen Wirkung kapitalistischer Vergesellschaftungsformen freigesetzten retardierenden sozialen Kräfte unter einem atavistisch durchwobenen hochmodern-autoritären Staatsgebilde zu einem widersprüchlichen nationalen Konsens zusammen, dessen soziale Sprengkraft von vornherein auch auf die kriegerische kontinentale und geplante überseeische Expansion des Dritten Reiches ausgerichtet war. Allein durch den Rückgriff auf eine expansionistische Politik der Stärke und auf andere wesentliche Bestandteile imperialistischer und archaischer Dispositionen schien es möglich, an die Prosperitätsperiode der Vorkriegszeit anzuknüpfen und die stagnative Grundtendenz der Zwischenkriegsperiode - mit ihren sozialen Verwerfungen und den an divergierenden ökonomischen Interessen und fehlendem sozialen Konsens gescheiterten wohlfahrtsstaatlichen Versuchen der Weimarer Republik (vgl. Lutz 1984:177ff) - zu überwinden.

Erst mit dem Sieg der Alliierten über die Achsenmächte endete das letzte Kapitel des deutschen, italienischen und japanischen Imperialismus und damit des politisch unmittelbar durchsetzungsfähigen Einflusses vorbürgerlicher Kräfte innerhalb der westlichen Industrienationen. Gerade die katastrophale Niederlage der Achsenmächte wurde so - besonders für Japan und die Bundesrepublik Deutschland - zur Voraussetzung des Neubeginns unter den Bedingungen einer von den USA dominierten Periode der Ausweitung und Neugestaltung kapitalistischer Entwicklung und ermöglichte den schnellen Aufstieg dieser Länder zu führenden Industrienationen.

Die Kriegsereignisse seit 1914 und der fast vollständige Zusammenbruch des Welthandels, der bis dahin ein entscheidender Motor beschleunigter wirtschaftlicher Entwicklung gewesen war, hatten die Herausbildung einer neuen Hegemonialmacht und die Etablierung einer neuen kapitalistischen Staatenordnung bis zum Ende des Zweiten Weltkrieges verhindert. Erst nach 1945, als sich die politische und ökonomische Vorherrschaft der USA endgültig etabliert hatte, gelang die Überwindung des Protektionismus, und Welthandel und industrielle Produktion erreichten jetzt wieder das Niveau vor 1914. Die nun einsetzende zweite lange Periode beschleunigter Kapitalakkumulation mündete erst Mitte der 70er Jahre wieder in eine weltweite, tiefgreifende Strukturkrise ein.

Trotz der vielfältigen und zum Teil gravierenden nationalen Besonderheiten und Ungleichzeitigkeiten kann diese Phase sowohl mit Blick auf die Entwicklung innerhalb der kapitalistischen Staaten als auch mit Blick auf die allgemeinen Strukturmerkmale des internationalen Systems wegen des übergreifenden Charakters veränderter Akkumulationsbedingungen als Einheit untersucht und dargestellt werden. Die qualitativen Veränderungen dieser neuen Entwicklungsphase in den führenden Industrienationen basieren allerdings nicht nur auf dem erneuten und vertieften Aufschwung der Weltwirtschaft und der Einbeziehung des gesellschaftlichen Überbaus in den Verwertungsprozeß des Kapitals; eine unverzichtbare Bedingung für die strukturellen Entwicklungen stellt die Veränderung der Konstellation der diese Epoche tragenden und gestaltenden sozialen Kräfte dar. Qualitativ veränderte kapitalistische Entwicklungsbedingungen sind immer an die Etablierung eines neuen historischen Blocks hegemonialer sozialer Kräfte rückgebunden. Sie allein sind in der Lage, den komplizierten Prozeß der Durchsetzung und Verallgemeinerung neuer Entwicklungsstufen gesellschaftlicher Lebensverhältnisse zu gewährleisten. Die unterschiedlichen Konstellationen im Gefüge sozialer Kräfte bilden daher auch die Grundlage für die Unterscheidung und Periodisierung der verschiedenen Epochen kapitalistischer Entwicklung.

Hierin liegt auch der Grund, weshalb sich überhaupt die Formen sozialer Konflikte sowohl innerhalb als auch zwischen den Gesellschaften mit den unterschiedlichen Epochen kapitalistischer Entwicklung verändern und weshalb die epochengeschichtliche Periodisierung historischer Entwicklung insgesamt für die Untersuchung gesellschaftlicher Konflikte und Kriege elementare Voraussetzung ist. Die ebenso verbreiteten wie untauglichen Versuche, die Entwicklungsphasen des Kapitalismus neuen Technologien, innovativen Unternehmern, einer selbstläufig-langfristigen Zyklizität, sonstigen Automatismen oder singulären Ereignissen zuzuschreiben, die lediglich Epiphänomene eines zugrunde liegenden kapitalistischen Verwertungsprozesses darstellen, verkennt nicht nur die sozialen Grundlagen kapitalistischer Entwicklung und führt zu untauglichen Periodisierungen, sondern verdeckt gerade die für die Untersuchung sozialer Konflikte zentralen gesellschaftlichen Elemente. Nur die Unterscheidung der verschiedenen epochemachenden sozialen Konstellationen erlaubt es, auch die Ungleichzeitigkeiten in den gesellschaftlichen Entwicklungen hervorzuheben, die ganzen Epochen kapitalistischer Entwicklung ihren Stempel aufgeprägt und so auch die Formen gesellschaftlicher Konflikte strukturiert haben.

So waren unter der britischen Vorherrschaft mit der industriellen Revolution die sozialen Protagonisten kapitalistischer Verhältnisse zwar schon zu eindeutig determinierenden Kräften der weiteren gesellschaftlichen Entwicklung geworden; den dominanten Block sozialer Kräfte dieser Epoche aber bildeten sie noch nicht. Das sich entwickelnde Proletariat hatte noch nicht zu politischer Selbständigkeit gefunden, und auch die Bourgeoisie, die die ökonomische Entwicklung mittlerweile bestimmte, war nicht in der Lage, allein die hegemoniale Position zu besetzen. Es waren dann auch nicht diejenigen Klassen, deren sozialer Antagonismus den Kern kapitalistischer Verhältnisse ausmachte, die in dieser ersten Periode kapitalistischer Entwicklung den hegemonialen Block sozialer Kräfte bildeten. Was in dieser Zeit zu einem heterogenen Block epochebestimmender Kräfte verschmolz, waren die ökonomisch dominant gewordenen Kräfte der Bourgeoisie und das alte Herrschaftskartell grundbesitzender, handelskapitalistischer, monarchistischer und klerikaler Gruppierungen, die zwar ihren ökonomisch dominanten Einfluß verloren hatten, deren Macht aber als Sediment gesellschaftlicher Lebensgewohnheiten, Werthaltungen und Orientierungen weiterbestand und die ihren Einfluß gerade auf der politischen Ebene artikulieren konnten. "Vom Fürsten geformt traten Handel und Industrie der frühkapitalistischen Zeit, ...traten die politischen und wirtschaftlichen Denk-, Gefühls- und Handlungsgewohnheiten des Bürgertums in die industrielle Revolution ein: geformt von den Notwendigkeiten und Interessenlagen eines essentiell un- und vorkapitalistischen Milieus, von jenen Notwendigkeiten, die nicht die Natur kapitalistischen Wirtschaftens an sich, sondern die Tatsache der Koexistenz frühkapitalistischen Wirtschaftens mit einer anderen und zunächst übermächtigen Wirtschafts- und Lebensform geschaffen hatte" (Schumpeter 1953:141). Diese Gefühls-, Denk- und Handlungsgewohnheiten erhielten sich auch dort, "wo der Kapitalismus durchgriff, um nur langsam von ihm unterwaschen zu werden... Sie konnten das mit teilweisem Erfolg tun, weil der Kapitalismus vollends nicht durchgriff gegenüber den agrarischen Kreisen. Soviel er an deren Art zu wirtschaften änderte,... die Grundlinien der sozialen Struktur auf dem Land änderte er zunächst nicht. Noch weniger änderte er den Geist der Leute und am wenigsten ihr politisches Wollen" (ebd.).

Die tiefe Verankerung der Gesellschaft in den feudalen Strukturen und Gewohnheiten erlaubte es den vormals herrschenden Kräften, sich noch einmal als Teil der neuen hegemonialen Konstellation zu behaupten. "Die unmittelbare Einheit ökonomischer und politischer Herrschaft", die noch "den feudalen Herrschaftstypus charakterisiert (hat)" (Kostede 1980:36), hat sich in dieser ersten Phase kapitalistischer Entwicklung noch nicht in eine die entwickelte bürgerliche Gesellschaft charakterisierende Struktur auseinandergelegt, wo Politik und Ökonomie gegeneinander verselbständigte Sphären darstellen und politische und ökonomische Herrschaft weitgehend auseinanderfallen. Die divergierenden sozialen Kräfte einer ökonomisch bereits dominierenden Bourgeoisie und einer politisch und militärisch noch dominierenden alten Herrschaftselite vereinten sich noch einmal zu einem historischen Block hegemonialer Kräfte. Nur aus dieser Konstellation heraus ist die erste Phase kapitalistischer Entwicklung mit der herausragenden Erscheinung des Imperialismus und die spezifische Form gesellschaftlicher Konflikte und Kriege dieser Epoche im Innern wie im internationalen System zu verstehen.

Das Ende der Epoche britischer Vorherrschaft markiert von daher auch das Ende des feudalen Elements als Bestandteil der hegemonialen Konstellation und den Aufstieg der Arbeiterklasse zu der neben der Bourgeoisie entscheidenden sozialen Kraft. Zum ersten Mal in der Geschichte waren es die sozialen Charaktere des Kapitals, Arbeiterklasse und Bourgeoisie, die allein über den Fortgang der gesellschaftlichen Entwicklung und damit auch über die Form der gesellschaftlichen Konflikte entschieden. Es war das relative Gewicht ihrer antagonistischen Kräfte, das die zukünftige Richtung der gesellschaftlichen Entwicklung bestimmen sollte. Überall in Europa dokumentierte sich diese Umbruchsituation im Gefüge hegemonialer Kräfte in den sozialen und politischen Verwerfungen der Zwischenkriegszeit.

In den USA konnten sich die sozialen Kräfte zuerst auf der Basis industriell umgestalteter ökonomischer Verhältnisse zu der neuen die Epoche bestimmenden Konstellation formieren und eine zweite Periode beschleunigter Kapitalakkumulation und die damit verbundene Ausgestaltung kapitalistischer Lebensverhältnisse einleiten. "Unter allen kapitalistischen Wirtschaften ist die der Vereinigten Staaten am wenigsten mit vorkapitalistischen Elementen, Remineszenzen und Machtfaktoren belastet" (Schumpeter 1953:125). Hier fehlten die parasitären sozialen Schichten, "die vom Erbe der Ahnen als Pensionäre der Wirtschaftsgeschichte leben" (Gramsci 1967:379) und die so weder die ökonomische Entwicklung belasteten noch die politische Entwicklung blockieren konnten. Entsprechend fehlten hier auch "von Anfang an die vielfältigen rechtlich-institutionellen Formen, in denen sich in den meisten europäischen ... Ländern wichtige Bereiche des traditionellen Sektors schon frühzeitig organisiert hatten" (Lutz 1984:140), so daß in den Vereinigten Staaten insgesamt kein so mächtiger Dualismus zwischen einem modernen, industriell-marktwirtschaftlichen und einem subsistenzwirtschaftlich geprägten traditionellen Sektor bestand, wie er für die europäischen Industrienationen charakteristisch war. Auch von sozialen Verwerfungen und den Kriegsereignissen weniger betroffen als die europäischen Staaten, übernahmen die USA so die Vorreiterrolle einer von den genuin kapitalistischen sozialen Kräften gestalteten Entwicklung, die mit dem Fordismus nicht nur einen neuen Typus von Produktionsrationalität und Lebensweise, sondern auch einen Formwandel der innergesellschaftlichen Gewaltverhältnisse mit sich brachte - ein Zusammenhang, der sich überall in den fortgeschrittenen kapitalistischen Gesellschaften durchsetzte.

So konnte sich in den USA der neue historische Block sozialer Kräfte zuerst erfolgreich etablieren. Auch wenn es Roosevelts New Deal bis zum Zweiten Weltkrieg nicht gelang, die Depression der Zwischenkriegszeit zu überwinden, dokumentierten sich im New Deal doch bereits die Veränderungen im sozialen und politischen Gefüge der USA. Die wirtschaftlichen und sozialen Reformen des New Deal waren Ausdruck und Grundlage des breiten Einverständnisses über die politischen und sozialen Grundwerte der weiteren gesellschaftlichen Entwicklung, die zur Basis der neuen Prosperitätskonstellation wurden.

Die "Vereinigten Staaten von Amerika, die ja in den 40er Jahren eine der markantesten Prosperitätsphasen ihrer Geschichte erlebt hatten und den Europäern ... demonstrierten, welche binnenwirtschaftlichen Wachstumsperspektiven für demokratische, auf inneren Frieden und sozialen Ausgleich bedachte Nationen bestehen" (Lutz 1984:192), wurden zum Vorbild westlicher Nachkriegsentwicklung. Der Anpassungsdruck, den die aktive hegemoniale Rolle der USA und die wachsende Systemkonkurrenz konstituierten, tat ein übriges, daß sich das "aller Welt vor Augen geführte fordistische Akkumulationsmodell" (Hurtienne 1986:83), modifiziert durch die national unterschiedlichen Voraussetzungen und das jeweilige Kräfteverhältnis innerhalb des hegemonialen Blocks, schnell verallgemeinerte.

Aber erst die Einbeziehung der lohnabhängigen Bevölkerung in den politischen, ökonomischen, sozialen und kulturellen Gestaltungsprozeß schuf den breiten sozialen Konsens und damit die soziale Grundlage, auf der eine neue zyklenübergreifende Phase beschleunigter Kapitalakkumulation und damit eine qualitativ neue Phase kapitalistischer Entwicklung überhaupt möglich wurde. Noch in der Weimarer Republik z.B. war das neue Akkumulationsmodell an dem fehlenden sozialen Konsens gescheitert. Das grundlegend Neue dieser Wachstumskonstellation war also das Durchbrechen der sozialen Schranke, die die Lohnabhängigen bislang weitgehend von der aktiven Gestaltung politischer und ökonomischer Entwicklungen im Rahmen eines hegemonialen Blocks sozialer Kräfte ausschloß und "an der seit mehreren Jahrzehnten das Wachstum der europäischen Industrienationen zum Stillstand gekommen war" (Lutz 1984:191).

Diese Ausgangssituation bildete den Hintergrund der zweiten großen Prosperitätsperiode der letzten einhundert Jahre, die ihre zentralen Impulse nicht mehr aus einem vornehmlich auf den Export gerichteten, sondern aus dem binnenwirtschaftlichen Wachstum zog. Die "innere Landnahme" (Lutz), die Absorption der nicht-kapitalistischen durch die expandierenden industriell-marktwirtschaftlichen Sektoren, wurde zu einem zentralen Motor der weiteren Kapitalakkumulation und zu der entscheidenden Triebkraft der Überwindung des traditionellen, nicht-kapitalistischen Milieus. "Mit dieser Durchkapitalisierung der Gesellschaft wurden vorkapitalistische Produktions- und Reproduktionsformen mehr und mehr zurückgedrängt: Industrialisierung der Landwirtschaft und der Haushalte, allmähliches Verschwinden kleinhandwerklicher Produktionsformen und traditioneller Dienstleistungsberufe zugunsten industrieller Lohnarbeit und kapitalistischer Warenproduktion prägen die weitere Entwicklung" (Hirsch/Roth 1986:51).

Die Überwindung des Strukturdualismus durch die Absorption der traditionellen nicht-kapitalistischen Sektoren, die, überwiegend durch Konsumausgaben der Lohnabhängigen alimentiert, noch bis in die 50er Jahre hinein einen Großteil der materiellen Reproduktionsstruktur ausmachten, setzte sowohl die Ausweitung industrieller Massenproduktion wie die Verfügbarkeit von Massenkaufkraft voraus. Der Auf- und Ausbau wohlfahrtsstaatlicher Strukturen, eine am Keynesianismus orientierte staatliche Wirtschafts- und Arbeitsmarktpolitik und damit die Hinwendung zu einer nachfrageorientierten gesamtwirtschaftlichen Planung und Entwicklung, kurz, die Herausbildung des modernen Sozialstaates ermöglichte den beispiellosen Nachkriegsboom. Damit lösten sich zugleich die traditionellen sozialen Zusammenhänge, Milieus und Lebensformen zugunsten einer umfassenden Ausgestaltung und Differenzierung des Systems gesellschaftlicher Überbauten auf. Die deutlichen Verbesserungen der materiellen Lebensverhältnisse durch die Partizipation aller Bevölkerungsteile an der gesellschaftlichen Reichtumsproduktion, die Veränderungen in den Sozial- und Klassenstrukturen und das Abschleifen der starren Schranken zwischen den sozialen Gruppen durch sozialstaatliche Transfers, die Veränderungen des politisch-institutionellen Arrangements usf. erlauben es, von einer qualitativen Veränderung der durchschnittlich alltäglichen Reproduktionsbedingungen und daher von einer Veränderung des gesamten Vergesellschaftungsmodus zu sprechen.

Erst die "innere Landnahme" dieser zweiten Phase beschleunigter Kapitalakkumulation in allen westlichen Industrienationen rechtfertigt es, diese überhaupt als entwickelte bürgerliche Gesellschaften zu bezeichnen. Zum ersten Mal in der Geschichte des Kapitalismus waren es auch ausschließlich die originären sozialen Kräfte des Kapitalismus, die nun gemeinsam, in einem wenngleich strukturell asymmetrischen Klassenkompromiß, die weitere Ausgestaltung bürgerlicher Verhältnisse übernommen hatten. Nur die Teilhabe der lohnabhängigen Bevölkerung an dem politischen, ökonomischen, sozialen und kulturellen Gestaltungsprozeß ermöglichte es, die zivilisatorischen Seiten kapitalistischer Entwicklung in einer bis dahin weltgeschichtlich einzigartigen Weise zu entfalten und einen selbst in ökonomischen Krisensituationen ungefährdeten Konsens über die gesellschaftlichen Grundlagen zu etablieren.

Nun wäre es entschieden zu kurz gegriffen, wollte man - etwa in der Manier der gesellschaftsanalytischen Bewertung dieser Entwicklungsphase während der 70er Jahre - diesen breiten Konsens und die damit einhergehende Pazifizierung der Formen innergesellschaftlichen Konfliktaustrags in den entwickelten kapitalistischen Gesellschaften auf einen "repressiven Staatsapparat", "manipulative ideologische Instanzen" oder die integrative Wirkung "systemkonformer Entschädigungen" zurückführen, die der Arbeiterklasse von der Bourgeoisie zur Aufrechterhaltung eines friktionsfreien Wirtschaftswachstums gewährt wurden. Der dabei unterstellte selbstläufige Mechanismus ökonomischer Entwicklung, der der Bourgeoisie das unumstrittene Gestaltungsmonopol zubilligt, existiert ebensowenig wie eine Mechanik zur Transformation des ökonomischen Wachstums in gesellschaftlichen Konsens. Der überwältigende Konsens, der in der Nachkriegsära zum Kennzeichen aller entwickelten bürgerlichen Gesellschaften wurde, gründet weder auf Gewalt noch auf den "ideologischen Mächten der Massenkultur" oder der "Sozialstaatsillusion".

Die Tatsache, daß die Berücksichtigung der elementaren Interessen der Lohnabhängigen im Zuge wohlfahrtsstaatlicher Entwicklung von vornherein nicht etwas Gewährtes, sondern etwas Erworbenes, Erkämpftes, daher Resultat der aktiven Teilhabe der Lohnabhängigen am gesellschaftlichen Gestaltungsprozeß war, verweist auf die gesellschaftlichen Ursprünge dieses Konsenses, der sich als bloßes Resultat sozialstaatlich vermittelter Partizipation breiter Bevölkerungsteile an der gesellschaftlichen Reichtumsproduktion nicht hinreichend erklären läßt. Die allgemeinen Grundlagen des klassenübergreifenden Konsenses und damit die strukturellen Bedingungen für die Pazifizierung der Formen gesellschaftlichen Konfliktaustrags wurzeln vielmehr in den Grundstrukturen der kapitalistischen Produktionsweise selbst, die von vornherein auch ein gegenüber allen ihr vorangegangenen Formationen grundlegend verändertes Herrschaftsverhältnis einschließt: Erst mit der Auflösung der alle vorbürgerlichen Gesellschaften kennzeichnenden unterschiedlichen Formen persönlicher Abhängigkeits- und Herrschaftsverhältnisse konnte sich eine auf sachliche Abhängigkeit gegründete Form persönlicher Unabhängigkeit entwickeln, die nicht nur eine unabdingbare Voraussetzung für die ökonomische Struktur der kapitalistischen Produktionsweise darstellt, sondern auch zur Grundlage einer vollständigen Veränderung der gesamten Herrschaftsverhältnisse wurde. Mit der Veränderung der ökonomischen Grundlagen veränderte sich also auch der strukturelle Zusammenhang von Ausbeutung, Gewalt, Herrschaft und Herrschaftslegitimation.

Die Beseitigung direkter gewaltförmiger Herrschaft und Ausbeutung übersetzt sich im Zuge des Übergangs zur bürgerlichen Gesellschaft in eine doppelte Bewegung: einerseits in die allmähliche Rücknahme gesellschaftlicher Gewaltverhältnisse in ein als legitim anerkanntes staatliches Gewaltmonopol und andererseits in einen Prozeß selbstdisziplinärer Verinnerlichung der verschiedenen Formen gesellschaftlichen Zwangs. Es sind diese beiden Seiten, in die sich die Formen unmittelbarer personaler Gewalt auflösen und zwischen denen sich erst der Raum einer auf bürgerlicher Freiheit und Gleichheit aufruhenden Gesellschafts- und Individualitätsentwicklung eröffnet. Die direkte Gewalt, die zuvor als unmittelbar ökonomische Potenz die Erzeugung eines gesellschaftlichen Mehrprodukts sicherstellen wie auch die Herrschaft unmittelbar absichern mußte und daher unabdingbare Lebensgrundlage der gegebenen Ordnung war, verwandelt sich unter kapitalistischen Verhältnissen in eine die Ausgestaltung bürgerlicher Lebensverhältnisse hemmende Bedingung. So setzen die ökonomischen Grundlagen der kapitalistischen Produktionsweise die Existenz eines von allen Formen persönlicher Abhängigkeit befreiten Lohnarbeiters ebenso voraus, wie auf der anderen Seite die freie Konkurrenz zur Verwirklichungsbedingung des Kapitals wird. Bürgerliche Freiheit und Gleichheit als Basis der ökonomischen Beziehungen setzen die Substitution unmittelbaren Zwangs und direkter Gewalt notwendig voraus.

Da sich mit der Auflösung der vorbürgerlichen Formen direkter Vergesellschaftung auch der unmittelbare Zusammenhang religiöser, politischer, ökonomischer und familialer Lebenszusammenhänge auflöst und die Ökonomie mehr und mehr zum strukturierenden Zentrum aller abgeleiteten Lebensbereiche und damit zur Basis des gesellschaftlichen Überbaus wird, verändert sich mit der Ausformung der neuen Produktionsweise zur bürgerlichen Gesellschaft auch der gesamte Komplex gesellschaftlicher Gewaltverhältnisse innerhalb dieser abgeleiteten Bereiche. Die früher unmittelbare Gewalt in den ökonomischen Beziehungen macht sich den gesellschaftlichen Klassen und Gruppen gegenüber jetzt nurmehr als äußerer Zwang der Konkurrenz oder eben als Zwang zum Verkauf der Arbeitskraft geltend. Die Formen direkter personaler Herrschaft in den gesellschaftlichen Beziehungen lösen sich in ein komplexes Netzwerk gesellschaftlicher Regeln und Normen auf, das sich nun zwischen den Polen eines als legitim empfundenen Herrschaftssystems und den zur Selbstbeherrschung fähigen Individuen entspinnt. Der Formwandel der Gewalt von einer die ganze Gesellschaft als direkte personale Gewalt durchziehenden Struktur zu einer

Verinnerlichung von Gewalt durch ein sich selbst beherrschendes bürgerliches Individuum einerseits und zu einer Monopolisierung der Gewalt im Rahmen einer gewaltenteiligen staatlichen Herrschaft andererseits ist zentrales Strukturmerkmal des Übergangs zu einer Gesellschaft, in der die Individuen nicht länger direkt als Glieder eines Gemeinwesens, sondern nurmehr indirekt als unabhängige Privatpersonen vergesellschaftet sind. Daß "die Unabhängigkeit der Personen voneinander sich in einem System allseitiger sachlicher Abhängigkeit ergänzt", ist eben "die Bedingung dafür, daß sie als unabhängige Privatpersonen zugleich in einem gesellschaftlichen Zusammenhang stehen" (Marx 1974:122; 1974b:909).

In dem gleichen Maße, in dem die Entwicklung bürgerlich-kapitalistischer Verhältnisse den Individuationsprozeß vorantreibt und persönlich unabhängige Individuen konstituiert, löst sich die personale Form der Herrschaft in eine sachliche Herrschaft der Verhältnisse, in die Herrschaft gesellschaftlicher Strukturen auf. Sachzwänge ersetzen die überkommenen Mittel der Herrschaftssicherung. Nicht personale Gewalt, sondern strukturelle Gewalt, die Gewalt der Verhältnisse wird zum Kennzeichen der neuen Gesellschaft. Der sich zwischen der selbstdisziplinären Verinnerlichung von Herrschaft und Gewalt und ihrer staatlichen Monopolisierung auftuende Raum ist daher nicht nur der Raum einer allein auf Freiheit und Gleichheit aufruhenden Individualitätsentwicklung, sondern zugleich der Raum der sachlichen Herrschaft des Wertes, einer Herrschaft, die sich den Individuen gegenüber als allseitige sachliche Abhängigkeit und daher als strukturelle Gewalt geltend macht und die als Ausfluß der ökonomischen Verhältnisse auch die Formen der weiteren Ausgestaltung der bürgerlichen Freiheit und Gleichheit grundlegend prägt.

Mit der Durchsetzung und Verallgemeinerung bürgerlicher Lebensverhältnisse verschwinden auch die zuvor unmittelbar sinnlich erfahrbaren und persönlich zurechenbaren Formen der Herrschaft zugunsten einer in den ökonomischen Verhältnissen wurzelnden anonymen Form der Klassenherrschaft. Waren in allen vorbürgerlichen Formationen mit Arbeits-, Produkten- und Geldrente unterschiedliche tributäre Formen der Abpressung eines Mehrprodukts notwendig, so verschwinden die Formen der Aneignung des Mehrwerts in der bürgerlichen Gesellschaft hinter einem die Freiheit und Gleichheit der Individuen voraussetzenden und garantierenden System des Äquivalententausches, das zur zentralen legitimatorischen Grundlage der gesamten gesellschaftlichen Konstruktion wird. Die Verwirklichung bürgerlicher Freiheit, Gleichheit und Gerechtigkeit außerhalb der Produktionssphäre wird zur Voraussetzung der spezifischen Form der Aneignung des Mehrprodukts und damit gerade zur Grundbedingung ökonomischer Ungleichheit und eines materiell abgestuften Systems von Verwirklichungsmöglichkeiten individueller Freiheit, ein Zusammenhang, der von einem aus den Austauschverhältnissen selbst hervorgehenden System von Mystifikationen verdeckt wird.

Das komplexe System der Mystifikationen, das sich mit der Verallgemeinerung der Waren- und Lohnform über die ganze Gesellschaft legt, wird so zur zentralen legitimatorischen Instanz der bürgerlichen Gesellschaft und verdeckt die eingeschränkte und widersprüchliche Weise, in der den gesellschaftlichen Individuen ihre Wertideale tatsächlich gegeben sind. Daß politische und juristische Gleichheit zur Bedingung ökonomischer Ungleichheit wird, bleibt ebenso verborgen wie die Tatsache, daß individuelle Freiheit die Freiheit zur Aneignung der Resultate fremder Arbeit einschließt.

Dennoch sind die bürgerlichen Wertideale alles andere als bloßer Schein. Es macht gerade eine der zivilisatorischen Seiten des Kapitalismus aus, daß sich mit der Auflösung der alle vorbürgerlichen Gesellschaften kennzeichnenden unmittelbaren Einheit politischer und ökonomischer Herrschaft auch der unmittelbare Zusammenhang von Herrschaft und Gewalt auflöst. Erst wo sich eine selbständige Sphäre des Politischen neben einer sich selbst legitimierenden ökonomischen Herrschaft etabliert, kann ein von der ökonomischen Macht unabhängiger und als legitim angesehener politischer Souverän die gesellschaftliche Gewalt monopolisieren und das gewaltenteilige politische System seine legitimatorischen Potenzen entfalten. Im Zuge dieser Entwicklung verwandeln sich alle religiösen, standesmäßigen oder anderen qualitativen sozialen Schranken in einen rein ökonomischen Gegensatz gesellschaftlicher Klassen und Gruppen. Die Voraussetzungen zur Aneignung der Resultate fremder Arbeit hängen nicht mehr von persönlich verfügbaren Macht- und Gewaltmitteln, sondern einzig und allein vom Eigentum an vergegenständlichter Arbeit, daher von der Verfügungsgewalt über Kapital ab.

Nur weil sich die qualitativen gesellschaftlichen Schranken in der Entwicklung der bürgerlichen Gesellschaft zu dem einen und einzigen rein quantitativen ökonomischen Unterschied eines Mehr oder Weniger an Geld abschleifen, können sich die materiellen Verbesserungen der Lebensbedingungen, wie sie sich nach 1945 für breite Bevölkerungskreise realisiert haben, überhaupt unmittelbar in gesellschaftlichen Konsens verwandeln. Solange der Raum individueller Entwicklung durch qualitative soziale Schranken wie im Ständestaat oder in Kastengesellschaften behindert wird und es daher nicht möglich ist, bis zur Grenze seines Einkommens an prinzipiell allen Formen gesellschaftlichen Lebens teilzuhaben, können sich auch materielle Verbesserungen nicht ungehindert in gesellschaftlichen Konsens übersetzen. Der weitreichende Konsens mit den gesellschaftlichen Lebensgrundlagen, der nach dem Zweiten Weltkrieg zum Merkmal der entwickelten kapitalistischen Staaten geworden ist, darf also keineswegs als Resultat einer prinzipiell immer und überall zur Befriedung innergesellschaftlicher Konflikte führenden Verteilungsgerechtigkeit mißverstanden werden. Als Grundlage für die weitgehende Pazifizierung der Formen gesellschaftlichen Konfliktaustrags ist dieser Konsens historisches Resultat eines in der Entwicklung der bürgerlichen Gesellschaft wurzelnden Wandels des Komplexes der Gewalt-, Herrschaft-, Legitimations- und Ausbeutungsformen und daher originär systemisches Moment kapitalistischer Entwicklung.

Aber erst nach 1945, in der zweiten großen Prosperitätsphase des Kapitalismus, waren die historischen Bedingungen dafür gegeben, daß sich die im Kapitalverhältnis eingeschlossene Tendenz zur Pazifizierung gesellschaftlicher Konflikte innerhalb der fortgeschrittenen kapitalistischen Staaten auch in konkrete Geschichte umsetzen konnte. Zwar war ein gewisser Grad der Auflösung traditionaler Herrschaftsverhältnisse bereits unabdingbare Voraussetzung des Übergangs zur kapitalistischen Produktionsweise; der Formwandel der Gewalt- und Herrschaftsverhältnisse vollzieht sich aber nur langsam und in dem Maße, wie sich die neue Produktionsweise auch zur bürgerlichen Gesellschaft entwickelt und die sie repräsentierenden sozialen Klassen von einer die Entwicklung prägenden auch zu einer sie tatsächlich dominierenden und aktiv gestaltenden Kraft werden. Die neue Qualität der Herrschaftsverhältnisse konnte solange nicht vollständig zum Tragen kommen, wie traditionelle, in vorbürgerlichen Strukturen verwurzelte Kräfte einen Teil des hegemonialen Blocks darstellten. Daher mußte es den genuin kapitalistischen sozialen Kräften überlassen bleiben, den bereits in der ökonomischen Grundstruktur dieser Produktionsweise angelegten Möglichkeiten auch historisch-konkrete Gestalt zu geben.

Die Entwicklung des Wertverhältnisses zu einem alle Lebensbereiche übergreifenden Vergesellschaftungsmodus wird so zur Voraussetzung eines Systems, in dem Überzeugung und Konsens die Stelle von Zwang und Gewalt einnehmen und das es den sozialen Kräften ermöglicht, die gesellschaftliche Entwicklung gemeinsam zu gestalten. Die rein ökonomische Grundlage bürgerlicher Herrschaft hat in bezug auf die innergesellschaftliche Entwicklung auch das staatliche Gewaltmonopol weitgehend von einem direkten Herrschaftsinstrument zu einer Ordnungsmacht reduziert und so nicht nur die Formen gesellschaftlichen Konfliktaustrags, sondern auch deren Inhalt verändert und das Terrain gesellschaftlicher Kämpfe verschoben. Das staatliche Gewaltmonopol ist weder Subjekt noch Objekt der gesellschaftlichen Kämpfe; es ist weder unmittelbar Gegenstand von Auseinandersetzungen noch greift es in diese ein. Das jede Herrschaftsform charakterisierende spezifische Mischungsverhältnis von Konsens und Gewalt entwickelt sich unter bürgerlichen Verhältnissen schließlich so weit, daß nicht nur der Konsens die Gewalt bei weitem übersteigt, sondern die Staatsgewalt, wo sie dennoch ausgeübt wird, möglichst auf Konsens basiert (vgl. Kebir 1991:58-74). Im Zentrum der Auseinandersetzungen stehen daher auch nicht mehr die Durchsetzung, Abwehr oder direkte Überwindung bürgerlich-kapitalistischer Lebensverhältnisse, sondern die Form ihrer Ausgestaltung.

Diese Auseinandersetzungen finden sowohl im Bereich der Ökonomie, in die der unmittelbare Klassengegensatz zurückgenommen wurde, als verrechtlichte Formen des Arbeitskampfes wie auch im politischen und kulturellen Milieu der gesellschaftlichen Überbauten als Kampf um konkurrierende Wertorientierungen statt. Nur wer auf diesem Gebiet die Meinungsführerschaft übernimmt, darf unter dem etablierten System parlamentarischer Demokratie hoffen, direkten Zugriff auf die politischen Gestaltungsmöglichkeiten und damit Einfluß auf die Rahmenbedingungen gesellschaftlicher Entwicklung zu gewinnen. Es sind diese beiden Bereiche, in denen die gesellschaftlichen Klassen und Gruppen, ihre Organisationen und Parteien die Auseinandersetzungen um hegemoniefähige Positionen und damit um Charakter und Richtung der Aus- und Umgestaltung bürgerlicher Lebensverhältnisse austragen. Im entwickelten bürgerlichen System sind die gesellschaftlichen Konflikte also keineswegs verschwunden, verschwunden ist die gewaltsame Form ihrer Austragung. Was sich verändert hat, sind Inhalte, Formen und Terrains sozialer Auseinandersetzungen.

Die Form der Ausgestaltung bürgerlich-kapitalistischer Lebensverhältnisse ist zum zentralen Inhalt und der politisch-kulturelle Überbau ist neben dem Kernbereich des Ökonomischen zum wichtigsten Terrain gesellschaftlicher Auseinandersetzungen geworden. In beiden Bereichen aber hat die gewaltförmige Regelung gesellschaftlicher Konflikte jede Legitimität verloren. Aufbauend auf dem aus den kapitalistischen Austauschverhältnissen hervorgehenden System von Mystifikationen, dem alle gesellschaftlichen Individuen gleichermaßen unterworfen sind und welches das gesellschaftliche und individuelle Leben bis in die feinsten Kapillaren hinein durchdringt, werden die Konfliktpotentiale über ein komplexes Regelwerk juristischer und institutioneller Formen eingebunden, kanalisiert und pazifiziert. Im Bereich des politisch-kulturellen Überbaus als Ort gesellschaftlichen Konfliktaustrags sind die Auseinandersetzungen um Wertorientierungen, kulturelle Standards und Lebensweisen ohnehin gewaltfrei.

In den westlichen Industrienationen aber waren erst nach dem Zweiten Weltkrieg die ökonomischen und sozialen Voraussetzungen dafür gegeben, daß sich der Kapitalismus zu einer entwickelten bürgerlichen Gesellschaft ausgeformt und so eine Tiefendimension erreicht hat, aus der heraus einige der diesem System immanenten zivilisatorischen Seiten so deutlich an die Oberfläche treten, daß sie auch als empirisch hervorstechende Merkmale eindeutig erkennbar werden. So fällt der hier interessierende empirische Befund in bezug auf die Formen gesellschaftlichen Konfliktaustrags und die Häufigkeit kriegerischer Konflikte ebenso kurz wie eindeutig aus: Innerhalb derjenigen Staaten, in denen sich die bürgerliche Gesellschaft zu einer entwickelten Totalität ausgeformt hat, dokumentiert sich die Pazifizierung innergesellschaftlicher Auseinandersetzungen in dem völligen Verschwinden kriegerischer Konflikte. Dies ist der Hintergrund, warum Nordamerika ganz und Europa nahezu kriegsfrei geblieben sind.

Lediglich in der, sozioökonomisch gesehen, vergleichsweise gering entwickelten europäischen Peripherie, wo sich der Kapitalismus noch nicht zu seiner politischen Gestalt als Demokratie und in seiner wirtschaftlichen Gestalt als Marktwirtschaft entfalten konnte, haben noch kriegerische Auseinandersetzungen stattgefunden. So ist es außerhalb des Territoriums der ehemals sozialistischen Staaten in Europa seit dem Ende des Zweiten Weltkrieges zu insgesamt acht Kriegen gekommen. Die Bürgerkriege in Griechenland 1944-45 und 1946-49 und in Spanien 1945-50 um die zukünftige gesellschaftliche und politische Entwicklung standen noch in unmittelbarem Zusammenhang mit dem Ende des Zweiten Weltkrieges. Die drei Zypernkriege wurden um die Unabhängigkeit von Großbritannien 1955-59 sowie um die Teilung der Insel in einen türkisch-zypriotischen Norden und einen griechisch-zypriotischen Süden 1963-64 und 1974 geführt. Der Krieg um die Loslösung des Baskenlandes von Spanien 1968-79 hatte seine Wurzeln in der monarchistischen und faschistischen Vergangenheit Spaniens und konnte nach dem Übergang des Landes zur Demokratie durch die Gewährung eines Autonomiestatuts entschärft werden. Der 1969 begonnene, gegenwärtig einzige noch andauernde Krieg in Nordirland geht auf die jahrhundertealte und bis heute fortwährende quasi-koloniale Abhängigkeit des Landes von England und auf die mangelnde Verwirklichung bürgerlicher Lebensverhältnisse zurück. Es kann damit festgehalten werden, daß keiner dieser Kriege aus den immanenten Konfliktpotentialen entwickelter kapitalistischer Gesellschaften heraus erklärt werden kann.

An diesem Befund hat auch das Ende der zweiten großen Prosperitätsperiode des Kapitalismus Mitte der 70er Jahre, in deren Folge sich seit Beginn der 80er Jahre, ausgehend von Großbritannien und den USA, in allen kapitalistischen Metropolen ein neuer historischer Block sozialer Kräfte unter neokonservativer Hegemonie durchgesetzt hat, bislang nichts geändert. Aber der neokonservative Versuch, auf der Grundlage einer Verbindung wirtschaftsliberaler und traditionell-konservativer Wertorientierungen die Krise durch eine umfassende Deregulierung und Flexibilisierung im Bereich verrechtlichter sozialer Beziehungen zu überwinden und die bis dahin staatlich regulierte Entwicklung durch eine Revitalisierung der Marktkräfte zu beleben, zeigt zweierlei:

Zum einen, daß die mit der neuen Politik überall wieder zunehmenden sozialen Differenzierungen, die für einen erheblichen Teil der abhängig Beschäftigten zu einer deutlichen Verschlechterung der Lebensbedingungen geführt haben, sich nicht unmittelbar in Delegitimation bürgerlicher Herrschaft und einen Rückfall in gewaltförmige Interessendurchsetzung umsetzen. Daß nicht nur das "parlamentarische Ritual" des gewöhnlichen Wechsels zwischen Regierung und Opposition friedlich verläuft, sondern selbst einschneidende Veränderungen in den Grundlagen der gesellschaftlichen Reproduktionsbedingungen und die Aufkündigung des breiten Nachkriegskonsenses sich nur ganz allmählich in der Erosion zivilgesellschaftlicher Strukturen niederschlägt, verdeutlicht noch einmal die Stabilität des unterliegenden Einverständnisses mit den bürgerlichen Herrschafts- und Lebensverhältnissen.

Zum anderen aber zeigt der Übergang zur Hegemonie neokonservativer Kräfte auch, daß die Pazifizierung gesellschaftlicher Konflikte kein automatisches Resultat kapitalistischer Entwicklung darstellt. Zwar unterliegt dem Kapitalismus mit der zyklischen Bewegung des Akkumulationsprozesses eine qualifizierbare Logik, sie setzt sich aber nicht automatisch in eine kontinuierlich-zyklische Weiter- und Höherentwicklung bürgerlich-kapitalistischer Lebensverhältnisse um. Die Entwicklung ist kein teleologischer Prozeß. Immer ist es das gegebene Kräfteverhältnis gesellschaftlicher Klassen und Gruppen, das über die konkreten Rahmenbedingungen der Entwicklung entscheidet und dem unterliegenden Mechanismus kapitalistischer Akkumulationslogik den teleologischen Charakter nimmt. Nur aufgrund dieser Tatsache ist es überhaupt möglich, zyklenübergreifende Perioden qualitativ verschiedener gesellschaftlicher Reproduktionsbedingungen zu unterscheiden. Sowenig also der konkreten Entwicklung des Kapitalismus eine allgemeine Teleologie unterstellt werden kann, sowenig verknüpft sich mit seiner Entwicklung ein Automatismus zur Beseitigung gewaltsamer oder kriegerischer Formen des Konfliktaustrags.

Zwar geht mit der Verallgemeinerung der Waren- und Lohnform auch eine Verallgemeinerung gewaltfreier, rein ökonomischer Formen der Ausbeutung und bürgerlicher Freiheits-, Gleichheits- und Demokratievorstellungen und insgesamt ein Formwandel der Gewalt- und Herrschaftsverhältnisse, also sozusagen ein säkularer "Zwang zur Demokratie" (Kostede 1980:169) einher; die Frage aber, ob sich dies auch tatsächlich in eine dauerhafte Pazifizierung innergesellschaftlicher Konflikte umsetzt, bleibt an die konkreten Formen der Ausgestaltung bürgerlicher Lebensverhältnisse rückgebunden. Denn es ist die Form ihrer Ausgestaltung, die darüber entscheidet, ob mehr die zivilisatorischen Seiten oder die immanenten Widersprüche des kapitalistischen Systems hervortreten.

Bis zur Überakkumulationskrise Mitte der 70er Jahre war es dem klassenübergreifenden hegemonialen Block sozialer Kräfte gelungen, die in der kapitalistischen Entwicklung eingeschlossenen zivilisatorischen Seiten teilweise freizulegen und so auch das systemimmanente Potential für eine Pazifizierung gesellschaftlicher Konflikte in konkrete Geschichte umzusetzen. Dagegen konnte sich das neokonservative Projekt innerhalb der kapitalistischen Metropolen nur durchsetzen, weil der in der Aufklärung wurzelnde Glaube an kontinuierlichen Fortschritt sich mit der beispiellosen Nachkriegsprosperität in den Glauben an ein im Kapitalismus begründetes immerwährendes ökonomisches Wachstum verwandelt hat.

So wurde die Krise des Fordismus in den 70er Jahren dann auch nicht auf die kapitalistischen Grundlagen der gesellschaftlichen Entwicklung zurückgeführt, sondern mit ihrer sozialstaatlichen Ausgestaltung identifiziert, die nur durch die Beseitigung bisheriger staatlicher Regulierungen und die Freisetzung marktwirtschaftlicher Gestaltungkräfte zu überwinden sei. Die von den Neokonservativen verfolgte Politik, die weltweite Akkumulationsschwäche durch eine Revitalisierung des Kapitalismus zu überwinden und verrechtlichte soziale Beziehungen zugunsten einer den Marktmechanismen überlassenen "Gestaltung" der Lebensverhältnisse aufzulösen, weist dann auch in die entgegengesetzte Richtung bis dahin hegemoniefähiger Politik und setzt so statt der zivilisatorischen Seiten schrittweise das konfliktive Potential gesellschaftsimmanenter Widersprüche frei.

Wie stark der wirtschafts- und gesellschaftspolitisch eingeschlagene Weg die zivilisatorischen Errungenschaften untergräbt und selbst die pazifizierten Formen gesellschaftlichen Konfliktaustrags aufs Spiel setzt, belegt die Entwicklung seit den 80er Jahren. Der Wirtschaftsaufschwung, den diese Politik den OECD-Staaten seit 1982 beschert hat, konnte die strukturelle Wachstumsschwäche nicht beseitigen, so daß der Übergang von der fordistischen Massenproduktion zu flexibler Fertigung auch nicht zu einer neuen und dauerhaften Prosperitätskonstellation, sondern zu Beginn der 90er Jahre in die schwerste Krise seit 1945 geführt hat. Zwar haben Verdrängungswettbewerb, Rationalisierungen und Modernisierungsdruck zu extremem Wachstum in den High-Tech-Industrien der Computer-, Informations- und Gentechnologie geführt und so die technologischen und organisatorischen Grundlagen der Produktion revolutioniert; Massenarbeitslosigkeit, Sozialabbau und Deregulierung aber haben auch den breiten sozialen Konsens zerstört, der die Grundlage der Nachkriegsprosperität bildete und Voraussetzung jeder dauerhaften Wachstumsperiode darstellt. Wenn es selbst in Zeiten lang anhaltenden Wirtschaftsaufschwungs nicht gelingt, die Erosion zivilgesellschaftlicher Strukturen aufzuhalten, sondern statt der integrativen Potenzen die destruktiven Seiten kapitalistischer Entwicklung hervortreten, weil der Aufschwung selbst auf einer beispiellosen Umverteilung basiert, wundert es nicht, daß die schwere Rezession zu Beginn der 90er

Jahre diese Kehrseiten mit aller Deutlichkeit zum Ausdruck bringt. Die Differenzierungen zwischen den gesellschaftlichen Gruppen treten immer deutlicher zutage, die sozialen Konflikte verschärfen sich, und der innere Friede ist gefährdet.

Die neokonservative Politik der OECD-Staaten liefert so weltgeschichtlichen Anschauungsunterricht für die Auflösung des sozialen Konsenses und die Freisetzung der sozial zerstörerischen Wirkung dauerhaft verschärfter Konkurrenz im Innern dieser Staaten wie auch weltweit. Sie zeigt, wie schmal der Pfad ist, auf dem die zivilisatorischen Seiten des Kapitalismus weiterentwickelt werden können, ohne zugleich deren zerstörerische Wirkungen freizusetzen. Zwar hat diese Politik bisher noch nicht zu einer Rückkehr des Krieges geführt, aber die Fundamente des Konsenses, der es den gesellschaftlichen Klassen und Gruppen bisher ermöglicht hat, ihre Gegensätze friedlich auf dem verrechtlichten Terrain ökonomisch-sozialer Beziehungen und als Kampf konkurrierender Wertorientierungen auszutragen, sind deutlich angegriffen. Entsolidarisierung, politische Radikalisierung und eine sich noch diffus äußernde wachsende Gewaltbereitschaft sind Symptome dieser Entwicklung. Der eingeschlagene Weg schließt auch die Tendenz ein, daß der Staat sein herrschaftliches Gewaltpotential wieder nach innen richten muß, um die gesellschaftliche Ordnung zu gewährleisten, und damit das Gewaltmonopol selbst wieder in die gesellschaftlichen Auseinandersetzungen einbezogen wird. Denn die Deregulierung verrechtlichter sozialer Beziehungen geht immer mit einer Entwicklung zum autoritären Etatismus einher.

Auch wenn zu Beginn der 90er Jahre wenig Hoffnung besteht, daß sich die gefährlichen Tendenzen der gesellschaftspolitischen Entwicklung in den kapitalistischen Zentren in absehbarer Zeit wieder umkehren, so läßt sich doch wenigstens aus theoretischer Perspektive zeigen, wo unter entwickelten kapitalistischen Bedingung die Bruchstelle liegt, an der sich entscheidet, ob die immanenten Widersprüche oder die zivilisatorischen Seiten hervortreten. Denn der eigentümliche Widerspruch, daß es einerseits die Verallgemeinerung kapitalistischer Strukturen ist, die zum Formwandel der Ausbeutungs-, Gewalt- und Herrschaftsverhältnisse führt und so die allgemeinen Grundlagen für eine Pazifizierung der gesellschaftlichen Lebensverhältnisse legt, es andererseits unter entwickelten bürgerlichen Verhältnissen aber gerade die Ausweitung über den Wert geregelter Lebensbedingungen ist, die zur Quelle von Konflikten wird und den Weg zu einer Regression in gewaltförmige Interessendurchsetzung ebnet, erklärt sich aus dem widersprüchlichen Charakter der kapitalistischen Produktionsweise selbst.

Die unter Berufung auf bürgerlich-liberale Werte von eigener Leistung, individueller Freiheit und Gleichheit vorangetriebene Ausweitung marktlicher Regelungsmechanismen gegen eine bis dahin sozialstaatlich regulierte sozioökonomische Entwicklung verstärkt das Spannungsverhältnis zwischen dem universellen Geltungsanspruch bürgerlicher Grundwerte und ihrem kapitalistisch begrenzten Charakter. Je ungehinderter sich die Marktverhältnisse durchsetzen, desto deutlicher tritt auch der zwiespältige Charakter bürgerlicher Freiheit und Gleichheit in der Form ungleicher Verteilung individueller Entfaltungs- und Verwirklichungsmöglichkeiten hervor und offenbart die systemimmanenten Grenzen der Verwirklichung der bürgerlichen Wertideale. In dem gleichen Maße aber, in dem diese Grenzen hervortreten, lösen sich auch die Grundlagen des allgemeinen Konsenses mit den bürgerlichen Lebens- und Herrschaftsverhältnissen auf, die unter kapitalistischen Bedingungen unverzichtbare Voraussetzung einer Pazifizierung gesellschaftlicher Konflikte darstellen.

Nur wenn das Spannungsverhältnis zwischen dem universellen Anspruch und der kapitalistisch beschränkten Wirklichkeit der bürgerlichen Wertideale sich im Prozeß der Ausgestaltung gesellschaftlicher Lebensverhältnisse auch tatsächlich in Richtung einer schrittweisen Beseitigung der kapitalistischen Grenzen der Gesellschaftsentwicklung umsetzt und eine die gesellschaftlichen Asymmetrien überwindende Erweiterung individueller Gestaltungs- und Verwirklichungsmöglichkeiten die bestehenden Ansprüche sukzessive einholt, sind auch die Bedingungen dafür gegeben, daß sich der mit der kapitalistischen Entwicklung einhergehende Formwandel der Gewalt auch in eine dauerhafte Pazifizierung innergesellschaftlicher Konflikte umsetzt. Zu einer historisch möglich gewordenen dauerhaften Befriedung gesellschaftlicher Konflikte wird es also nur dann kommen, wenn der in der kapitalistischen Produktionsweise angelegte säkulare Zwang zur Demokratisierung von den sozialen Kräften der entwickelten bürgerlichen Gesellschaft auch tatsächlich in eine den Klassencharakter sukzessive überwindende Ausgestaltung der Gesellschaft umgesetzt wird.

Um eine solche Entwicklung zu gewährleisten, muß an die Stelle der "Selbstheilungskräfte" des Marktes eine bewußte Gestaltung gesellschaftlicher Entwicklung treten. Denn auf der Höhe der entwickelten bürgerlichen Gesellschaft treten die immanenten Grenzen konkurrenzvermittelter Marktmechanismen hervor und schlagen um von einer die gesellschaftlichen Gewaltpotentiale absorbierenden in eine die konfliktiven Potenzen befördernde Entwicklung. Um nicht vollends von den Verhältnissen beherrscht zu werden, muß die Konkurrenz selbst beherrscht werden. Die (welt)gesellschaftliche Beherrschung und soziale Steuerung der Konkurrenz wird zur Bedingung dafür, daß die unter entwickelten bürgerlichen Verhältnissen gebundenen Gewaltpotentiale nicht durch eine neue Stufe entfesselter Konkurrenz wieder freigesetzt werden. Denn in der Logik frei entfesselter Konkurrenz liegt entweder der autoritäre Staat oder der Hobbessche Naturzustand eines bellum omnium contra omnes. Es ist ein Irrtum der Schönredner der Marktkräfte, diese ausschließlich als schöpferische und kreative Potenzen zu betrachten und die freie Konkurrenz mit freier Individualität zu verwechseln. "Nicht die Individuen sind frei gesetzt in der freien Konkurrenz; sondern das Kapital ist frei gesetzt" (Marx 1974b:544). Da der Zusammenbruch des Staatssozialismus belegt, daß die bloße Negation von Privateigentum, Markt und Konkurrenz nur zur Negation aller schöpferischen sozialen Energien führt und in gesellschaftliche Erstarrung mündet, besteht die Aufgabe darin, die schöpferischen Seiten von Markt und Konkurrenz von deren katastrophal destruktiven Seiten zu trennen und für die Lösung der Weltprobleme fruchtbar zu machen. "Die Entwicklung dessen, was die freie Konkurrenz ist, ist die einzig rationelle Antwort auf die Verhimmelung derselben durch die Middle-class-Propheten oder ihre Verteufelung durch die Sozialisten" (Marx 1974b:545).

Der Weg zu einem positiven Frieden ist ohne historisches Vorbild und muß daher ohne Karte gegangen werden. Die Richtung aber ist klar: Nur wenn es gelingt, die bürgerlichen Zivilgesellschaften Schritt für Schritt von ihren kapitalistischen Grundlagen zu emanzipieren und so den Demokratisierungsprozeß auf allen Feldern gesellschaftlichen Lebens zu verstetigen, ist es möglich, die Errungenschaften bürgerlich-kapitalistischer Entwicklung zu bewahren und zu vervollkommnen. Die historisch möglich gewordene dauerhafte Befriedung gesellschaftlicher Konflikte ist also an einen über die kapitalistischen Schranken der bürgerlichen Gesellschaften hinausweisenden Demokratisierungsprozeß gebunden. Das bedeutet allerdings nicht, daß Demokratisierung eine immer und überall gültige Zauberformel zur Befriedung gesellschaftlicher Konflikte darstellt. Nur auf der Grundlage schon demokratischer Verhältnisse, daher unter den Bedingungen entwikkelter bürgerlicher Gesellschaften, kann sich der Prozeß der Demokratisierung auch unmittelbar in eine Verstetigung gewaltfreien Konfliktaustrags umsetzen. Der mit der historischen Durchsetzung bürgerlich-kapitalistischer Lebensverhältnisse notwendig einhergehende Demokratisierungsprozeß kann allenfalls in Ausnahmefällen ohne unmittelbaren Zwang und direkte Gewalt verlaufen. Für die Übergangsgesellschaften der übrigen Welt ist ein Emanzipationsprozeß in den kapitalistischen Zentren gleichwohl von eminenter Bedeutung. Denn die allgemeinen Rahmenbedingungen für die weltgesellschaftliche Entwicklung und den Umgang mit den globalen Problemen hängen nach wie vor entscheidend von Richtung und Dynamik der Entwicklung in den kapitalistischen Metropolen ab.

2.5 Internationale Entwicklung und weltweites Kriegsgeschehen

Mit der Befreiung vom unmittelbaren Einfluß vorbürgerlicher Kräfte konnten in den führenden Industrienationen das Bürgertum und die lohnabhängigen Schichten gemeinsam die Gestaltung und Ausformung des Kapitalismus zur bürgerlichen Gesellschaft übernehmen. Damit hatten sich auch die gesellschaftlichen Konfliktlinien auf das Terrain der diesem System immanenten Widersprüche verlagert und die Formen gesellschaftlichen Konfliktaustrags gewandelt. Die systemimmanenten Möglichkeiten zur Pazifizierung innergesellschaftlicher Konflikte konnten in konkrete Geschichte umgesetzt werden, so daß verrechtlichte und symbolische Formen der Auseinandersetzungen um die Ausgestaltung bürgerlicher Lebensverhältnisse an die Stelle gewaltsamer Konflikte der gesellschaftlichen Klassen und Gruppen traten.

Aber auch auf globaler Ebene hatten sich in der zweiten großen Prosperitätsperiode des Kapitalismus, die unter der Vorherrschaft der USA vom Zweiten Weltkrieg bis Mitte der 70er Jahre dauerte, die Formen gewaltsamen Konfliktaustrags verändert. Wie schon bisher die Entwicklung in den Zentren des Kapitalismus die weltgesellschaftliche Entwicklung geprägt hatte, so veränderten sich auch unter der US-amerikanischen Hegemonie die dominanten Formen kriegerischer Konflikte im Innern wie zwischen den in den kapitalistischen Weltzusammenhang einbezogenen Gesellschaften. Auch wenn im internationalen System die aus der bürgerlich-kapitalistischen Vergesellschaftung ableitbaren Entwicklungen nicht so deutlich hervortreten können wie innerhalb der kapitalistischen Metropolen, weil sie hier durch eine Vielzahl unterschiedlicher, gerade auch nicht-kapitalistischer Einflüsse modifiziert, gebrochen und überlagert werden, so läßt sich dennoch der innere Zusammenhang von kapitalistischer Epochenentwicklung und Krieg auch für das internationale System nach 1945 deutlich skizzieren.

Mit dem Ende der britischen Vormachtstellung und dem Aufstieg der Vereinigten Staaten zur kapitalistischen Führungsmacht wurde der entstehende globale Vergesellschaftungszusammenhang nach und nach von den Beschränkungen befreit, die England mehr als ein Jahrhundert lang die Weltherrschaft garantiert hatten und deren Beseitigung nun zur Grundlage des von den USA dominierten Nachkriegssystems wurde. So wie im Innern der kapitalistischen Metropolen die Überwindung vorbürgerlicher ökonomischer und sozialer Relikte zur Voraussetzung einer neuen Qualität kapitalistischer Entwicklung wurde, so macht auch im internationalen System die Beseitigung der bis dahin geltenden Beschränkungen der Kapitalverwertung den Kern der neuen Entwicklung aus. Denn die Bedingungen für die Durchsetzung und Entwicklung des Kapitalismus sind überall dieselben: Ob auf nationaler oder internationaler Ebene - überall ist die Existenz der von traditionalen Abhängigkeiten befreiten Arbeitskraft ebenso Voraussetzung kapitalistischer Verhältnisse, wie die freie Konkurrenz deren Verwirklichungsbedingung ist. Was also die Entwicklung des Kapitalismus zur bürgerlichen Gesellschaft innerhalb nationaler Grenzen von der Ausweitung des Kapitalismus zur Weltgesellschaft unterscheidet, sind allein die Strukturen, die der Entfaltung des Kapitalverhältnisses jeweils entgegenstehen. Den traditionellen Sektoren im Innern der kapitalistischen Metropolen mit den ihnen anhaftenden ökonomischen, sozialen und kulturellen Strukturen und Gewohnheiten entsprechen auf der globalen Ebene die Existenz der verschiedenen Formen nicht-kapitalistischer, traditionaler Vergesellschaftungsweisen und die Verfaßtheit des internationalen Systems

Mit der handelskolonialen Expansion hatte die systematische Umwandlung traditionaler Gesellschaften durch deren Einbindung in ein sich global ausweitendes Netz von Handel und Produktion begonnen. Als Resultat wie Voraussetzung der bisherigen Geschichte des Kapitalismus hatte das Kolonialsystem dem entstehenden kapitalistischen Weltmarkt den Weg geebnet und im Innern der Kolonialmächte die Durchsetzung kapitaladäquater Gesellschaftsstrukturen befördert. Nun aber wurde das Kolonialsystem selbst zum zentralen Hindernis der globalen Ausweitung und Durchsetzung kapitalistischer Verhältnisse. Die Überwindung der kolonialen Gliederung des Weltsystems wurde zum Dreh- und Angelpunkt der weiteren Aus- und Umgestaltung des internationalen Systems wie auch der Veränderung der Formen kriegerischer Konflikte sowohl innerhalb der wie zwischen den in den globalen Vergesellschaftungszusammenhang eingebundenen Gesellschaften.

Der insgesamt noch unausgeformte Charakter globaler Vergesellschaftung trat zu Ende der britischen Weltherrschaft deutlich hervor. Zwar basierte die britische Vormachtstellung bereits auf den rein ökonomischen Grundlagen industrieller Produktion, und das von England etablierte Freihandelssystem des 19. Jahrhunderts war der erste Ausdruck der Dominanz abstrakt ökonomischer Verhältnisse in dem sich herausbildenden Weltmarkt; aber weder das auf ein Monopol gegründete Freihandelssystem noch die in koloniale Einflußsphären aufgeteilte Welt konnten zur Grundlage globaler Vergesellschaftung über einen kapitalistischen Weltmarkt werden.

Der Aufstieg ernst zu nehmender kapitalistischer Konkurrenten führte dann auch nicht etwa zu einer Stabilisierung des bis dahin für England profitablen Freihandelssystems, sondern ließ es zusammenbrechen. Während der großen Depression von 1873 bis 1886 gewannen die protektionistischen Kräfte überall wieder die Oberhand über die liberalen und freihändlerischen Tendenzen. Die Abschottung nationaler Territorien war unter anderem auch Funktion für die Abfederung der umfassenden Auswirkungen der raschen Ausweitung konkurrenzbestimmter Marktverhältnisse im Innern und trug wesentlich zum Entstehen nationaler Einheiten und nationalistischer Gesinnungen bei. Das auf dem Monopol industrieller Produktion gegründete Freihandelssystem führte mit dem Auftauchen kapitalistischer Konkurrenten dann auch nicht zu einer der Tendenz nach freien Konkurrenz der Kapitale, sondern zur Staatenkonkurrenz, zur Konkurrenz imperialistischer Mächte. Während sich innerhalb Europas die Rivalität bis in den Ersten Weltkrieg hinein steigerte, führte sie außerhalb Europas zur Gründung kolonialer Empires zwischen 1870 und 1914 und damit zur De-facto-Aufteilung der Welt zwischen den kapitalistischen Metropolen.

Der unausgereifte Charakter dieser Art von Weltmarktkonstitution dokumentiert sich nicht nur im Gleichschritt des ökonomischen und militärischen Potentials der Kolonialmächte, sondern auch im Resultat imperialistischer Weltaufteilung. Denn die Aufteilung der Welt in abgeschirmte koloniale Interessensphären entspricht nicht den Anforderungen globaler kapitalistischer Vergesellschaftung. Eine der kapitalistischen Vergesellschaftung entsprechende, Freiheit und Gleichheit der Vertragsparteien voraussetzende und respektierende und direkte Gewalt ausschließende Verkehrsform des Tausches entwickelt sich zunächst nur zwischen den kapitalistischen Metropolen. Im Verhältnis zwischen Kolonialmächten und Kolonien dagegen dominieren nach wie vor die aus handelskapitalistischer Vergangenheit ererbten Verkehrsformen unmittelbarer Gewalt und direkter militärischer, politischer oder ökonomischer Abhängigkeit. Dem kolonial gegliederten internationalen System ensprichт daher eine "Einteilung der Welt in eine rechtsfreie Zone ungehemmter Gewaltanwendung und in eine rechts- und vertragsförmige des Tausches" (Diner 1985:332).

Die aus traditionalen und handelskapitalistischen wie aus originär kapitalistischen Elementen widersprüchlich zusammengesetzte Natur des Imperialismus wird so als duale Struktur auf das internationale System abgebildet. Während die auf äquivalentem Tausch beruhenden Verkehrsformen sich innerhalb der Metropolen als gesellschaftliche Oberflächenstruktur über die kapitalistischen Ausbeutungsverhältnisse legen und hier zum Fundament der Befriedung gesellschaftlicher Konflikte werden und sich der rechts- und vertragsförmige Verkehr auch zur Grundlage des Verhältnisses zwischen den Metropolen entwickelt, bleiben die verschiedenen Formen unmittelbaren Zwangs und direkter Gewalt Grundlage der Beziehungen zwischen Kolonialmächten und Kolonien.

Aber die Trennungslinie zwischen verrechtlichten und vermachteten Beziehungen verläuft nicht nur zwischen den kapitalistischen Metropolen und der kolonisierten Peripherie. Gerade durch die europäische Auswanderung und den allmählichen Aufbau kapitalistischer Produktion verlängert sich die Zivilisationsgrenze zwischen bürgerlichen Tausch- und Rechtsverhältnissen und kolonialen Macht-, Ausbeutungs- und Gewaltverhältnissen auch in das Innere der peripheren Gesellschaften. Hier lagern sich die widersprüchlichen Elemente kolonialer Durchdringung an die ihnen kompatiblen Bestandteile der vorgefundenen gesellschaftlichen Strukturen an und ergänzen die überall entstandenen dualen ökonomischen Verhältnisse durch das Nebeneinander verrechtlichter und vermachteter Verkehrsformen.

Gerade in der Phase imperialistischer Etablierung europäischer Herrschaft geht die unmittelbare Gewalt weit über das Maß der "von den Zeitgenossen glorifizierten Kolonialkriege hinaus". Denn "es brauchte meist Jahre, wenn nicht Jahrzehnte, bis die spätere Kolonie 'pazifiziert' war, d.h. der offene Widerstand zusammenbrach" (Albertini 1985:403). Dabei bildet der Rassismus - der überall dort entsteht, wo die Trennungslinie einer sich gegen traditionale Lebensweisen durchsetzende bürgerlich-kapitalistische Vergesellschaftung mit biologischen oder kulturellen Unterschieden zusammenfällt - die psychosoziale Grundlage, auf der sich das Nebeneinander gewalt- und rechtsförmigen Verkehrs etablieren und verstetigen kann. Diese Unterscheidung schwächt sich nur allmählich und in dem Maße zu weicheren Formen sozialer Diskriminierung ab, wie sich mit der praktischen Inwertsetzung der Bevölkerung auch ihr Unwert verliert und sich bürgerliche Maßstäbe der Bewertung verallgemeinern.

Während so die Kolonisatoren untereinander wie in ihren metropolitanen Beziehungen als tauschförmig-zivilisierte bürgerliche Individuen auftraten, blieben ihre Beziehungen zur einheimischen Bevölkerung weitgehend dem traditionell-kolonialistischen Habitus verhaftet. Dagegen waren die Kolonisierten selbst weder vollständig in ihre traditionalen Verhältnisse noch in die der bürgerlichen Gesellschaft integriert. "Dieses Fehlen einer objektiven Integration ist schließlich der Grund, weshalb im Kolonialsystem die politische Gewalt eindeutig dominiert, im Gegensatz zum Mutterland, wo in der Regel die ökonomische Mystifikation soziale Gewaltverhältnisse verschleiert" (Schmitt-Egner 1976:373).

Selbst wo bürgerliche Rechtsverhältnisse durch die Kolonialmacht verordnet wurden, was gegen Ende der kolonialen Epoche durchgängig der Fall war, blieben sie formaler Natur. Der Geltungsbereich bürgerlicher Verkehrsformen, der ursprünglich auf die Kolonisatoren selbst beschränkt blieb, setzte sich nur allmählich und in dem Maße gegen die traditionalen Lebens- und Herrschaftsverhältnisse durch, wie mit der Ausweitung kapitalistischer Produktion und der Inwertsetzung der eingeborenen Bevölkerung die kapitalistische Vergesellschaftung auch tatsächlich voranschritt. Bis heute ist dieser Prozeß unabgeschlossen, so daß die Heterogenität gesellschaftlicher Produktions- und Verkehrsformen und damit auch der Formen der Ausbeutungs-, Herrschafts- und Gewaltverhältnisse durchgängiges Kennzeichen der neu entstandenen Staaten der Dritten Welt geblieben ist. Damit gehört es zwar zu den zivilisatorischen Seiten der Epoche kapitalistischer Entwicklung unter britischer Hegemonie, innerhalb der führenden kapitalistischen Nationen die auf direkter personaler Gewalt basierenden Formen der Ausbeutung endgültig durch rein ökonomische Mechanismen ersetzt zu haben; auf globaler Ebene aber bleibt die zivilisatorische Grenze zwischen bürgerlichen und vorbürgerlichen Ausbeutungs-, Gewalt- und Herrschaftsverhältnissen noch als Grenze zwischen kapitalistischen Zentren und kolonialer Peripherie bestehen und gräbt sich als Strukturmerkmal in das Innere der peripheren Gesellschaften ein.

Die unter britischer Vorherrschaft freigesetzte Dynamik des industriellen Kapitals blieb, wo sie über die nationalen Grenzen auf ungeschützte Territorien hinausgriff, den traditionellen handelskapitalistischen Verkehrsformen verhaftet. Die imperialistische Aufteilung der Welt zementierte noch einmal einen Zustand, in dem der Zugriff auf den kolonialen Reichtum über die politische, administrative oder militärische Dominanz der Kolonialmächte gewährleistet wurde. Dieser durch direkte administrativ-politische oder militärische Herrschaft sichergestellte exklusive Zugriff der Kolonialmacht auf den kolonialen Reichtum ist aber alles andere als die rein ökonomische Form kapitalistischer Ausbeutung. Es ist die Ausbeutung der Kolonien durch die Macht der Kolonialherren, nicht die der Arbeitskraft durch das Kapital. Damit steht das Kolonialsystem der Ausweitung globaler Vergesellschaftung über einen kapitalistischen Weltmarkt auf doppelte Weise entgegen: als ein weltumspannendes Protektionssystem, das der freien Konkurrenz des Kapitals entgegensteht, und als ein System, das durch seine vermachteten Strukturen vorkapitalistische Ausbeutungs- und Herrschaftsverhältnisse aufrechterhält und die Durchsetzung des bürgerlichen Rechts auf gewaltlose Aneignung der Resultate fremder Arbeit behindert.

Die Entkolonialisierung wird zur Voraussetzung dafür, die kolonialen Territorien dem protektionistisch geschützten Zugriff durch das nationale Kapital der Kolonialmächte zu entziehen und dem internationalen Kapital annähernd gleiche Bedingungen des Zugriffs auf das koloniale Arbeitsvermögen zu gewähren. Solange die koloniale Gliederung erhalten bleibt, bleiben auch die Formen globaler Vergesellschaftung fragmentarisch, und die nationalen Kapitale prägen den kolonialen Gesellschaften den Stempel ihrer nationalen Herkunft auf. Bis heute haben sich in den ehemaligen kolonialen Besitzungen mit den politisch-administrativen, militärischen und kulturellen Einflüssen diese nicht-ökonomischen Begleitumstände kolonialer und imperialistischer Expansion noch als prägende Strukturen erhalten. Gerade die Tatsache, daß die Einbeziehung der Kolonien in die ökonomischen Reproduktionserfordernisse der "Mutterländer" mit einer derart deutlichen und bleibenden Übertragung nationaler Attribute einherging, verweist auf den noch unentwickelten Charakter kapitalistischer Weltmarktkonstitution in der Epoche des Imperialismus.

Erst die Auflösung der Kolonialreiche schafft die formalen Bedingungen dafür, daß sich die abstrakte, nicht mehr mit den Attributen staatlicher Macht bewehrte, rein ökonomische Form der Aneignung des Mehrwerts durchsetzen und sich die anonyme Macht kapitalistischer Vergesellschaftung überhaupt als Weltmarkt konstituieren kann. Ob innerhalb nationaler Grenzen oder als globaler Prozeß - die Entwicklung des Kapitalverhältnisses als Vergesellschaftungszusammenhang ist nie etwas anderes als die Herstellung der Bedingungen eines anonymen Herrschaftsverhältnisses, das darin besteht, daß die im Kapital vergegenständlichte Arbeit das Recht erhält, sich einen Teil der lebendigen Arbeit ohne Austausch, aber auch ohne Anwendung direkter Gewalt anzueignen. Der kapitalistische Weltmarkt ist nur das Mittel, dieser anonymen Herrschaft der toten über die lebendige Arbeit auch globale Geltung zu verschaffen. Nicht die unmittelbare Herrschaft der Kolonialmacht über die kolonisierten Gesellschaften, sondern die an bürgerliche Existenzbedingungen rückgebundene anonyme Herrschaft dieses abstrakt-ökonomischen Verhältnisses über die gesellschaftlichen Individuen ist Grundlage kapitalistischer Weltmarktintegration. Beim Weltmarkt als dem Medium globaler Vergesellschaftung handelt es sich daher nicht um das Übergreifen der Staatsgewalt auf fremdes Territorium, sondern um das "Übergreifen der bürgerlichen Gesellschaft über den Staat" (Marx 1974b:175).

So wie innerhalb nationaler Grenzen die Verallgemeinerung des bürgerlichen Rechts auf gewaltlose Ausbeutung das Verschwinden gewaltvermittelter Aneignungsformen notwendig voraussetzt, so ist auf globaler Ebene das Durchbrechen der zwischen Metropolen und Peripherie verlaufenden Zivilisationsgrenze tauschförmig-verrechtlichter und vermachteter Beziehungen unabdingbare Voraussetzung für die globale Durchsetzung rein kapitalistischer Aneignungsformen. Die Durchsetzung einer qualitativ neuen Stufe konkurrenzbestimmter weltmarktlicher Vergesellschaftung ist damit an das Übergreifen bürgerlicher Rechtsverhältnisse über ihre bisherigen geographischen Grenzen, die Verwandlung bislang politisch abhängiger

Territorien in unabhängige Rechtssubjekte und deren Einbeziehung in den tauschförmig-verrechtlichten zwischenstaatlichen Verkehr rückgebunden. Die Ausweitung der bürgerlichen Gesellschaft zur Weltgesellschaft setzt damit auch jenseits der Zivilisationsgrenze die Konstitution formal gleicher, rechtsfähiger Vertragspartner voraus.

Im Verhältnis der kapitalistischen Metropolen zueinander hatte sich der verrechtlichte zwischenstaatliche Verkehr gewissermaßen als Kehrseite des kriegerischen europäischen Staatenbildungsprozesses ergeben, der die Herstellung kapitalistischer Eigentums- und bürgerlicher Rechtsverhältnisse seit dem Mittelalter begleitet hatte. Denn es waren im wesentlichen die europäischen Friedenskongresse seit 1648, in denen das klassische Völkerrecht, das ius publicum europaeum, seine erste praktische Ausformung auf dem Weg zum modernen Völkerrecht, dem ius gentium, erhielt. Die Garantie territorialer Souveränität und damit die souveräne Gleichheit der in der Völkerrechtsgemeinschaft verbundenen Staaten war von Anfang an Grundprinzip des Völkerrechts. Unbenommen ihrer inneren Verfaßtheit und ihrer realen Ungleichheit stellen die formal gleichgestellten Staaten das ursprüngliche Rechtssubjekt im Völkerrecht dar. Hierin ist die souveräne Gleichheit der Staaten der Gleichheit der bürgerlichen Rechtssubjekte nachgebildet. Im Völkerrecht setzt sich das bürgerliche Recht auf der Ebene der Weltgesellschaft fort.

Wie die europäischen Staaten in der rechtsförmigen Ausgestaltung ihres zwischenstaatlichen Verkehrs der allmählichen Durchsetzung bürgerlicher Rechtsverhältnisse im Innern folgten, so wurde für sie als Kolonialmächte die staatliche Verfaßtheit auch zur einzig überhaupt nur denkbaren Form der Anerkennung der Unabhängigkeit der kolonialen Territorien. Für die peripheren Gesellschaften dagegen wurde die Staatsform zur "Beteiligungsbedingung an der Weltgesellschaft" (Diner 1985:342). "Denn zur Weltmarktintegration bedarf es jener inneren Verfassung, die die konstitutive Trennung von politischer und wirtschaftlicher Sphäre herbeiführte. Nur die funktionale Aufspaltung von Politik und Ökonomie in einen horizontalformalen wie vertikal-materiellen Bereich ermöglicht volle internationale Vergesellschaftung als Teilnahme am Medium des Weltmarktes, als transnationale Integration" (ebd.344).

So vollzieht sich auf globaler Ebene das "Übergreifen der bürgerlichen Gesellschaft über den Staat" als das staatenbildende Übergreifen bürgerlicher

Rechtsverhältnisse über ihren nationalen Geltungsbereich hinaus. Erst die Einbeziehung der bislang politisch abhängigen Territorien in den Geltungsbereich des Völkerrechts läßt die Zivilisationsgrenze zwischen Metropolen und Peripherie und damit die kolonialen Grenzen der Ausweitung der bürgerlichen Gesellschaft zur Weltgesellschaft verschwinden. Somit entwickelt sich die globale Durchsetzung bürgerlicher Rechtsverhältnisse nicht - wie in Europa - parallel zur Konstitution des bürgerlichen Staates. Was innerhalb Europas Resultat einer langen historischen Entwicklung war, wird unter den Bedingungen gegebener kapitalistischer Verhältnisse zur Voraussetzung ihrer weiteren globalen Durchsetzung.

Unter den selbst noch unausgereiften bürgerlichen Verhältnissen innerhalb der imperialistischen Staaten blieb das Kapital jedoch den aus handelskolonialer Vergangenheit ererbten Formen der Aneignung des Mehrwerts verhaftet und griff auf die Attribute staatlicher Macht und territorialer Expansion zurück. Die Verwandlung des kolonial gegliederten internationalen Systems in ein System formal gleicher Staaten war damit an eine qualitativ neue Entwicklungsstufe kapitalistischer Vergesellschaftung innerhalb der kapitalistischen Metropolen selbst rückgebunden. Erst die Überwindung der feudalen Kräfte und der Übergang zu einer qualitativ neuen, allein von den sozialen Kräften des Kapitals geprägten Epoche der Gesellschaftsentwicklung konnte die Basis einer neuen Stufe globaler Vergesellschaftung sein.

Die Auflösung der Kolonialreiche führte zu einer Neuordnung des internationalen Systems, in dem von nun an die Produktivität und das relative Gewicht der nationalen Ökonomien über Rang und Einfluß der Staaten entscheiden sollten, und führte damit insgesamt zu einer sich als Weltwirtschaftsordnung hierarchisch gliedernden Weltstaatenordnung. "Die Vertikalität des Weltmarktes unterwirft sich die ursprüngliche Horizontalität der Staatenordnung, indem die ökonomischen Sphären der einzelnen Volkswirtschaften so miteinander verstrebt werden, daß sie als eine wirtschaftliche Einheit wirken und funktionieren" (Diner 1988:185).

Entsprechend bildeten der Niedergang der Vormachtstellung Großbritanniens, der kriegerische Zusammenbruch des Imperialismus, der Übergang des Kapitalismus zu einer entwickelten bürgerlichen Totalität innerhalb der kapitalistischen Zentren, der Aufstieg der USA zur Hegemonialmacht und der Entkolonialisierungs- und Staatenbildungsprozeß den historischen Knotenpunkt für den Übergang zu einer qualitativ neuen Stufe globaler kapitalistischer Vergesellschaftung. Damit gingen rund 500 Jahre verschiedener Etappen kolonialer Ausweitung des sich entwickelnden Kapitalismus zu Ende. "Das überraschendste Ereignis der gesamten Kolonialgeschichte war das Tempo, in dem die Imperien untergingen. Noch im Jahr 1939 schienen die Kolonialreiche auf dem Höhepunkt zu stehen, doch 1965 hatten sie praktisch zu bestehen aufgehört" (Fieldhouse 1965:331). Erst hier begann für die peripheren Gesellschaften die Geschichte ihrer anonymen Vergesellschaftung über den nunmehr von den imperialen Grenzen freier Konkurrenz und freien Handels befreiten kapitalistischen Weltmarkt.

Damit zeigt sich noch einmal, wie eingeschränkt der von England etablierte Freihandel seinen Namen verdient, und wie sehr die Rede vom Konkurrenzkapitalismus des 19. Jahrhunderts an den Tatsachen vorbeigeht. Nicht die Konkurrenz ist die Voraussetzung der kapitalistischen Produktionsweise. Umgekehrt, die Herrschaft des Kapitals ist die notwendige Voraussetzung der historischen Entwicklung freier Konkurrenz. "Die Konkurrenz ist überhaupt die Weise, worin das Kapital seine Produktionsweise durchsetzt" (Marx 1974b:617). Ob innerhalb nationaler Grenzen oder im Weltmaßstab, die Konkurrenz ist Verwirklichungsbedingung und Erscheinungsform der Verwertungsbewegung des Kapitals. Der Formwandel der Konkurrenz ist Indikator für die Durchsetzung des Wertverhältnisses und damit Grundlage für die Periodisierung kapitalistischer Entwicklung. Ein "Regime des Freihandels" (Krüger 1986:100) kann überhaupt erst nach 1945 unter US-amerikanischer Hegemonie auf der Grundlage staatlicher Unabhängigkeit der kolonialen Territorien der Tendenz nach verwirklicht werden.

Mit dem modernen Staat hat das Kapital nicht nur die Form geschaffen, unter der es sich national entwickeln konnte; es hat in der Staatsform auch das Mittel gefunden, sich aus der nationalen Umklammerung zu befreien und seinem universellen Herrschaftsanspruch globale Geltung zu verschaffen, ohne daß die ökonomische mit territorialer Expansion einhergehen muß. Erst die Form staatlicher Unabhängigkeit schafft den institutionellen Rahmen für eine innere Ordnung der kolonialen Gesellschaften, die ihre gewaltfreie, nicht mehr mit territorialer Expansion einhergehende, rein ökonomische Durchdringung von außen ermöglicht. Während die staatliche Verfaßtheit für die ehemaligen Kolonien zur Beteiligungsbedingung an der

Weltgesellschaft wird, wird sie für das internationale Kapital zum Einfallstor für den Zugriff auf das gesellschaftliche Arbeitsvermögen.

Der periphere Staat, dessen institutionelle und administrative Grundlage bereits durch die Kolonialverwaltungen gelegt wurde und der somit zur kolonialen Erbmasse gehört, wird selbst zum Garanten für die Integration in den kapitalistischen Weltmarkt. Herstellung und Garantie kapitalistischer Eigentumsverhältnisse sind in die Hände derer gelegt, denen sie zuvor noch von außen aufgezwungen wurden. Daß diese Aufgabe unter den Bedingungen der gleichzeitigen Existenz bürgerlich-kapitalistischer und vorbürgerlicher Vergesellschaftungsformen nicht weniger gewaltförmig verlaufen kann als etwa in der europäischen Geschichte und die unterschiedlichsten Ausprägungen autoritärer Staatsformen hervorbringen muß, liegt in der Natur der Sache. Denn die Herstellung kapitalistischen Eigentums und die Garantie bürgerlicher Rechtsverhältnisse erschöpft sich nicht in der Verordnung neuen Rechts. Sie unterstellt vielmehr eine Veränderung des gesamten Modus der Vergesellschaftung und macht zuallererst die Zerstörung des traditionalen Systems bodenständigen Lebens durch die Verwandlung von Grund und Boden in Privateigentum notwendig.

In Europa war der Prozeß, das verwachsene Verhältnis des mittelalterlichen Menschen mit seinem Land aufzulösen, die persönliche Natur feudalen Grundbesitzes in das sachliche Verhältnis bürgerlichen Eigentums zu überführen und Grund und Boden in eine käufliche Ware zu verwandeln, ein langer, von Fehden, Aufständen, Revolutionen und Kriegen begleiteter Weg. Dieser Prozeß aber war die Voraussetzung dafür, Macht und Reichtum des Adels, die auf Grundeigentum und Geburtsprivileg gegründet waren, nach und nach dem beweglichen Vermögen zu unterwerfen, das die Grundlage der Macht der Bourgeoisie darstellt. Die Kommerzialisierung des Bodens durch die allmähliche Liquidierung feudaler Rechte fand erst nach mehr als einem halben Jahrtausend im Code Napoléon seine europäische Verbreitung als Bestandteil des zivilen Rechts und wurde erst in dieser Form zur Grundlage der legalen, juristisch verankerten Durchsetzung kapitalistischer Eigentumsrechte.

Es besteht daher eine "große Ähnlichkeit zwischen der heutigen Situation in den Kolonien und der Lage Westeuropas vor einem oder zwei Jahrhunderten. Aber die Mobilisierung des Bodens, die in exotischen Regionen in wenigen Jahren oder Jahrzehnten erfolgen mochte, mag in Westeuropa ebensoviele Jahrhunderte gedauert haben" (Polanyi 1978:244). Für den peripheren Staat ist die Jahrhundertaufgabe der Umwälzung oft jahrtausendealter Lebensverhältnisse zur Aufgabe von Jahrzehnten geworden.

Bei der Bewältigung dieser Aufgabe muß der periphere Staat zwangsläufig in Widerspruch zu den Grundlagen seiner eigenen Existenz geraten. Denn der Aufgabe kapitalistischer Transformation stellt sich hier kein demokratisch-gewaltenteiliger Staat, wie er sich auch in Europa erst als Resultat eines sich vollendenden kapitalistischen Transformationsprozesses herausgebildet hat, sondern ein Staat, der nur die je spezifische Gestalt der Heterogenität der ihm unterliegenden gesellschaftlichen Strukturen zum Ausdruck bringt. In ihm verschmelzen traditionale und moderne Elemente zu mehr oder weniger autoritärer Herrschaft, und es kommen sowohl gewaltförmige wie verrechtlichte Mittel der Herrschaftssicherung zur Anwendung. Dabei sind es die traditionalen Elemente dieses Amalgams, die immer mehr in Widerspruch zur Aufgabe der kapitalistischen Umwälzung gegebener Lebensverhältnisse geraten und die sich dann zu den unterschiedlichsten Formen personalistisch-autoritärer Herrschaft ausprägen. Mit der Verschränkung vermachteter und verrechtlichter Verhältnisse reproduziert sich im Innenraum der neu entstandenen peripheren Staaten eine Struktur, die zuvor noch als Zivilisationsgrenze zwischen Metropolen und Peripherie verlief, durch den Dekolonisationsprozeß aber aus den nun zwischenstaatlichen Beziehungen verschwunden ist. Sie ist zum Charakteristikum der inneren Verhältnisse der peripheren Gesellschaften geworden.

So wie im Innern der entstehenden kapitalistischen Staaten die Verdoppelung der Gesellschaft in (politischen) Staat und (bürgerliche) Gesellschaft, die Trennung der Herrschaft in politische und ökonomische Herrschaft und des Individuums in Citoyen und Bourgeois der Verwirklichung der bürgerlichen Gesellschaft zu einer vollendeten Totalität vorausgesetzt ist und auch historisch vorausgeht, so auch auf der Ebene von Weltgesellschaft. Hier entspricht die souveräne Gleichheit der Staaten der rechtlichen Gleichheit der Staatsbürger. Ihre reale Ungleichheit aber liegt - wie bei den bürgerlichen Individuen auch - in den ökonomischen Bedingungen ihrer Existenz begründet. Wie dort Freiheit und Gleichheit zur Voraussetzung des bürgerlichen Rechts auf Aneignung der Resultate fremder Arbeit und damit zur Bedingung ökonomischer Ungleichheit der gesellschaftlichen Individuen werden, so werden auf globaler Ebene Unabhängigkeit und formale Gleichheit der Staaten zur Voraussetzung des von kolonialen Diskriminierungen freien und unbehinderten Zugriffs des Kapitals auf das weltweite Arbeitsvermögen und damit zur Bedingung einer ökonomisch begründeten Hierarchie der Staaten.

Im System der seit 1945 geschaffenen internationalen Organisationen greift dieses Grundmuster bürgerlicher Vergesellschaftung anschaulich auf den Weltzusammenhang über. Während die Vereinten Nationen als Nachfolger des von den Vereinigten Staaten angeregten Völkerbundes die formale Staatengleichheit im "one country, one vote" repräsentieren, richtet sich in den ebenfalls unter der Pax Americana etablierten wirtschaftlichen Institutionen wie Weltbank und IWF das Stimmrecht nach den Anteilen am Grundkapital bzw. nach den Rücklagen der Mitgliedsstaaten und damit der Einfluß nach der ökonomischen Potenz der Mitglieder.

Die USA wurden zum entscheidenden Motor des Übergangs zu dieser nachkolonialen Struktur des internationalen Systems. Bereits seit der Jahrhundertwende verfolgten die Vereinigten Staaten eine Außenpolitik, mit der sie "den traditionellen Kolonialismus bekämpften und statt dessen eine Politik der offenen Tür befürworteten, durch die Amerikas überlegene Wirtschaftsmacht sich auf alle unterentwickelten Gebiete der Welt ausdehnen und sie beherrschen konnte" (Williams 1973:48). Auch wenn die Türen zur ökonomischen Durchdringung von den USA selbst noch z.T. mit militärischen Mitteln geöffnet wurden, weil die internationalen Bedingungen rein marktförmiger Eroberung noch nicht entwickelt waren, so zeichnet sich in der Politik der "open door" bereits ab, was unter der Pax Americana allgemeines Prinzip wurde: sich gegen direkte koloniale Herrschaft zu wenden.

Endgültig wurde die Tür für eine marktförmige Eroberung der Welt erst durch den Dekolonisationsprozeß zwischen 1940 und 1965 geöffnet. Dem durch die staatsförmige Unabhängigkeit möglich werdenden Zugriff auf das global verteilte Arbeitsvermögen entsprach auf der anderen Seite der Auf- und Ausbau eines komplexen Systems internationaler Institutionen und Reglements, die es dem Kapital erst ermöglichten, seiner neuen Aufgabe gerecht zu werden. Dabei standen die unter Führung der USA unmittelbar zu Kriegsende ins Werk gesetzte Regeneration der internationalen Währungsverhältnisse durch das Bretton-Woods-Abkommen und die Handelsliberalisierungen auf Grundlage des Allgemeinen Zoll- und Handelsabkommens GATT im Mittelpunkt der Neuordnung der Weltwirtschaft. Der kontinuierliche Abbau von Handelshemmnissen wirkte sich allgemein beschleunigend auf den Welthandel aus. Bedeutender noch aber war die Schaffung der währungs- und finanzpolitischen Steuerungsinstrumente IWF und Weltbank, um die mit dem Abbau des globalen Protektionssystems notwendig werdende Internationalisierung des Kapitals zu gewährleisten.

Das Gold, das sich zur Zeit der napoleonischen Kriege als weltweit anerkannte Geldware durchzusetzen begann und im ersten Drittel des 19. Jahrhunderts als notwendige Begleiterscheinung des britischen Freihandels zum Standard erhoben wurde, konnte die gestiegenen Anforderungen des internationalen Kredit- und Finanzverkehrs allein nicht mehr erfüllen. Bereits auf der Währungskonferenz von Genua 1922 war ein Gold-Devisen-Standard eingeführt worden, wo neben dem Gold die Devisenbestände von Dollar und Pfund Sterling als Grundlage der Konvertibilität dienten. "Mit der Aufhebung der Konvertibilität des Pfund Sterling im Jahre 1931 erodierte das wichtigste Medium globaler Hegemoniesicherung" (Altvater 1987:202). Bereits drei Jahre später, 1934, wurde mit 35 US-Dollar je Feinunze eine Parität des Dollars zum Gold festgelegt, die in Bretton Woods 1944 zur Grundlage der neuen Währungs- und Hegemonialordnung wurde und die bis 1971 als ein System fester Wechselkurse die Basis für die Internationalisierung des Kapitals darstellte.

Mit der Internationalisierung des Warenkapitals, des produktiven Kapitals und des Geld- bzw. Finanzkapitals schließt die Internationalisierung alle Formen des Kapitals ein. Wenn auch stark vereinfacht, und ohne daß sich zwischen den einzelnen Formen der Internationalisierung des Kapitals feste Grenzen ziehen lassen, kann die Entfaltung des Kapitalverhältnisses auf dem Weltmarkt doch anschaulich als historische Stufenleiter gefaßt werden: In den enormen Steigerungsraten des Warenverkehrs seit den 50er Jahren, der Internationalisierung des produktiven Kapitals besonders in Form transnationaler Unternehmungen und steigender Bedeutung von Direktinvestitionen in den 60ern und der überproportionalen Ausweitung des Kreditsystems seit den 70er Jahren drücken sich die verschiedenen Seiten der Entwicklung marktförmiger Expansion über den kapitalistischen Weltmarkt aus (vgl. Altvater 1983:230ff). "Erst als alle Formen des Kapitals - Waren, Produktionsmittel, Geld - internationalisiert sind und sich auch die ihrem Regelungsbedarf entsprechenden institutionell-politischen Formen ausgebildet haben, kann von einem entwickelten Weltmarkt gesprochen werden" (ders. 1987:232).

Mit der Ausbildung des kapitalistischen Weltmarktes treten aber auch die dieser Produktionsweise immanenten Kräfte und Widersprüche als Dimensionen des internationalen Systems hervor. "Die Wiederherstellung des Weltmarkts und die Internationalisierung der Produktion unter amerikanischer Hegemonie verschärfen die internationale Konkurrenz, die im Rahmen der 'Pax Americana' im wesentlichen mit friedlichen Mitteln, d.h. durch beschleunigte technologische Innovation ausgetragen wurde. Die imperialistische Konkurrenz entwickelt sich immer deutlicher zu einem technologischen Modernisierungskampf der nationalen Kapitalismen" (Hirsch/Roth 1986:53).

Bereits Mitte bis Ende der 60er Jahre hatten die westeuropäischen Staaten und Japan die Kriegsfolgen überwunden und den Konkurrenzvorsprung der USA weitgehend aufgeholt. Der Verlust des Produktivitätsvorsprungs aber ließ das System fester Wechselkurse, dessen Grundlage weitgehend stabile Relationen der realen Akkumulationsbedingungen waren, erodieren. Damit begann die Erosion der uneingeschränkt hegemonialen Position der USA, deren Grundlage - wie schon vorher die der Hegemonie Großbritanniens - der reale Vorsprung in der Produktivkraft der Arbeit und die Position als Hauptgläubiger für den weltweiten Kapitalbedarf war.

Der Zusammenbruch des internationalen Währungssystems zu Beginn der 70er Jahre und der Übergang zu einem System flexibler Wechselkurse markiert den Niedergang des amerikanischen Jahrhunderts, "das sich schließlich als eine Episode von kaum mehr als fünfundzwanzig Jahren entpuppt" (Hobsbawm 1981:38). Zwar behielt der Dollar auch nach Aufhebung seiner Goldbindung 1971 und der Aufhebung fester Währungsparitäten 1973 noch seine Funktion als Weltgeld und beläßt den nationalen Institutionen der USA so einen erheblichen Einfluß auf die Steuerung globaler ökonomischer Entwicklungsprozesse; das zurückgehende Gewicht der US-Ökonomie in der Weltwirtschaft, der vergleichsweise rückläufige Anstieg der Arbeitsproduktivität und der seit Beginn der 80er Jahre einsetzende Übergang vom Hauptgläubiger weltweiten kapitalistischen Wachstums zum größten Kapitalimporteur aber bedeutet die Erosion der realökonomischen Grundlagen der hegemonialen Position der USA innerhalb der kapitalistischen Weltwirtschaft und den Verlust des US-Dollar als verläßlich regulierendes Steuerungszentrum des Weltmarktes.

Daß sich, anders als in den 30er Jahren, in den 80ern kein neuer nationalstaatlich verfaßter Hegemon der globalen Durchsetzung kapitalistischer Verhältnisse herausbilden konnte, ist selbst Resultat der Ausgleichsprozesse des zunehmend kapitalistisch organisierten Weltmarktes und der Tendenz zum Abstrakt-Werden kapitalistischer Herrschaft. Die nationale Dominanzposition der USA ist einem Trilateralismus bzw. Polyzentrismus zwischen den führenden kapitalistischen Zentren Westeuropa, Japan und den USA gewichen und legt sich zunehmend in ein komplexes System internationaler Institutionen und Reglements auseinander.

Nach wie vor aber steht die wachsende Internationalisierung ökonomischer Prozesse einer primär nationalstaatlich orientierten Politik gegenüber, so daß die Weltwirtschaft immer stärker der politischen Steuerbarkeit entzogen ist und sich "naturwüchsig", jenseits bewußter (welt)gesellschaftlicher Planung und Gestaltung entwickelt. Mit der Erosion der hegemonialen Position der USA zeichnet sich so ein neuer Widerspruch ab: Zusehends wird das globale Netz nationalstaatlicher Verfaßtheit, das zuvor noch zu einer neuen Qualität konkurrenzbestimmter Ausweitung kapitalistischer Verhältnisse geführt hatte, selbst zum Hindernis für die weitere Entfaltung des kapitalistischen Weltsystems. Die Beseitigung nationaler Grenzen und mit ihnen die Beseitigung noch verbliebener Grenzen freier Konkurrenz liegt ebenso in der Logik der Vertiefung globaler kapitalistischer Vergesellschaftung, wie die Transformation noch bestehender traditionaler Produktions- und Lebensverhältnisse in der Logik ihrer horizontalen Ausweitung liegt. Die Schaffung des europäischen Binnenmarktes ist nur ein Indikator für diese Entwicklung. Bisher aber waren "alle Versuche, dieser Entwicklung durch die Schaffung handlungsfähiger politischer Instanzen auf supranationaler Ebene entgegenzutreten, wenig erfolgreich" (Lutz 1984:243), so daß die abnehmende Bedeutung nationaler Steuerungsprozesse nicht kompensiert werden konnte.

Damit entwickelt sich das für die bürgerliche Gesellschaft charakteristische Verhältnis von Politik und Ökonomie auf der Ebene von Weltgesellschaft in gleicher Weise wie im nationalen Rahmen. So wie die Individuen hier der vergesellschaftenden Macht kapitalistischer Strukturen unterworfen sind, ohne sich dieser Kräfte vollends bewußt zu sein, und die politische

Steuerung daher erst jenseits dieser Strukturen einsetzt, so ist auch die politisch bewußte Gestaltung weltgesellschaftlicher Entwicklungen durch die nationalstaatlich verfaßten Akteure der realen Vergesellschaftung über den kapitalistischen Weltmarkt nachgeordnet. "Der Lernprozeß der Menschheit über das, was mit ihr ungeplant vor sich geht, ist ein langsamer Prozeß und hinkt mehr oder weniger beträchtlich hinter dem sozialen Prozeß einher, in dem sich die Gesellschaft jeweils befindet" (Elias 1987:221). Immer gehen die katastrophalen Folgen der Ausweitung der kapitalistischen Gesellschaft zur Weltgesellschaft dem Versuch ihrer Lösung voraus, und die zivilisatorischen Seiten kapitalistischer Entwicklung ergeben sich nur als säkulare Trends, nicht aber als Resultate bewußter sozialer Gestaltung weltgesellschaftlicher Entwicklungen.

Die seit Ende der 70er, Anfang der 80er Jahre von den neuen hegemonialen Kräften innerhalb der kapitalistischen Metropolen betriebene Politik der Revitalisierung des Kapitalismus und damit der Renaissance des Marktes als Steuerungszentrum gesellschaftlicher Entwicklungen verstärkte im Innern dieser Staaten ebenso wie auf globaler Ebene die immanenten Widersprüche dieser Produktionsweise und begünstigte in den 80er Jahren die Tendenz zur Verstetigung der strukturellen Überakkumulation, die sich als endogenes Resultat der vorangegangenen zweiten großen Periode beschleunigter zyklenübergreifender Kapitalakkumulation ergeben hatte und in der Weltwirtschaftskrise Mitte der 70er Jahre manifest geworden war. "Während die Weltwirtschaftskrise Ende der 20er / Anfang der 30er Jahre eher einen gewaltsamen Abbruch der beschleunigten Kapitalakkumulation der Vorperiode darstellte und in ihrer Spezifik wesentlich die Ausdrucksweise des noch verhältnismäßig unentwickelten Kapitalismus ist, markiert die strukturelle Überakkumulation seit Anfang / Mitte der 70er Jahre die Beendigung der kapitalistischen Prosperität, die zuvor allererst zu ihrer vollen Blüte und Entfaltung gelangt war" (Krüger 1986:907).

Sieht man einmal von den regional begrenzten Dynamisierungen kapitalistischen Wachstums wie etwa in den ostasiatischen Schwellenländern ab, so hat sich nach dem Übergang von der Nachkriegsprosperität in die Weltwirtschaftskrise unter der Hegemonie neokonservativer Kräfte keine neue globale Prosperitätskonstellation herausgebildet. Der seit 1982 in den entwickelten kapitalistischen Zentren wieder einsetzende konjunkturelle Aufschwung zeigt vielmehr deutlich die Symptome struktureller Überakkumulation. Die sich im Normalfall kapitalistischen Wachstums auf bestimmte Phasen des industriellen Zyklus beschränkende Akkumulationsschwäche, die über verschärfte Konkurrenz zur systemnotwendigen Kapitalvernichtung führt, um schließlich in neues Wachstum auf erweiterter Stufenleiter der Produktion überzugehen, ist zur prägenden Struktur des gesamten Zyklus geworden. Das Nebeneinander von massenhaft überschüssiger Erwerbsbevölkerung und einem Übermaß an Kapital, die sich im normalen Gang konjunkturellen Aufschwungs wieder zur gesellschaftlichen Reichtumsproduktion kombinieren, ist seit Mitte der 70er Jahre unter den Bedingungen chronischer Überakkumulation zu einer dauerhaften Begleiterscheinung der ökonomischen Entwicklung in den kapitalistischen Zentren geworden. Dieses Problem konnte allenfalls, wie etwa in den USA, durch die Ausweitung deregulierter Arbeitsverhältnisse, besonders im tertiären Sektor, verdeckt werden. Auf der anderen Seite zieht sich eine verschärfte Konkurrenz des Kapitals mit der Folge anhaltender Kapitalvernichtung und verstärkter Rationalisierung durch alle Phasen des konjunkturellen Zyklus.

Der Wirtschaftsaufschwung in den kapitalistischen Zentren im Anschluß an die Weltwirtschaftskrise 1980-82 ist dann auch nicht Ausdruck eines selbsttragenden Wachstums auf erweiterter Stufenleiter industrieller Produktion wie während der Nachkriegsprosperität, sondern wesentlich Resultat einer durch die Verschiebung der hegemonialen Kräfteverhältnisse möglich gewordenen Umverteilung der Anteile der Klassen und Gruppen am gesellschaftlichen Reichtum. Die Deregulierung der während der Nachkriegsprosperität erreichten sozialstaatlichen Kompromisse, die Flexibilisierung bisheriger Grenzen der Kapitalverwertung und insgesamt eine Verbilligung der Arbeitskraft sind die Grundlagen für die Verbesserung der Verwertungsbedingungen des Kapitals. Der Wirtschaftsaufschwung in den 80er Jahren ist daher im wesentlichen nicht Resultat eines selbsttragenden Aufschwungs der Wachstumskräfte des produktiven Kapitals, sondern Resultat eines Aufschwungs in der Ausbeutung. Eine rückläufige Lohnquote, die Umverteilungen in den Transfereinkommen und staatlichen Dienstleistungen sind Belege für diese Tatsache.

Die Symptome und Widersprüche struktureller Überakkumulation in den entwickelten Zentren des Kapitalismus reproduzieren sich auf globaler Ebene in der internationalen Teilung der Arbeit. Die unter den Bedingungen eines entwickelten Banken- und Kreditsystems in Phasen konjunktureller Überakkumulation aus Mangel an Anlagesphären auftretende Tendenz, alles unbeschäftigte Geld in zinstragendes Kapital zu verwandeln, das als Anspruch auf zukünftig produzierten Mehrwert einen wachsenden Teil der Profitmasse des reproduktiven Kapitals einfordert, verwandelt sich in Phasen struktureller Überakkumulation in eine dauerhafte Disproportion zwischen Real- und Geldkapitalakkumulation und in "eine Suprematie des Kredit- und Finanzsektors, die zu einer zunehmenden Schranke der reproduktiven Kapitalanlage und -verwertung wird" (Bischoff/Krüger 1983: 156). Auf der Grundlage des erst in der Nachkriegsperiode zur vollen bürgerlichen Gestalt entwickelten internationalen Kreditsystems führt die Verstetigung der Überakkumulation seit der Weltwirtschaftskrise 1980-82 auch global zu einer Entkoppelung von realer und monetärer Akkumulation. Seit den frühen 70er Jahren expandieren daher die internationalen Kreditmärkte "mit Wachstumsraten, die weit oberhalb der Expansionsraten von Weltproduktion, Welthandel und realer Akkumulation liegen" (Altvater 1987:217). In den 80er Jahren ist die "Abkoppelung der Finanzmärkte von der Realwirtschaft" zu einem herausragenden Trend geworden (Globale Trends 1991:130).

Die eigentliche Funktion der Finanzmärkte, die Verteilung der gesellschaftlichen Ressourcen und Investitionen auf die produktiven Bereiche vorzunehmen, tritt dabei immer mehr zugunsten spekulativer Kapitalbewegungen in den Hintergrund. Die Aufhebung vieler Kontrollmechanismen im Zuge der Deregulierungspolitik tun ein übriges, diesen Trend zu verstärken und den Finanz- und Kreditmärkten immer größere Bereiche des gesellschaftlichen Gesamtkapitals zu erschließen. "So wie sie heute funktionieren, sind die Weltfinanzmärkte - der am meisten integrierte und deregulierte Teil der Weltwirtschaft - zu einer Konkurrenz der politischen Elemente, Strukturen und Regeln der Weltwirtschaftsordnung geworden" (ebd.: 131). Die aufgrund von Verwertungsschwierigkeiten und Deregulierung gegenüber ihren realwirtschaftlichen Grundlagen verselbständigte Bewegung spekulativen Kapitals an den internationalen Finanz- und Devisenmärkten zeigt sich deutlich in den Börsencrashs vom Oktober 1987 und 1989. "Spekulanten mögen unschädlich sein als Seifenblasen auf einem steten Strom der Unternehmenslust. Aber die Lage wird ernsthaft, wenn die Unternehmenslust die Seifenblase auf einem Strudel der Spekulation wird" (Keynes 1966:134).

Verstärkt durch die zunehmend auf Verschuldung basierende Industrialisierung der Dritten Welt seit Beginn der 70er Jahre und den kreditfinanzierten Wirtschaftsaufschwung der USA seit Beginn der 80er Jahre führt die strukturelle Überakkumulation, "die diese Disproportion und den Widerspruch zwischen Real- und Geldkapitalakkumulation erst hervorbringt" (Bischoff/Krüger 1983:159), in die Instabilitäten des Weltwährungssystems und infolge des Zinsanstiegs zu Beginn der Dekade in die internationale Verschuldungskrise der 80er Jahre. Damit wird deutlich, daß auch "die Verschuldungskrise der Dritten Welt ein Teilaspekt der krisenhaften Zuspitzung der globalen monetären Weltmarktentwicklung... darstellt" (Schubert 1985:18). In die Wirtschaftsgeschichte der Entwicklungsländer werden die 80er Jahre "als Dekade der Verschuldungskrise eingehen" (Sangmeister 1992:328).

Die dauerhaft verschärfte Weltmarktkonkurrenz, internationaler Modernisierungsdruck und Verdrängungswettbewerb lassen gerade den am wenigsten produktiven Nationen kaum Chancen im Kampf um Weltmarktanteile und Wettbewerbspositionen, was die globalen Differenzierungen und Ungleichgewichte und die Unterentwicklung besonders der überschuldeten Teile der Dritten Welt verfestigt. Für die meisten Staaten der Dritten Welt haben sich in den 80er Jahren fast alle Entwicklungsparameter verschlechtert (vgl. Globale Trends 1991). "Die Weltbank bezeichnet deshalb die achtziger Jahre, ursprünglich als die 'Dritte Entwicklungsdekade' apostrophiert, als das 'verlorene Jahrzehnt', weil sie für viele Länder mit dramatischen Rückgängen des Pro-Kopf-Einkommens verbunden war" (Menzel 1992:10). Zugleich hat der radikal verschärfte internationale Verdrängungswettbewerb auch die Differenzierungsprozesse in der Dritten Welt beschleunigt. Während namentlich die Schwellenländer Ostasiens und China erhebliche Wachstumsraten zu verzeichnen haben, werden weite Teile des Südens zwangsweise vom Weltmarkt abgekoppelt. "Das gilt für schätzungsweise 40-50 Länder mit Schwerpunkt Afrika südlich der Sahara, Süd- und Zentralasien sowie die Andenregion in Lateinamerika. Diese Länder sind zu arm, um als Märkte von Interesse zu sein, sie verfügen über keine Rohstoffe, um als Lieferanten von Interesse zu sein, und sie sind auch nicht mehr, nach dem Wegfall des Ost-West-Konflikts, von politischem oder strategischem Interesse" (Menzel 1993:201).

Die tiefe Rezession zu Beginn der 90er Jahre hat die Differenzierungsprozesse, Asymmetrien und Probleme noch verschärft. Insgesamt hat der Versuch, durch eine Wiederbelebung der Marktkräfte zu einer Überwindung der strukturellen Akkumulationsschwäche zu kommen, weniger die Wachstumskräfte erneut entfesseln können, als vielmehr die immanenten

Widersprüche kapitalistischer Entwicklung sowohl im Innern der Metropolen wie auf globaler Ebene verstärkt hervortreten lassen. Überall schlägt der international verstärkte Wettbewerbsdruck als verschärfter sozialer Anpassungsdruck auf die innergesellschaftlichen Verhältnisse zurück. Daß die weltwirtschaftliche Krisenentwicklung der 80er und beginnenden 90er Jahre seit Mitte der 80er Jahre mit der Auflösung und schließlich dem Zusammenbruch der sozialistischen Staatenwelt zusammenfiel, tat ein übriges, die Widersprüche und Instabilitäten des internationalen Systems zu fördern.

Die durch die weltpolitischen und weltwirtschaftlichen Umbrüche beschleunigte Geschichte hat die politischen Planungs- und Steuerungskapazitäten überholt. In vielen Bereichen diktieren ungeplante Ereignisse den Fortgang des Geschehens. Tragfähige Konzepte zur Lösung der ökonomischen, politischen und sozialen Probleme und zur Stabilisierung der Weltlage fehlen. In der Öffentlichkeit schlägt sich diese Erfahrung in Politikverdrossenheit, Resignation und Zukunftsangst, aber auch in politischer Radikalisierung nieder. Selbst die wissenschaftliche Verarbeitung der weltpolitischen Ereignisse hinkt hinter den Entwicklungen her, weil mit der Dauerkrise des kapitalistischen Weltsystems und dem Ende der globalen Ost-West-Konfrontation die alten Ordnungsvorstellungen und der ganze Interpretationsrahmen für das weltweite Geschehen zusammengebrochen sind, ohne daß sich bislang ein neues Paradigma zur Erklärung der unübersichtlichen Weltlage durchgesetzt hat. Entsprechend reichen die Diagnosen der weltpolitischen Lage vom proklamierten "Ende der Geschichte" (Fukuyama 1992) über den bevorstehenden "Kampf der Kulturen" (Huntington 1993) bis zum globalen "Kollaps der Modernisierung" (Kurz 1991), der sich im Zusammenbruch des Staatssozialismus bereits ankündige, oder zu einem drohenden "Reich des Chaos" (Amin 1992). Auch in der Dritte-Welt-Forschung sind inzwischen "alle zentralen Begriffe ... mit Anführungszeichen versehen" worden (Nohlen/Nuscheler 1992:7). Angesichts der weltpolitischen Umbrüche und zunehmender Differenzierungsprozesse sei auch "Das Ende der Dritten Welt und das Scheitern der großen Theorie" (Menzel 1992) zu konstatieren. Da die großen Theorien der Entwicklungspolitik, die Modernisierungs- und Dependenztheorie, nicht mehr in der Lage sind, die zunehmenden Differenzierungen zu erklären, sei unter den gegebenen Umständen für Theorien "mittlerer Reichweite" zu plädieren.

Ein solcher Weg aber scheint wenig geeignet, die verlorengegangene Orientierung wiederzugewinnen und zu einem Verständnis der globalen Entwicklungen zu kommen. Die Notwendigkeit, das Ganze zu denken, läßt sich nicht durch die Flucht in das Stückwerk separater Diskussions-, Denk- und Theorieansätze umgehen. Erst wenn die gegenläufigen Tendenzen von Vereinheitlichung und Differenzierung, Globalisierung und Regionalisierung, Verflechtung und Abkoppelung usw. als unterschiedliche Seiten ein und desselben Prozesses globaler kapitalistischer Entwicklung verstanden und in einer umfassenden Theorie verarbeitet sind, können sich von ihr ausgehende, differenzierte Diskussions-, Denk- und Theorieansätze sinnvoll ergänzen. So sind auch Modernisierungs- und Dependenztheorie nicht an der Heterogenität und fortschreitenden Differenzierung ihres Gegenstandes, sondern an den theoretischen Schwächen und Vereinseitigungen des ihnen zugrunde liegenden entwicklungspolitischen Denkens gescheitert. Globale Differenzierungsprozesse, Asymmetrien, Ungleichzeitigkeiten und Heterogenitäten sind nichts Neues, sondern dauerhafte Begleiterscheinungen der Moderne. Ihr durch die weltgeschichtlichen Entwicklungen verstärktes Auftreten macht eine einheitliche theoretische Perspektive notwendiger denn je. Dies gilt nicht nur für die entwicklungspolitische Diskussion. Auch das Kriegsgeschehen seit 1945, in der zweiten Phase kapitalistischer Entwicklung, läßt sich nur aus einem einheitlichen gesellschaftstheoretischen Ansatz heraus erklären.

Wie bereits an der Entwicklung innerhalb der Metropolen gezeigt werden konnte, daß die politisch forcierte Renaissance des Marktes als Steuerungszentrum gesellschaftlicher Entwicklungen die Tendenz zu einer dauerhaften Pazifizierung gesellschaftlicher Konflikte umgekehrt hat, ohne sich jedoch unmittelbar in eine Zunahme politischer Gewalt oder gar kriegerischer Konflikte umzusetzen, so gibt es auch auf globaler Ebene keinen Anhaltspunkt dafür, daß sich die infolge struktureller Überakkumulation verschärfte Weltmarktkonkurrenz unmittelbar in einen Anstieg kriegerischer Konflikte umgesetzt hat. Wohl aber hat sich gerade in den überschuldeten Teilen der Dritten Welt seit Beginn der 80er Jahre - nicht zuletzt infolge einer am Vorbild neokonservativer Politik zunehmend marktorientierten Kreditvergabepraxis von IWF und Weltbank, die die Anpassungslasten an die Strukturkrise des kapitalistischen Weltsystems auf die Schuldnerländer überträgt und diese zu z.T. sozial katastrophalen Maßnahmen zwingt - eine deutliche Verengung gesellschaftlicher Gestaltungsspielräume ergeben, die sich hier auch wegen fehlender sozialstaatlicher Abfederung sehr viel direkter in gewaltsame soziale Konflikte niederschlagen kann als in den kapitalistischen Zentren. Als Indikator sei hier nur die Zunahme von sogenannten IWF-riots und spontanen Hungerrevolten in den 80er Jahren angeführt. Zu kriegerischen Auseinandersetzungen haben sich diese Konflikte aber nicht ausgeweitet. Für einen aus wachsendem sozialen Druck im Innern und verschärfter Konkurrenz um Wettbewerbspositionen gespeisten Anstieg zwischenstaatlicher Kriege in der Dritten Welt findet sich ebenfalls kein Beleg. Auch zwischen den kapitalistischen Metropolen hat die seit Mitte der 70er Jahre dauerhaft verschärfte Konkurrenz ganz im Gegensatz zur ersten Periode kapitalistischer Entwicklung nicht zu einer in kriegerische Auseinandersetzungen einmündenden globalen Machtrivalität, ja nicht einmal zu dauerhaft erhöhten politischen Spannungen geführt.

Zwar ist seit Mitte der 70er Jahre erneut ein deutlicher Anstieg der weltweit geführten Kriege zu verzeichnen (vgl. z.B. Gantzel/Schwinghammer/Siegelberg 1992), der mit dem Übergang von der Nachkriegsprosperität in strukturelle Überakkumulation zusammenfällt; es wäre aber entschieden zu kurz gedacht, zwischen beiden Entwicklungen einen unmittelbaren Zusammenhang zu konstruieren. Ein Trend zum Anstieg kriegerischer Konflikte, der auf den Formwandel der Konkurrenz hin zu einem dauerhaft verstetigten und global ausgreifenden Verdrängungswettbewerb zurückzuführen ist, läßt sich empirisch nicht belegen. Unterhalb der Schwelle zu kriegerischem Konfliktaustrag aber hat die neue Stufe global entfesselter Konkurrenz innerhalb der weltmarktintegrierten Gesellschaften ohne jeden Zweifel zu wachsenden sozialen Spannungen geführt und so die latent gegebenen gesellschaftlichen Konfliktpotentiale verstärkt.

In den kapitalistischen Metropolen treten durch den sozialen Anpassungsdruck zunächst nur die immanenten Widersprüche kapitalistischer Vergesellschaftung deutlicher hervor, was allmählich zur Erosion des breiten Nachkriegskonsenses führt. Nach und nach legt diese Entwicklung aber auch die unter der dünnen Schicht einer gerade 30jährigen Nachkriegsprosperität verborgenen Sedimente vergangener gesellschaftlicher Entwicklungsstufen frei. Die Dämonen der Vergangenheit erwachen. "In allen kritischen Augenblicken des sozialen Lebens des Menschen sind die rationalen Kräfte, die dem Wiedererwachen der alten mythischen Vorstellungen Widerstand leisten, ihrer selbst nicht mehr sicher... Diese Stunde kommt, sobald die anderen bindenden Kräfte im sozialen Leben des Menschen aus dem einen oder anderen Grunde ihre Kraft verlieren und nicht länger imstande sind, die dämonischen Kräfte zu bekämpfen" (Cassirer 1985:364). Mythologisch-religiöse Sehnsüchte, wieder erwachender Nationalismus, Fremdenfeindlichkeit und Rassismus, zunehmende Erfolge vor allem radikaler Rechtsparteien und eine sich bislang noch weitgehend im vorpolitischen Raum artikulierende wachsende Gewaltbereitschaft sind in den kapitalistischen Metropolen durchgängige Symptome der Erosion einer bereits als Naturzustand gesellschaftlicher Entwicklung begriffenen Nachkriegsprosperität, deren Verstetigung dem Neokonservatismus nicht gelingt. Im Zuge des langen Abstiegs in die schwere Krise der 90er Jahre brechen Konflikte auf, die sich zwar als Folge bürgerlicher Entwicklung ergeben, sich aber nicht mehr allein entlang den immanenten Konfliktlinien kapitalistischer Vergesellschaftung artikulieren. Durch das Aufbrechen von Relikten vergangener Epochen reichern sich die systemimmanenten Konfliktlinien mit diesen systemfremden Elementen an und prägen sich zu neuen Formen aus. "Neue" Konfliktlinien verselbständigen sich neben den bestehenden und lassen die Konsensbildung über die bislang erfolgreichen Integrationsmechanismen zunehmend problematischer werden.

In den Übergangsgesellschaften der Dritten Welt, wo die Elemente vorbürgerlicher Epochen nicht erst durch eine Krisenphase der bürgerlichen Gesellschaft erneut freigelegt werden müssen, sondern wegen des bislang unabgeschlossenen Transformationsprozesses noch als unmittelbar lebensbestimmende Momente gesellschaftlicher und individueller Reproduktion wirksam sind, speist sich der global verstärkte Anpassungsdruck in das bestehende Netz der ganz unterschiedlichen, die Gesellschaft durchziehenden Konfliktlinien ein und verstärkt die latenten Konfliktpotentiale. Neben den aus traditionalen Verhältnissen ererbten und mitgeschleppten Konflikten werden hier besonders diejenigen Konfliktpotentiale verstärkt, die sich entweder aus den sozialen Widersprüchen kapitalistischer Vergesellschaftung selbst ergeben oder sich aus den Gegensätzen kapitalistischer und traditionaler Vergesellschaftung herleiten.

In bezug auf den Zusammenhang zwischen kapitalistischer Epochenentwicklung und weltweitem Kriegsgeschehen kann damit festgehalten werden, daß mit der Erosion der bisher unangefochten hegemonialen Position der USA, dem Übergang von der Nachkriegsprosperität in eine Phase struktureller Überakkumulation und dem Entstehen eines neuen hegemonialen Blocks sozialer Kräfte in den wichtigsten kapitalistischen Staaten zwar eine weltweite Tendenz zur Verschärfung gesellschaftlicher Konflikte einhergeht; auf der empirischen Ebene aber haben diese Entwicklungen hinsichtlich des Kriegsgeschehens bisher keinen eindeutig zurechenbaren Niederschlag gefunden. In der übergreifenden Betrachtung der historischen Entwicklung der kapitalistischen Produktionsweise hat damit bis in die 90er Jahre hinein Bestand, was sich an strukturellen Veränderungen mit der zweiten großen Prosperitätsperiode kapitalistischer Entwicklung hinsichtlich des Kriegsgeschehens ergeben hat.

Die auffälligste Veränderung des weltweiten Kriegsgeschehens faßt István Kende zusammen: "Vor dem Zweiten Weltkrieg... war Europa das Epizentrum fast aller wichtigen und besonders der weltpolitisch wichtigen Kriege, und zwar seit einigen Jahrhunderten. Nach 1945 hingegen wurde Europa ein Kontinent fast ohne Krieg. Mit anderen Worten: der Hauptschauplatz der Kriege unserer Zeit wurde die sogenannte Dritte Welt, Lateinamerika, Asien und Afrika" (Kende 1982:9). In dieser geographischen Verschiebung der Kriege faßt sich eine Reihe ihr unterliegender Veränderungen zusammen, die entlang den bisher aufgemachten theoretischen Unterscheidungen bilanziert werden sollen.

Zunächst einmal kann festgehalten werden, daß von den weltweit 185 Kriegen des Zeitraums zwischen 1945 und 1993 keiner innerhalb derjenigen Staaten stattfand, in denen sich der Kapitalismus zu einer entwickelten bürgerlichen Totalität ausgeformt hat. Seit dem Ende des Zweiten Weltkriegs sind die Staaten Nordamerikas und die entwickelten bürgerlichen Gesellschaften Westeuropas kriegsfrei. Von den zwölf europäischen Kriegen dieses Zeitraums haben vier in den ehemals sozialistischen Staaten stattgefunden. Mit Ausnahme des Ungarn-Aufstandes 1956 haben sich diese Kriege - Rumänien 1989, Moldawien 1992 sowie der seit 1991 andauernde Zerfall des früheren Jugoslawiens - erst im Gefolge des Zusammenbruchs des Ostblocks entwickelt. Die anderen acht, von denen nur noch der Bürgerkrieg in Nordirland andauert, haben ausnahmslos in der sozioökonomisch vergleichsweise gering entwickelten und bürgerlich noch unausgeformten europäischen Peripherie stattgefunden. In keinem dieser Kriege aber können die zentralen Ursachen aus den Widersprüchen kapitalistischer Vergesellschaftung abgeleitet werden.

Ähnlich wie sich in den bürgerlichen Gesellschaften aus den immanenten Widersprüchen kapitalistischer Vergesellschaftung kein Krieg mehr entwickelt hat, weil sich verrechtlichte und symbolische Formen gesellschaftlichen Konfliktaustrags durchgesetzt haben und Gewaltenteilung, Rechtsstaatlichkeit, Demokratie und allgemeiner Wohlstand ein bis heute wirksames Bollwerk gegen das Entstehen gewaltsamer Konflikte darstellen, so haben sich auch zwischen diesen Staaten tauschförmig verrechtlichte Beziehungen durchgesetzt. Die Pazifizierung innergesellschaftlicher Konflikte in den kapitalistischen Metropolen ergänzt sich auf internationalem Gebiet durch das vollständige Verschwinden kriegerischer Gewalt zwischen diesen Staaten. Seit 1945 hat zwischen den kapitalistischen Metropolen kein Krieg mehr stattgefunden. Die Konkurrenz der Ökonomien hat den Krieg der Mächte abgelöst.

Für die bürgerlichen Gesellschaften und ihre Beziehungen untereinander geht damit die lange und blutige Geschichte innergesellschaftlicher und zwischenstaatlicher Kriege zu Ende, die die Entwicklung des Kapitalismus zur bürgerlichen Gesellschaft über mehrere Jahrhunderte hinweg begleitet hat. In bezug auf den Zusammenhang von Kapitalismus und Krieg zeigt sich damit zweierlei: Einerseits ist die Entwicklungsgeschichte des Kapitalismus untrennbar mit Gewalt und Krieg verbunden, und der Kapitalismus hat mit den Produktivkräften auch die Destruktivkräfte entwickelt und die Tötungsmechanismen rationalisiert. Andererseits aber haben sich mit der Durchsetzung dieser auf die Produktion und den Austausch von Waren gegründeten Gesellschaft auch tauschförmige Beziehungen sowohl im Innern wie zwischen den entwickelten kapitalistischen Staaten als systemimmanente Grundlage der Pazifizierung gewaltsamer Konflikte verallgemeinert. Es kommt also zu Fehlschlüssen, wenn die kriegerische Spur des Kapitalismus im Innern wie nach außen als Eigenschaft des Kapitalismus und nicht als Bedingung seiner Entstehung und Durchsetzung gesehen wird.

Gewalt und Krieg "als Fortsetzung des Wirtschaftens mit... blutigen Mitteln" (Kondylis 1988:168) gehören als systemnotwendige Bedingung ganz und gar der handelskapitalistischen Vorgeschichte des Kapitalismus an. Das Zeitalter des Imperialismus war dann durch das Fortleben der aus dieser Zeit ererbten Gewohnheiten und Verhältnisse auf bereits industrieller Grundlage charakterisiert. Das Nebeneinander tauschförmig verrechtlichter und traditionell vermachteter gesellschaftlicher Strukturen, das sowohl in den sozialen Konflikten der gesellschaftlichen Klassen und Gruppen dieser Zeit als auch in der noch gewaltsamen Expansion der imperialistischen Staaten zum Ausdruck kam, verweist auf den heterogenen Block sozialer Kräfte, der dieser frühkapitalistischen und noch vordemokratischen Entwicklungsphase seinen Stempel aufprägte. Bereits Schumpeter hatte darauf hingewiesen, daß die Wesensmerkmale des Imperialismus nicht ohne weiteres aus dem Kapitalismus abgeleitet werden könnten und der Krieg ein atavistisches Überbleibsel sei, das überall dort verschwinden müsse, "wo der Kapitalismus in die Wirtschaft und die Wirtschaft in die Psyche der modernen Völker eingedrungen ist" (Schumpeter 1953:123). Aber erst nach dem Sieg über die sich in der faschistischen Ideologie noch einmal gegen die kapitalistische Modernisierung aufbäumenden vorindustriellen Relikte und seit die originär kapitalistischen Klassen allein die Auseinandersetzungen um die Form der Ausgestaltung bürgerlicher Lebensverhältnisse führen, konnten die alten kapitalistischen Staaten mit den tauschförmig verrechtlichten und pazifizierten Formen des gesellschaftlichen Verkehrs die zivilisatorischen Seiten des Kapitalismus als Frucht des kriegerischen Zivilisationsprozesses ernten.

In diesem Zusammenhang zeigt sich noch einmal, wie unabdingbar eine theoretisch fundierte Charakterisierung und Periodisierung der verschiedenen Epochen kapitalistischer Entwicklung für die Einschätzung des weltweiten Kriegsgeschehens ist. Sieht man beispielsweise Kapitalismus oder Demokratie bereits im letzten Jahrhundert oder gar noch früher als entwickelt an, so müssen die seitdem geführten Kriege zwangsläufig auch als Eigenschaft des Kapitalismus und nicht als Bedingung seiner Entstehung und Durchsetzung gewertet werden. Ähnliche Fehleinschätzungen ergeben sich dann auch in bezug auf das gesamte Kriegsgeschehen seit dem Ende des Zweiten Weltkriegs. Werden die engen Grenzen des historischen und geographischen Raumes, in dem sich der Kapitalismus voll entwickelt hat und in dem die systemimmanenten Möglichkeiten zur Pazifizierung innergesellschaftlicher Konflikte und des zwischenstaatlichen Verkehrs umgesetzt werden konnten, nicht gesehen, so läßt sich auch das Kriegsgeschehen außerhalb Westeuropas und Nordamerikas nicht widerspruchsfrei erklären.

In vollständigem Gegensatz zur Friedfertigkeit im Innern wie zwischen den entwickelten kapitalistischen Zentren scheint zunächst einmal ihr kriegerisches Engagement außerhalb ihrer eigenen geographischen Grenzen zu stehen. Denn in der Häufigkeit der Kriegsbeteiligungen führen drei der alten kapitalistischen Metropolen, die früheren Hegemonialmächte Großbritannien und die USA sowie Frankreich, die Rangliste der kriegführenden Staaten an (vgl. Gantzel/Meyer-Stamer 1986:77ff). "Tatsächlich haben

1945-1986 Großbritannien 16 mal, Frankreich 13 mal und die USA 12 mal Krieg geführt... Die Abwesenheit von Krieg in Nordamerika und Kerneuropa hat also ihre Kehrseite in Gestalt sehr kriegerischen Verhaltens der drei westlichen Metropolen in der Dritten Welt" (Gantzel 1988:32f).

Der eigentümliche Kontrast zwischen dem zivilisiert-unkriegerischen Verhalten in und zwischen den kapitalistischen Zentren und der hohen "Kriegsneigung" jenseits ihrer Territorien hat jedoch nichts Rätselhaftes. Um diesen scheinbaren Widerspruch im Verhalten der entwickelten kapitalistischen Staaten zu erklären, braucht weder die "Pathologie der Herrschenden" (Krippendorff 1985) noch die "Torheit der Regierenden" (Tuchman 1984) oder deren "Unfähigkeit, aus der Geschichte zu lernen" (Gantzel 1987) bemüht zu werden. Es reicht, den inneren Zusammenhang von kapitalistischer Epochenentwicklung und weltweitem Kriegsgeschehen herauszuarbeiten, um zu sehen, daß nicht dieser Widerspruch, sondern sein Fehlen paradox wäre.

Denn es sind weder "die" hochentwickelten Industriestaaten, die sich durch ein besonders kriegerisches Verhalten auszeichnen, noch richtet sich dieses gegen die Dritte Welt schlechthin. Mit Großbritannien, Frankreich und den USA, gefolgt von Belgien und den Niederlanden mit drei bzw. zwei Kriegsbeteiligungen (alle Angaben ohne Beteiligungen an UN-Kontingenten), sind es die alten kolonialen und imperialistischen Mächte, die die Kriegsbeteiligungen der kapitalistischen Industrienationen unter sich aufteilen. Selbst wenn man, wie Gantzel (1988:38ff), Neuseeland und Australien mit je drei Kriegsbeteiligungen dieser Gruppe zurechnet, ändert sich das Bild nicht, da beide Staaten - mit Ausnahme des Vietnamkrieges, in dem sie als regional betroffene Staaten allein das Commonwealth-Kontingent für den Kampf gegen den sich ausbreitenden Kommunismus stellten - nur Seite an Seite mit britischen Truppen gekämpft hatten. In ihren kriegerischen Aktivitäten können sie also ohne weiteres als verlängerter Arm der Kolonialmacht Großbritannien betrachtet werden. Da es die alten kolonialen und imperialistischen Mächte sind, die nach 1945 und auch nach der formalen Unabhängigkeit ihrer Gebiete in der Dritten Welt noch kriegerisch aktiv geworden sind, wundert es nicht, daß sich ihre Kriegsbeteiligungen nahezu ohne Ausnahme auf ihre ehemaligen kolonialen Einflußsphären beziehen.

Die hohe Signifikanz dieses Zusammenhangs wird nur durch die Kriegsbeteiligungen der USA abgeschwächt. Ihrer Beteiligung an vier Kriegen als

Quasi-Kolonialmacht in ihrem mittelamerikanischen "Hinterhof" standen fünf in Ost- bzw. Südostasien gegenüber, die alle unmittelbar mit dem Vietnamkrieg bzw. mit dem Ost-West-Konflikt zusammenhingen[9]. Daß die USA von dem charakteristischen Muster eines nahezu ausschließlich auf ehemalige koloniale Einflußsphären gerichteten Kriegsverhaltens der kapitalistischen Staaten abweichen, liegt nicht allein daran, daß sie nie eine klassische Kolonialmacht waren. Was in dem - gegenüber den europäischen Kolonialmächten - abweichenden Verhalten der USA zum Ausdruck kommt, ist zweierlei: zum einen ihre seit 1945 neue Rolle als kapitalistische Hegemonialmacht und zum anderen eine historisch neue, übergreifende Dimension des weltweiten Kriegsgeschehens: der sogenannte Ost-West-Konflikt. Als Hegemonialmacht haben die USA ihr nationales Eigeninteresse keineswegs zu Unrecht stärker als alle anderen westlichen Staaten mit dem kapitalistischen Gesamtinteresse identifiziert und sich an erster Stelle nicht nur für die weitere Durchsetzung und Entfaltung des kapitalistischen Weltsystems, sondern auch für dessen Absicherung gegen das sich aus ihrer Sicht bedrohlich ausweitende System sozialistischer Staaten und sozialrevolutionärer Bewegungen in der Verantwortung und in die Pflicht genommen gesehen, so daß für sie der Systemkonflikt auch zum Anlaß direkten kriegerischen Engagements wurde.

Mit Ausnahme der USA, für die dieses Verhaltensmuster nur eingeschränkt gilt, reduzieren sich die Kriegsbeteiligungen der entwickelten kapitalistischen Staaten also auf ein Verhalten der früheren Kolonialmächte gegenüber ihren eigenen ehemaligen kolonialen Einflußsphären. Es ist daher kein generelles Verhalten der kapitalistischen oder gar der industrialisierten Staaten, sich das Recht zu kriegerischer Intervention anzumaßen, sondern ein spezifisches, aus der eigenen kolonialen Vergangenheit herkommendes, historisch gerichtetes Verhalten, kriegerischer Nachklang der eigenen Geschichte, Erbe kolonialer Vergangenheit. Selbst der Zweite Golfkrieg reiht sich noch in dieses Muster ein. Hier waren neben den USA, die sich als absteigende hegemoniale Ordnungsmacht immer noch globalen Verpflichtungen gegenübersieht und die ihr nach wie vor überlegenes Militärpotential als "international finanziertes öffentliches Gut" (Chomsky 1991:5) zur Ver-

---

9 Letzteres gilt auch für die Beteiligung der USA am Antiregimekrieg im Kongo 1964-66. Die restlichen Kriegsbeteiligungen der USA lassen sich diesem Muster nicht eindeutig zuordnen. Sie sind jedoch, bis auf den Krieg gegen den Irak 1991, wo die USA in ihrer Rolle als westliche Hegemonialmacht auftraten, hinsichtlich der Einordnung der USA als direkt beteiligte Kriegspartei umstritten oder durch UN-Mandat legitimiert und können hier zugunsten der zentralen Argumentationslinie vernachlässigt werden.

fügung stellte, wieder die beiden ehemaligen regionalen Kolonialmächte Frankreich und Großbritannien beteiligt. Die anderen kapitalistischen Metropolen begnügten sich mit finanzieller und symbolischer Unterstützung der alliierten Verbände. In das historische Gedächtnis der Kolonialmächte aber sind immer noch die alten kolonialen Karten eingeschrieben. Sie zeigen den Reaktionsraum eines nach wie vor existierenden kolonialistischen Habitus.

Zwar verläuft die "Zivilisationsgrenze", die das kolonial gegliederte internationale System noch in eine "rechtsfreie Zone ungehemmter Gewaltanwendung und eine rechts- und vertragsförmige des Tauches" (Diner 1985:332) teilte, heute nicht mehr als geographische Grenze zwischen Erster und Dritter Welt. Mit dem Dekolonisations- und Staatenbildungsprozeß ist diese Zivilisationsgrenze in ihrer Qualität als globale geographische Grenze verschwunden und als gleichzeitiges Nebeneinander gewalt- und tauschförmigen Verkehrs in den Innenraum der peripheren Gesellschaften abgedrängt worden. Die Kolonialmächte haben sich zurückgezogen und die weitere Durchsetzung kapitalistischer Verhältnisse sowie die Bewältigung der daraus resultierenden Probleme den sozialen Kräften im Innern dieser Staaten überlassen. Und auch das Selbstbestimmungsrecht der Völker ist als formale Staatengleichheit weltweit anerkannt und generell von den ehemaligen Kolonialmächten akzeptiert. In bezug auf ihren eigenen kolonialen Einflußbereich aber zeigen diese Staaten eine von ihrem sonstigen Verhalten abweichende Konfliktbereitschaft. Das fehlende formale Recht zur Einmischung wird durch den Glauben an das historische Recht überlagert, die Geschicke in diesen Staaten auch weiterhin direkt und notfalls unter Einsatz kriegerischer Gewalt mitzugestalten. Daher intervenieren sie auch bevorzugt dort, wo es um die Form der Ausgestaltung der Herrschaft geht: in den Anti-Regime-Kriegen, die unter den innerstaatlichen Kriegen nach 1945 den größten Anteil haben. Diese Kriege waren "bevorzugtes Objekt industriestaatlicher Einmischung" (Gantzel 1988:39).

Die einst global verlaufende Zivilisationsgrenze zwischen Zentren und Peripherie, die es den kolonialen und imperialistischen Mächten des 18. und 19. Jahrhunderts noch erlaubte, ihre gewaltsame Expansion gegenüber der gesamten übrigen Welt zu betreiben, was als Kampf der "Zivilisation" gegen die "Wilden" auch in der Bevölkerung legitimiert war und seine Begrenzung allein in den konkurrierenden Ansprüchen anderer Kolonialmächte fand, hat sich zu Korridoren zwischen den Kolonialmächten und ihren jeweiligen ehemaligen Kolonien zusammengezogen. In diesen Reaktionsräumen haben die alten kolonialistischen Verhaltensmuster weiterhin Gültigkeit, wenn auch in abnehmendem Maße. Hier scheidet sich das zivilisiert unkriegerische vom kriegerischen, das verrechtlichte vom vermachteten Verhalten. Nur für die ehemaligen kolonialen Einflußsphären kann auch vor der eigenen Bevölkerung das Recht zur kriegerischen Einmischung reklamiert und noch als Akt nationaler Verantwortung oder nationaler Sicherheit legitimiert werden. Es sind nicht nur dieser spezifische Grenzverlauf und die abnehmende Legitimität derartiger militärischer Interventionen, die die kriegerischen Aktivitäten der entwickelten kapitalistischen Staaten als Relikt ihrer kolonialen Vergangenheit ausweisen. Die Erbe-Problematik zeigt sich auch in dem deutlich abnehmenden Trend "industriestaatlicher Beteiligung" an den Kriegen in der Dritten Welt (Gantzel/Meyer-Stamer 1986:75).

Das Erbe kolonialer Vergangenheit lastet also nicht nur auf der Dritten Welt, sondern hat seine Spuren auch bei den ehemaligen Kolonisatoren hinterlassen. Die kaum vergangene 500jährige gewaltsame Expansionsgeschichte des sich entwickelnden Kapitalismus ist eine schwere Hypothek, die nur allmählich abgetragen werden kann. Was in dem Kriegsverhalten der kapitalistischen Staaten zum Ausdruck kommt, ist daher auch kein Widerspruch, der sich aus den Bestimmungen der entwickelten kapitalistischen Gesellschaft herleiten läßt, sondern ein Widerspruch zwischen dieser und den von ihr mitgeschleppten, noch unüberwundenen Relikten der eigenen Geschichte. Was sich hier geltend macht, sind "ungleichzeitige Widersprüche", "Widersprüche des Überkommenen zum kapitalistischen Jetzt" (vgl. Bloch 1985:104-126). Es bleibt also festzuhalten, daß der Widerspruch zwischen pazifiziertem und kriegerischem Verhalten der entwickelten kapitalistischen Staaten sich nach der Seite einer noch nicht völlig überwundenen kolonialen Vergangenheit auflöst.

Daß die Konfliktforschung diesen Zusammenhang bisher übersehen und die Erblast des Kolonialismus allein auf seiten der Dritten Welt verortet hat, gibt den Blick frei auf den unfruchtbaren Schematismus eines zugrunde liegenden linearen Geschichtsbildes, das lediglich die Folie für die Wahrnehmung einer ungebrochenen Gegenwart im entwickelten Kapitalismus sein kann. Die "Gleichzeitigkeit des Ungleichzeitigen" (Koselleck 1989:325), die zur Grunderfahrung der Geschichte seit dem 18. Jahrhundert gehört (vgl. ders. 1975), wird auch in der Betrachtung des Einzelfalls kaum deutlich werden. Denn die in der Vergangenheit ausgeprägten und in den unbewußten Schichten individueller und gemeinschaftlicher Erfahrung sedimentierten Denk-, Gefühls- und Verhaltensmuster, die das Kriegshandeln der früheren Kolonialmächte strukturieren, erscheinen bei der Untersuchung von Einzelfällen entweder als irrationales Verhalten und damit als politische Unvernunft, oder aber sie werden, was die Regel ist, durch interessenorientierte Ursachenanalysen in einen Ausdruck zweckrationalen Kalküls umgedeutet. Solche Analysen enden meist in der Sackgasse ökonomistischer Erklärungsversuche, in denen als letztendlicher Kriegsgrund dann Öl oder andere Rohstoffe, bisweilen auch strategische Interessen herhalten müssen. In jedem Fall aber bleibt verborgen, daß das Verhalten der ehemaligen Kolonialmächte im eigentlichen Sinne weder zweckrational ist noch als Ausdruck von Unvernunft erklärt werden kann, sondern seine Logik daraus bezieht, daß die gesellschaftlichen und weltgesellschaftlichen Grundlagen, die diese Verhaltensmuster ursprünglich geprägt hatten, längst der Vergangenheit angehören. Nur der epochengeschichtliche Zugang kann dieses Kriegshandeln als zusammengesetztes Phänomen verschiedener historischer Zeiten rational erklären.

Aus globalhistorischer Perspektive ergibt sich damit für den Zusammenhang von Kapitalismus und Krieg in der zweiten Prosperitätsperiode kapitalistischer Entwicklung folgendes Bild: Im Zuge der Ausweitung der europäischen Geschichte zur Weltgeschichte wurden die inneren Widersprüche der europäischen Entwicklung zu äußeren Gegensätzen zwischen den verschiedenen Entwicklungsstufen des Kapitalismus und den unterschiedlichen nicht-kapitalistischen Vergesellschaftungsformen der übrigen Welt, um schließlich in den Innenraum der peripheren Gesellschaften abgedrängt zu werden. Dabei blieb der globale Prozeß der blutigen "Zivilisierung" immer hinter den Entwicklungen in den Ursprungsländern zurück. Während sich innerhalb und zwischen den kapitalistisch entwickelten Staaten eine weitgehende Pazifizierung sozialer Konflikte, Gewaltverzicht und völkerrechtlicher Verkehr durchsetzten, blieb das Verhältnis zu den Kolonien hiervon noch weitgehend unberührt. Bis zum Zusammenbruch der Kolonialreiche blieb die Zivilisationsgrenze gegenüber den kolonisierten Völkern bestehen.

Erst die sozialen Veränderungen innerhalb der Metropolen schufen die Voraussetzungen dafür, daß mit dem Dekolonisationsprozeß eine neue Stufe tauschförmigen Verkehrs auch zwischen den Metropolen und den neu entstehenden Staaten der Dritten Welt als Voraussetzung einer neuen Stufe konkurrenzbestimmter Weltmarktentwicklung entstehen konnte. In vielen Fällen aber mußte selbst dieser Schritt noch kriegerisch erkämpft werden. Die antikolonialen Befreiungskämpfe hatten dann zwar die Kolonialherren aus dem Land, ihnen aber nicht ihren kolonialistischen Habitus ausgetrieben. Während als ein Phänomen des kolonialen Erbes auf seiten der ehemaligen Kolonialmächte der Glaube an das Recht zur militärischen Einmischung zurückgeblieben ist, bleibt innerhalb der peripheren Gesellschaften die Zivilisationsgrenze im Nebeneinander verrechtlichter und vermachteter sozialer Beziehungen als strukturelles Erbe bestehen. Damit haben sich auch die Konfliktlinien, die sich im Zuge des globalen kapitalistischen Transformationsprozesses ergeben, weitgehend in den Innenraum der Übergangsgesellschaften der Dritten Welt verlagert und prägen sich hier zu den aus der europäischen Geschichte bekannten Konfliktmustern aus. "Prinzipiell finden sich in der Dritten Welt keine anderen und neuen Konfliktursachen, wenn man diese mit den aus europäischer Entwicklungsgeschichte bekannten vergleicht" (Senghaas 1984:277).

Aus epochengeschichtlicher Sicht werden damit in den Übergangsgesellschaften der Dritten Welt - und dies gilt heute in ähnlicher Weise für die postsozialistischen Staaten - drei strukturelle Konfliktlinien als kriegsursächliche Bestimmungsgründe erkennbar: erstens Konflikte, die aus traditionalen und vorkolonialen Verhältnissen mitgeschleppt wurden und die besonders im Kontext aktueller gesellschaftlicher Krisen wieder aufleben, zweitens Konflikte, die sich aus den immanenten Widersprüchen kapitalistischer Vergesellschaftung selbst ergeben und die besonders in frühkapitalistischen Stadien gesellschaftlicher und weltgesellschaftlicher Entwicklung Bedeutung haben, und drittens Konflikte, die sich entlang den Bruchstellen bürgerlich-kapitalistischer und vorbürgerlicher bzw. nicht-kapitalistischer Vergesellschaftung entzünden und die den zentralen Verdichtungsraum der gesellschaftlichen Konfliktpotentiale bilden. Die wesentlichen Ursachen der Kriege in den Übergangsgesellschaften lassen sich als Kombination aus diesen Strukturelementen rekonstruieren und zu einem auch die Vergleichbarkeit der kriegsursächlichen Bedingungsgefüge ermöglichenden Bild zusammensetzen.

2.6 Kapitalismus, Gewalt und Krieg in den Übergangsgesellschaften der Dritten Welt

Das vollständige Verschwinden kriegerischer Gewalt innerhalb und zwischen den kapitalistischen Metropolen und die seit Mitte der 70er Jahre deutlich abnehmende Zahl der Kriegsbeteiligungen der ehemaligen Kolonial- und Hegemonialmächte in der Dritten Welt verweisen darauf, daß der seit dem Ende des Zweiten Weltkrieges zu verzeichnende Anstieg kriegerischer Konflikte beinahe voll zu Lasten der Dritten Welt geht. Läßt man die Kriege in Europa und auf dem Gebiet der früheren Sowjetunion, das sich seit Beginn der 90er Jahre immer stärker zu einer der Hauptkriegsregionen entwickelt, außer acht, so haben sich 167 der 185 Kriege zwischen 1945 und 1993 in den Staaten der Dritten Welt ereignet. Davon entfielen auf Lateinamerika 29, auf Afrika 48, auf Asien 55 und auf den Vorderen und Mittleren Orient 35 Kriege. "Zugleich hat seit 1945 eine gravierende typologische Veränderung von Krieg stattgefunden; der Haupttyp der Kriege unserer Zeit ist nicht mehr der 'klassische' (europäische) Krieg zwischen Staaten, sondern der innerstaatliche Krieg oder Bürgerkrieg" (Matthies 1992:361). Das Ende des Zweiten Weltkrieges ist der Wendepunkt dieser Entwicklung, die sich bereits im 19. Jahrhundert abgezeichnet hat und nach 1945 verstärkt hervortritt (vgl. Gantzel 1988:45f).

Mit der Dominanz innergesellschaftlicher Kriege tritt auch die Heterogenität der Konfliktformen wieder deutlicher hervor: Antiregimekriege, Staatsstreiche, religiöse und ethnische Konflikte, Kriege um Grenzziehungen und Ressourcen, um Autonomie, Sezession und nationale Unabhängigkeit sind die aus der europäischen Geschichte wohlbekannten Formen organisierter Gewaltsamkeit. Es ist dieser Umstand, der Senghaas zu der Feststellung veranlaßte, daß sich in der Dritten Welt, verglichen mit der europäischen Geschichte, keine prinzipiell neuen Konfliktursachen finden, und der ihn prognostizieren ließ: "Aller Wahrscheinlichkeit nach werden sich die Grundprobleme in der Geschichte der modernen europäischen Nationalstaaten in den meisten Gesellschaften außerhalb der gegenwärtigen westlichen und östlichen Welt wiederholen" (Senghaas 1988:26). Und man kann heute hinzufügen, daß sich nun auch die östliche Welt diesen Grundproblemen gegenübersieht. Denn die Weltgesellschaft hat sich noch nicht zu einem bürgerlichen Kosmos entwickelt, und solange die Akkumulationslogik als verborgener Motor der globalen Vergesellschaftung weiterläuft, wird auch der konfliktive Transformationsprozeß aller vorbürgerlichen oder nicht-kapitalistischen Milieus voranschreiten und den ihm unterworfenen Staaten und Gesellschaften die Grundstrukturen ihrer Konflikte und Kriege aufprägen.

Diese universelle Tendenz kapitalistischer Entwicklung darf aber nicht mit einem historischen Universalismus verwechselt werden. Es ist nicht die Geschichte, die sich wiederholt. Die Chance einer Wiederholung der Geschichte wird der Menschheit nicht gegeben. Was sich wiederholt oder genauer, was sich nach wie vor vollzieht, ist der Prozeß globaler kapitalistischer Vergesellschaftung. Was uns in den Problemen der gegenwärtigen Entwicklungsprozesse in der Dritten Welt und in den ehemaligen sozialistischen Staaten ein Stück weit die Probleme unserer eigenen Geschichte erkennen läßt, ist nichts anderes als dieser fortschreitende Transformationsprozeß aller vorbürgerlichen Lebensverhältnisse. Dies darf jedoch nicht dazu verleiten, die elementaren Unterschiede in den Rahmenbedingungen des vergangenen europäischen und des gegenwärtigen Transformationsprozesses zu übersehen. Denn es macht einen Unterschied, ob sich dieser Prozeß von innen heraus entwickelt oder von außen induziert ist, ob er sich allmählich oder schnell vollzieht, ob er den Weltmarkt schafft oder von ihm ausgeht, ob die Staatsform gewachsen oder oktroyiert ist usw.; es macht einen Unterschied, zu welchem Zeitpunkt und in welcher Form die kapitalistische Durchdringung beginnt, ob das Kapitalverhältnis schon entwickelt oder selbst noch in der Entwicklung begriffen ist usf; und es macht einen Unterschied, auf welche gegebenen Formen sozialen Lebens die gesellschaftsumgestaltenden Kräfte des Kapitalismus treffen. In all diesen Punkten aber unterscheidet sich der originär europäische Entwicklungsprozeß des Kapitalismus von den gegenwärtigen Formen seiner globalen Durchsetzung. So sehr der einmal entwickelte Kern der Akkumulationslogik sich selbst gleich bleibt und daher eine qualifizierbare Logik gesellschaftlicher Transformation ins Werk setzt, so sehr modifizieren die unterschiedlichen Rahmenbedingungen die Entwicklungsrichtung des Transformationsprozesses und setzen unterschiedliche Formen sozialen Wandels und sozialer Konflikte frei.

Aber auch wenn die Chance der einfachen Wiederholung der Geschichte der Menschheit nicht gegeben wird, so kann dennoch aus der Geschichte gelernt werden. Aus der Geschichte lernen heißt, die gesellschaftliche

Formbestimmtheit geschichtlicher Prozesse und damit die jeweils spezifischen Umstände der Entwicklungen zu verstehen und ihre Entwicklungsrichtung zu erkennen. Aus der Geschichte der Kriege lernen heißt, durch das Freilegen der Verdichtungsräume des gesellschaftlichen Konfliktpotentials die gesellschaftliche Formbestimmtheit der Kriege und ihrer Ursachen zu verstehen und deren allgemeine Entwicklungslogik inmitten der vielfältigen Besonderheiten der einzelnen Kriege und ihrer Ursachen zu erkennen. Es heißt aber auch, die wesentlichen Unterschiede zu erfassen, die aus dem globalen Transformationsprozeß resultieren und die Rahmenbedingungen für die jeweiligen Entwicklungen darstellen. Nur so lassen sich die Grundstrukturen der Kriege der Gegenwart und die ihnen zugrunde liegenden Konfliktmechanismen freilegen.

Das im Kontext globaler Entwicklung herausragende Ereignis im Anschluß an den Zweiten Weltkrieg war der Zusammenbruch der Kolonialreiche und die Überwindung der kolonialen Gliederung des kapitalistischen Weltsystems. Der Dekolonisations- und Staatenbildungsprozeß wurde zum Dreh- und Angelpunkt für die weitere Aus- und Umgestaltung des internationalen Systems. Aber auch diese neue Stufe der globalen Entfaltung konkurrenzbestimmter Marktverhältnisse, die durch die staatsförmige Unabhängigkeit der ehemaligen Kolonien möglich wurde, mußte in vielen Fällen gewaltsam erkämpft werden. 16 reine Dekolonisationskriege und 11 Kriege mit eindeutiger Dekolonisationskomponente (vgl. Gantzel/Meyer-Stamer 1986: 69ff) haben bis zur Mitte der 60er Jahre den kriegerischen Auseinandersetzungen in der Dritten Welt ihren Stempel aufgedrückt.

In diesen Kriegen ist der innere Zusammenhang zwischen kapitalistischer Epochenentwicklung und weltweitem Kriegsgeschehen so offenkundig, daß selbst innerhalb der Kriegsursachenforschung eine selten erreichte Einigkeit darüber besteht, die Dekolonisationskriege als eigenständigen Kriegstypus zu behandeln. In ihnen kommt das historisch überfällig gewordene Herrschaftsverhältnis zwischen den "Mutterländern" und ihren Kolonien unmittelbar als äußerer Gegensatz zum Ausdruck. Die Ursachen und strukturellen Hintergründe dieser Kriege treten in Gestalt der Konfliktparteien gewissermaßen personifiziert in Erscheinung. Nicht nur für die um Unabhängigkeit kämpfende Bevölkerung, sondern auch für die fernen Analytiker des Kriegsgeschehens sind die Kolonisatoren die Verkörperung einer zu Ende gehenden Epoche und repräsentieren als Personifikation von Fremdherrschaft und Unterdrückung, von ökonomischer Ausbeutung und kultureller Arroganz gleich ein ganzes Bündel kriegsbegründender Faktoren. Das Ende der als nationale Befreiungskämpfe geführten Dekolonisationskriege aber ließ den "nationalen" Konsens in den früheren Kolonien ebenso verschwinden wie den Konsens der Wissenschaftler über Ursachen und Typologisierung aller weiteren Kriege in der Dritten Welt.

Zwar hatte die nationale Integration mit den antikolonialen Befreiungskämpfen einen ersten entscheidenden Schub erhalten. Mit der Vertreibung der Kolonialherren aber brachen die inneren Gegensätze in den neu entstandenen Staaten auf und zeigen damit den ersten nationalen Integrationsschub als Bestimmung ex negatio, nicht aber schon als positives, integrationsfähiges und identitätskonstitutives Setzen von Nation. Geeint gegen koloniale Unterdrückung, Ausbeutung und Fremdherrschaft, uneins und gespalten in bezug auf die Form der Ausgestaltung der kolonialen Hinterlassenschaft, hatte sich der Territorialstaat nun, befreit von den alten Herren, in das staatliche Weltgefüge einzuordnen. Nicht der Nationalstaat, sondern der den Kolonialmächten abgetrotzte Territorialstaat bildet somit den Ausgangspunkt für die Beteiligung an der Weltgesellschaft und die weitere innergesellschaftliche Entwicklung.

Mit dem Übergang der kolonialen Gliederung des internationalen Systems in das Weltstaatensystem zeigt sich eine erste und für die Erklärung des weltweiten Kriegsgeschehens nach 1945 entscheidende Differenz zur vorangegangenen europäischen Entwicklung. Religiöse Kämpfe, Bauernkriege, Revolutionen, Bürgerkriege, die "Ausscheidungskämpfe" (Elias) des Staatenbildungsprozesses und schließlich die klassischen zwischenstaatlichen Kriege waren in Europa Schritte auf dem Wege eines sich von innen heraus allmählich vollziehenden Übergangs von mittelalterlich-feudalen Lebensverhältnissen zu der neuen Integrationsebene des bürgerlichen Nationalstaates. Im Verlauf dieses Jahrhunderte währenden Prozesses hat sich allmählich auch die nationale Identität herausgebildet, in der die vom Kapital repräsentierte und vom Staat garantierte Einheit der bürgerlichen Gesellschaft schließlich ihre Entsprechung im Bewußtsein und den Gefühlen der Bürger gefunden hat.

Ganz anders als in Europa, wo der Nationalstaat spätes Resultat der gewaltsamen Durchsetzung bürgerlicher Lebensverhältnisse ist, ist die staatliche Verfaßtheit für die Länder der Dritten Welt festgeschriebene Voraussetzung für die kapitalistische Entwicklung und den inneren Konsolidierungsprozeß. Staat und Nation sind hier nicht als Resultat eines langen gewaltsamen Integrationsprozesses zu einer neuen Integrationsebene zusammengewachsen. Der Territorialstaat ist hier vielmehr ererbte Voraussetzung für eine nachholende innere Konsolidierung, er ist die vorgegebene Form, unter der sich der heterogene Inhalt dieser häufig "künstlichen" Gebilde zu entwickeln hat. Staatlichkeit ist hier also nicht "naturwüchsiges" Resultat, sondern Voraussetzung für einen gewaltsam verlaufenden Konsolidierungsprozeß. Religions- und Stammeskriege, soziale Unruhen und Revolutionen, Sezessions- und Bürgerkriege sind nur unterschiedliche Ausdrucksformen, in denen deutlich wird, daß der neuen Form staatlicher Unabhängigkeit noch keine Form nationaler Einheit entspricht. Die nachholende Konsolidierung vorausgesetzter Staatlichkeit bildet eine entscheidende, dem Kriegsgeschehen in der Dritten Welt strukturell unterliegende Konfliktdimension.

Mit dem Dekolonisationsprozeß wurde die staatliche Einheit zur äußeren Form, unter der sich die heterogenen, durch vielfältige religiöse, ethnische, sprachliche, regionale und lokale Integrationsebenen segmentierten kolonialen Gesellschaften von nun an zu entwickeln hatten. Dabei wohnt der kapitalistischen Entwicklung die Tendenz inne, alle unterhalb der Schwelle nationaler Integration liegenden sozialen, ethnischen oder religiösen Integrationsebenen einzureißen, ohne daß die Zerstörung der angestammten Formen der Gemeinschaftlichkeit unmittelbar durch neue vergesellschaftende Potenzen aufgefangen würde. Die von der kapitalistischen Transformation ausgehende Todesdrohung gegen die zur Natur gewordenen traditionalen Vergesellschaftungsformen, der Umstand, daß das Alte stirbt, ohne daß das Neue schon seinen Platz eingenommen hätte und die "Elementargewalt des Kulturkontakts" (Polanyi 1978:219) verbanden sich überall zu sozialem Konfliktstoff. Selten gab es anfänglich außer dem Militär überhaupt staatliche Institutionen, die die Aufgabe übernehmen konnten, die zentrifugalen Kräfte zu bändigen und die staatliche Einheit zu garantieren. Daß dies kein geeignetes Mittel darstellt, die heterogenen sozialen Kräfte und gesellschaftlichen Strukturen zu einer nationalen Einheit zu verschmelzen, versteht sich von selbst.

Für den Zusammenhang von Kapitalismus und Krieg heißt dies: Die Entwicklung des kapitalistischen Weltmarktes hat zur Weltstaatenordnung geführt, ohne daß die bürgerliche Gesellschaft schon zur Weltgesellschaft geworden wäre, so daß die nachholende Konsolidierung vorausgesetzter

Staatlichkeit die allgemeinste Bedingung für die kriegerischen Konflikte in den Staaten der Dritten Welt und die Erklärung für den Übergang zu innerstaatlichen Kriegen als der dominanten Form kriegerischen Konfliktaustrags seit 1945 darstellt. Um die vielfältigen Formen kriegerischer Auseinandersetzungen zu erklären, in die sich diese strukturelle Konfliktdimension im Kontext konkreter gesellschaftlicher Entwicklungen auseinanderlegt, müssen die Ausbreitungsmuster kapitalistischer Vergesellschaftung im Innenraum der neu entstandenen Staaten der Dritten Welt weiter verfolgt werden.

Die theoretischen Grundlagen der bisherigen Dritte-Welt-Forschung aber sind wenig geeignet, um diesen konfliktiven Transformationsprozeß klar herauszuarbeiten. Die theoretischen Diskussionen, die sich mit dem Kapitalismus, seinen Formen und Entwicklungsphasen beschäftigen, sind Legion. Aber auch Theorien haben ihre Konjunkturen, weil auch sie den zeitgeschichtlichen Entwicklungen unterworfen sind. So wie der Schwerpunkt der Imperialismusdebatte und der Diskussion um die Theorien langer Wellen mit dem Niedergang der britischen Weltherrschaft und dem unaufhaltsamen Aufstieg der USA zur Hegemonialmacht zusammenfallen, so leben auch mit dem deutlich werdenden Niedergang der uneingeschränkt hegemonialen Position der USA seit Mitte der 70er Jahre die theoretischen Diskussionen um Hegemoniezyklen und internationale Regime, um Fordismus und Postfordismus usw. wieder auf, während die Normalität der Nachkriegsentwicklung den Raum bot, sich neben der Beschäftigung mit dem Ost-West-Konflikt schwerpunktmäßig auch mit den Problemen der Entwicklung in den Übergangsgesellschaften der Dritten Welt zu beschäftigen.

Gefangen in der Fortschrittseuphorie und dem Glauben an die ungebrochene Kontinuität industriegesellschaftlicher Entwicklung, sah das entwicklungstheoretische Paradigma der 50er und 60er Jahre nur eine kontinuierlich nachholende Modernisierung des verabsolutierten kapitalistisch-demokratischen Modells amerikanischer Prägung durch die Entwicklungsländer. In der brillanten Formel von der "Entwicklung der Unterentwicklung" wird dann der Paradigmenwechsel von den Modernisierungstheorien zur Theorie des peripheren Kapitalismus bzw. zu den verschiedenen Varianten der Abhängigkeitstheorien, die die Diskussionen der 70er Jahre beherrscht haben, deutlich. Erst in dieser Zeit begann auch die Konfliktforschung, sich allmählich systematisch mit den Kriegen in der Dritten Welt als einem Aspekt von Unterentwicklung zu beschäftigen. Seine methodischen und theoretischen Fundamente bezog dieser neue Forschungszweig hauptsächlich aus der Entwicklungsländerforschung und übernahm mit den Prämissen der entwicklungstheoretischen Diskussion auch deren Mängel. Sowenig das modernisierungstheoretische Dualismuskonzept vom beziehungslosen Nebeneinander traditionell vorkapitalistischer und modern kapitalistischer Sektoren in der Lage war, die Ausbreitungsmuster kapitalistischer Vergesellschaftung in den Entwicklungsländern zu erfassen, sowenig gelang dies der Theorie des peripheren Kapitalismus, die bei ihrer Analyse der Geschichte der Unterentwicklung seit dem 16. Jahrhundert "selbst dort noch kapitalistisch rationale Handlungskalküle unterstellte, wo die Modernisierungstheorie eher vorbürgerliche Denk- und Verhaltensformen annimmt... Die Theorie des peripheren Kapitalismus ist daher ... außerstande, die Spezifika sozialökonomischer Transformationsprozesse erklären zu können" (Hurtienne 1982:III). Aber auch nachdem die Abhängigkeitstheorien, nicht zuletzt wegen des rasanten Aufstiegs der ostasiatischen Schwellenländer, in die Sackgasse geraten waren und Ende der 70er, Anfang der 80er Jahre durch Diskussionen über die inzwischen modernisierten Modernisierungstheorien, durch Weltsystemdebatten und Diskussionen um die Artikulation von Produktionsweisen ersetzt waren, kam man aufgrund z.t. gravierender theoretischer Schwächen in der Frage kapitalistischer Transformation nichtkapitalistischer Gesellschaften kaum voran. Auch die durch die weltpolitischen und weltwirtschaftlichen Umbrüche Ende der 80er, Anfang der 90er Jahre wiederbelebten Diskussionen haben bislang keine entscheidenden Fortschritte gebracht. Aber es sind die weltgesellschaftlichen Veränderungen selbst, die den Anlaß zur Hoffnung geben, daß sich über kurz oder lang eine differenziertere Betrachtung kapitalistischer Transformationsprozesse durchsetzen wird.

Bis heute aber fehlt der Kriegsursachenforschung das theoretische und methodische Fundament, die hier als entscheidend angesehenen Strukturelemente weltweiten Kriegsgeschehens in den kriegerischen Konflikten der Dritten Welt wiederzuerkennen. Daß trotz des allseits beklagten Theoriedefizits fast vollständig auf theoriegeleitete Arbeiten verzichtet und sich in empirische Forschung zurückgezogen wird, zeigt, wie gravierend die theoretischen Engpässe des sozialökonomischen Entwicklungsdenkens mittlerweile geworden sind. Will man auf der Suche nach den Ursachen der Kriege in der Dritten Welt weder auf dem überholten Diskussionsstand einer bloß nachholenden Entwicklung, noch bei der eher hilflosen Etikettierung der Verhältnisse als strukturelle Heterogenität - mit entsprechend heterogenen Erscheinungsformen kriegerischer Konflikte, die dann kurzerhand zu ihren wesentlichen Bestimmungsgründen erhoben werden - und somit am Kapitulationspunkt der theoretischen Debatten gegen Ende der 70er Jahre stehen bleiben, und will man sich auch nicht mit einem allein aus der Akkumulationslogik des Kapitals gespeisten linearen Entwicklungsdenken zufrieden geben, so stellt sich die Frage, wie die spezifischen Bedingungen der Ausbreitung des "peripheren" Kapitalismus und dessen Zusammenhang mit den Kriegsentwicklungen in der Dritten Welt theoretisch zu fassen sind.

Um nicht den Erscheinungsformen der Konflikte verhaftet zu bleiben, sondern zu ihren wesentlichen Bestimmungsgründen vorzudringen, müssen die Ausbreitungsmuster kapitalistischer Vergesellschaftung als strukturelle Verdichtungsräume gesellschaftlichen Konfliktpotentials freigelegt und die zugrunde liegenden Konfliktmechanismen aufgezeigt werden. Die bisherige Darstellung hat gezeigt, wie sich über die Durchsetzung verschiedener Stufen konkurrenzbestimmter Marktverhältnisse die horizontale und vertikale Entwicklung des Kapitalismus in globalhistorischer Dimension vollzogen hat. Dabei haben sich die Grenzen des Geltungsbereiches kapitalistischer Vergesellschaftung sowohl nach der Seite ihrer Durchsetzung im Innern wie nach der Seite ihrer globalen Ausweitung immer weiter ausgedehnt und durchziehen heute den Innenraum der peripheren Gesellschaften und das Innenleben der in ihnen lebenden Menschen, so daß strukturelle Heterogenität und aufgebrochene Identitäten hier zu konstitutiven gesellschaftlich-sozialen Merkmalen des konfliktiven Durchsetzungsprozesses des Kapitalismus geworden sind.

Jede der heterogenen Gesellschaften der Dritten Welt ist so durch die spezifische Form der Verschränkung vorkapitalistischer und kapitalistischer Vergesellschaftung auf besondere Weise charakterisiert. Je nach Art, Umfang und Dauer kapitalistischer Durchdringung und dem Charakter der vormals gültigen Lebensverhältnisse lassen sich die Übergangsgesellschaften der Dritten Welt qualitativ voneinander unterscheiden. Die peripheren Gesellschaften stellen also keine nur territorial geformte Masse strukturell heterogener Verhältnisse dar, deren Gemeinsamkeiten in bloß oberflächlichen Ähnlichkeiten zu suchen wären. Jeder dieser Gesellschaften ist mit der horizontalen und vertikalen Verlaufsform kapitalistischer Vergesellschaftung - gewissermaßen als genetisches Programm - ein spezifisches Muster eingeschrieben, das die Geschichte ihrer kapitalistischen Durchdringung ebenso wiedergibt wie den Charakter ihrer untergehenden vorbürgerlichen Verhältnisse. Und es sind diese beiden Komponenten, aus denen sich das soziale und kulturelle Erbe der Übergangsgesellschaften zusammensetzt und die sich nun unter der Form vorausgesetzter Staatlichkeit zu entwickeln haben.

Auch wenn die Entschlüsselung dieses Programms, das zu den konfliktiven, den Gesellschaftskörper durchziehenden Bruchstellen und Erosionsprozessen führen soll, im Einzelfall der konkreten empirischen Analyse überlassen bleiben muß, so lassen sich aufgrund des Charakters der Hauptbestandteile des Erbguts dennoch einige generelle Aussagen und Thesen über die Entwicklungslogik und Entwicklungsrichtung dieses konfliktiven Transformationsprozesses im Innenraum der peripheren Gesellschaften formulieren, die zugleich die Richtung markieren, in der weitergearbeitet werden muß, um die bisherigen theoretischen Defizite zu überwinden. Es versteht sich, daß damit keine Prognosen über die konkrete Form der Konflikte gemacht werden; zu vielfältig sind die Formen, in die sich der globale Prozeß kapitalistischer Vergesellschaftung auseinanderlegt, sobald die Umgestaltung nicht mehr von Kanonenbooten und kolonialen Administrationen, sondern im wesentlichen von den sozialen Kräften im Innern der peripheren Gesellschaften und von den anonymen Mächten des entwickelten Kapitals vorgenommen wird. "Die konkreten Formen sind nie konkret voraussehbar, bloß die Generallinie der sozialen Notwendigkeit" (Lukács 1987:33).

Generell unterscheiden sich die horizontalen und vertikalen Ausbreitungsmuster kapitalistischer Vergesellschaftung im Innenraum dieser Länder nicht von den Mustern, die uns aus der globalhistorischen Darstellung bekannt sind. In ihrer horizontalen Dimension weitet sich die kapitalistische Gesellschaft regional aus und unterwirft immer größere Bevölkerungsteile den marktförmigen Austausch- und Produktionsverhältnissen. Traditionell begrenzte Märkte und subsistenzförmige Produktion werden in die nationalen und weltmarktlichen Reproduktionszusammenhänge eingebunden. "Entscheidend dabei ist, daß nun alle Produktionsweisen, die in verschiedenen Ländern und Kontinenten der Welt regional und lokal existieren, von der kapitalistischen überlagert, durchdrungen und daher in ihren Funktionsbedingungen bestimmt werden" (Altvater 1987:73). Mit der Verallgemeinerung des Marktes als soziale Vermittlungsinstanz greift unmittelbar auch die vertikale Dimension kapitalistischer Vergesellschaftung. Denn nicht nur die ökonomischen Lebensbedingungen verändern sich. Nach der Seite ihrer vertikalen Ausweitung betrachtet, setzt sich die kapitalistische Vergesellschaftung in eine Aus- und Umgestaltung des gesamten gesellschaftlichen Überbaus um. Sie durchdringt die verschiedenen Stufen des Überbaus und verändert den gesamten sozialen, politischen, kulturellen und geistigen Lebensprozeß, schafft neue Bedürfnisse und verändert die Herrschafts- und Legitimationsformen ebenso wie das Denken, die Wertvorstellungen und Gefühle, kurz, sie ergreift nach und nach die Gesamtheit aller Lebensverhältnisse.

Liegt der wesentliche Unterschied dieser universellen Tendenz des Kapitals zwischen der Dritten Welt und dem europäischen Entwicklungsprozeß darin, daß den unterschiedlichen Gesellschaftsformen dort von außen oktroyiert ist, was sich hier allmählich aus den inneren Verhältnissen heraus entwickelt hat, so liegen die Unterschiede innerhalb der Dritten Welt in Art, Dauer und Umfang kapitalistischer Durchdringung. Dies zeigt sich nicht nur in den großräumigen Unterschieden der Entwicklungen in Afrika, Asien oder Lateinamerika, sondern begründet auch Unterschiede zwischen Staaten, Regionen und Lokalitäten, denen sich die Attribute der verschiedenen Formen kapitalistischer Durchdringung aufgeprägt haben. Was jedoch bei all diesen Unterschieden gleich bleibt, ist folgendes: Hat sich das Kapital erst einmal als ein soziales Verhältnis innerhalb des Gesellschaftskörpers festgesetzt, so sind es die ihm immanenten Widersprüche, die die unterliegende Triebkraft einer von den bisherigen Gesellschaftsverhältnissen unabhängigen, sich stets gleichbleibenden Akkumulationsbewegung bilden und daher eine überall in gleicher Weise wirksam werdende, qualifizierbare Entwicklungslogik ins Werk setzen. Diese alle bisherigen Unterschiede allmählich auslöschende und die Entwicklungen vereinheitlichende Tendenz ist dem Umstand geschuldet, daß die vergesellschaftende Kraft des Kapitals gerade darauf beruht, daß es ein gegenüber seinen sozialen Trägern verselbständigtes gesellschaftliches Verhältnis darstellt. Unabhängig von den bewußt verfolgten Interessen der sozialen Akteure und den traditionalen Einflüssen, die modifizierend auf Dynamik und Richtung dieser Bewegung zurückwirken und so der jeweiligen Entwicklung erst ihre konkrete Form und Gestalt verleihen, macht sich das Kapitalverhältnis seinen sozialen Trägern gegenüber zunehmend als äußerer Zwang der Verhältnisse geltend, so daß sich hinter ihrem Rücken vollzieht, was in globalhistorischer Perspektive deutlich in Erscheinung tritt und als säkularer Trend zur

Verbürgerlichung bezeichnet werden kann. National wie international schafft das Kapital auf diese Weise die Bedingungen seiner eigenen Entfaltung und Durchsetzung.

Mit Entkolonialisierung und Staatenbildung hat sich das Kapital die globalen Voraussetzungen geschaffen, unter denen es, befreit von der Notwendigkeit kolonialen und imperialistischen Zwangs, von den sozialen Kräften im Innern der neu entstandenen Staaten weiter entwickelt werden kann. Zwar sind die sozialen Träger und die vergesellschaftenden Potenzen des Kapitals heute noch keineswegs überall dominant, wohl aber stellen sie die die Entwicklung insgesamt determinierenden Kräfte dar. So wie die einzelnen Staaten in ihrer Entwicklung immer stärker in die Abhängigkeit internationaler Entwicklungsprozesse geraten, so werden die Individuen immer stärker abhängig von ihrer Integration in den gesellschaftlichen Reproduktionsprozeß des Kapitals. Die dem Kapital innewohnende Tendenz, den Weltmarkt zu schaffen und auch innerhalb der einzelnen Segmente des Weltmarktes zur Haupttriebkraft gesellschaftlicher Entwicklungsdynamik und zum bestimmenden Faktor ihrer Entwicklungsrichtung zu werden, wird seit dem Ende seiner kolonialen und imperialistischen Expansionsform zunehmend durch eine neue Dimension verstärkt: Seit der Kapitalismus begonnen hat, sich in seinen Zentren zu einer bürgerlichen Totalität auszuformen, macht sich der globale Vergesellschaftungszusammenhang nicht mehr nur als übermächtiger ökonomischer, militärischer und politischer Anpassungsdruck, sondern zunehmend auch als Sog geltend, den demokratische Freiheiten, Rechtsstaatlichkeit und bürgerlicher Wohlstand auf die sozialen Kräfte im Innern der Übergangsgesellschaften ausüben. Die Attraktivität bürgerlicher Wertideale und die Orientierung auf bürgerliche Individualitäts- und Lebensformen entfalten zunehmend gesellschaftspolitische Wirkung, so daß die Regierungen der Dritten Welt immer stärker unter den Druck bürgerlich-demokratischer Forderungen geraten. Von der inneren Opposition wie von der Weltöffentlichkeit werden sie zunehmend daran gemessen, inwieweit sie individuelle Freiheit und Menschenrechte, bürgerliche Demokratie, Wohlstand und Rechtsstaatlichkeit gewähren.

Diese Entwicklung hat durch die Umwälzungen in Osteuropa und den Zusammenbruch des sozialistischen Gesellschafts- und Entwicklungsmodells einen gewaltigen Auftrieb erhalten. In fast allen Staaten der Dritten Welt sind seit den 80er Jahren Demokratiebewegungen entstanden. Die sozialistischen Parolen, die noch auf den Fahnen nahezu aller Unabhängigkeitsbewegungen standen, wurden von den Oppositionsbewegungen zusehends durch bürgerliche Wertideale ersetzt. Die kapitalistische Realität hat den Traum von gesellschaftlichen Alternativen eingeholt. Für die Demokratiebewegungen ist die bürgerliche Entwicklung zur gegenwärtig einzig denkbaren und realisierbaren Form gesellschaftlichen, sozialen und individuellen Fortschritts geworden. Dies ändert aber nichts daran, daß der bürgerlichen Entwicklung die kapitalistische zugrundeliegt. Bürgerliche Demokratie und Rechtsstaatlichkeit, Gleichheit und individuelle Freiheiten lassen sich ebensowenig auf die bisherigen Gesellschaftsgrundlagen aufpfropfen, wie aus diesen bislang allgemeiner bürgerlicher Wohlstand zu ziehen war. Der weltweite Demokratisierungsdruck geht dann auch nur begrenzt auf reale Fortschritte in der kapitalistischen Entwicklung zurück, die während der 80er Jahre ohnehin nur in sehr wenigen Staaten zu verzeichnen waren. Und auch die Ereignisse in Osteuropa waren nicht die eigentliche Ursache für die Demokratiebewegungen, sondern haben diese Entwicklung lediglich verstärkt.

Was hierin zum Ausdruck kommt, geht im Kern auf den Formwandel des globalen kapitalistischen Transformationsprozesses zurück, der sich bereits in der Dekolonisationsphase deutlich angekündigt hatte. So hatte der Zusammenbruch der kolonialen Gliederung des kapitalistischen Weltsystems endgültig die Voraussetzungen dafür geschaffen, die Gesellschaften der Welt einer Hierarchie der Produktivitäten zu unterwerfen, und hatte damit die kapitalistische Form der Entwicklung de facto bereits zum global gültigen Maß der Entwicklung und zum Maßstab des Vergleichs der Entwicklungen innerhalb der verschiedenen Staaten gemacht. Zugleich hatte der mit der Dekolonisation einhergehende Staatenbildungsprozeß deutlich gemacht, daß das globale Ausgreifen der politischen Formen der bürgerlichen Gesellschaft zunehmend die Bedingungen für die Entfaltung seines kapitalistischen Inhalts schafft. Die staatliche Verfaßtheit war zur Voraussetzung für die weitere Entwicklung der peripheren Gesellschaften geworden.

So wie die staatsförmige Unabhängigkeit die notwendigen Voraussetzungen für eine neue Stufe globaler Entfaltung konkurrenzbestimmter Marktverhältnisse schuf und zur Bedingung dafür wurde, die Weiterentwicklung des Kapitalismus zur inneren Angelegenheit der peripheren Gesellschaften zu machen, so begann der Kapitalismus nun, sich allmählich als Bedürfnis nach bürgerlichen Herrschafts- und Lebensbedingungen in das Innenleben der Menschen einzugraben. Für die sozialen Kräfte im Innern der peripheren Staaten wurden die bürgerliche Gesellschaft und ihre Ideale zunehmend zum Maßstab ihrer eigenen gesellschaftlichen und individuellen Entwicklung. Die Erinnerung an die gewaltsamen kolonialen und imperialistischen Formen kapitalistischer Durchdringung verblaßte und wurde durch das Bild von einer eigenen bürgerlichen Zukunft verdrängt. Die Vorbildfunktion einer zur bürgerlichen Gesellschaft ausgeformten kapitalistischen Gesellschaftsordnung und die Attraktivität bürgerlich-demokratischer Herrschafts- und Lebensformen hat auf diese Weise begonnen, innerhalb der Staaten der Dritten Welt ihre politische Kraft zu entfalten und die bürgerlich-unausgeformten Staatswesen unter Druck zu setzen.

So verläuft die globale Vergesellschaftung längst nicht mehr allein über die ökonomischen Prozesse des kapitalistischen Weltmarktes, sondern immer stärker auch über die Internationalisierung des politischen und kulturellen Überbaus der bürgerlichen Gesellschaft. Wegen ihrer Flexibilität und relativen Unabhängigkeit gegenüber den ökonomischen Entwicklungen kommt der Verallgemeinerung dieser Überbaustrukturen immer größere Bedeutung zu, weil sie den globalen Vergesellschaftungsprozeß auch in Zeiten stagnierender ökonomischer Entwicklung weiter vorantreiben. Damit hat sich der ganze kapitalistische Transformationsmechanismus, der, ausgehend von den ökonomischen Grundlagen, die sozialen Strukturen erfaßt und schließlich auch in die geistigen und emotionalen Bereiche vordringt, verändert. Die Internationalisierung der politischen Strukturen und kulturellen Erzeugnisse hat die Veränderungen der ökonomischen Grundlagen überholt und bereitet das Terrain für die weitere Durchsetzung der kapitalistischen Gesellschaftsordnung. Die Attraktivität der Staats- und Herrschaftsformen, vor allem aber auch die subtilen Mechanismen kultureller Erzeugnisse, die zu einer Internationalisierung der Werthaltungen, Moden, Musik, Kleidung und Bedürfnisse führen, tragen in kaum zu überschätzendem Maße zur Auflösung traditionaler Werte und zur Orientierung auf die westliche Kultur bei.

Bis zum Ende des Dekolonisationsprozesses war eine solche Orientierung schon wegen der Identifikation westlicher Kultur mit kolonialer Herrschaft nicht verbreitet und blieb in den peripheren Gesellschaften auf eine dünne Schicht von Eliten beschränkt. Die in vielen nachkolonialen Staaten zunächst anzutreffende Ausrichtung auf einen nicht-kapitalistischen Entwicklungsweg tat ein übriges, diese Orientierung zu bremsen. Erst die aufstrebenden Mittelschichten der städtischen Zentren wurden zum sozialen

Träger für die sich ausbreitende Hinwendung zu einer neuen Hierarchie der Lebensstile, die die alten traditionalen Orientierungen zu ersetzen begannen. Aber die rasch voranschreitende Auflösung traditionaler Werte, kultureller und religiöser Grundlagen blieb nicht ohne Folgen. Zu den aufkommenden Demokratiebewegungen gesellten sich in wachsendem Maße Bewegungen fundamentalistischer Prägung, die sich gegen die Zerstörung der traditionalen Ordnung zur Wehr zu setzen begannen.

Seit Mitte der 70er Jahre sind die fundamentalistischen Kräfte nach und nach an die Stelle der sozialrevolutionären Bewegungen getreten. Anders als die sozialrevolutionären Bewegungen der 50er bis 70er Jahre, die sich weitgehend an dem sozialistischen Gesellschafts- und Entwicklungsmodell orientiert hatten, besitzen die fundamentalistischen Bewegungen zwar keine entwicklungspolitische Alternative; gleichwohl sind sie besonders seit dem sich abzeichnenden Zusammenbruch des Staatssozialismus in vielen Ländern zum Sammelbecken des Widerstandes gegen eine unausweichlich westliche Modernisierung geworden. Mit dem Auftauchen der fundamentalistischen Strömungen haben sich auch die Konfliktfelder deutlich verlagert. Während die sozialrevolutionären Bewegungen vor allem um politische Emanzipation marginalisierter Schichten und die Verbesserung ihrer ökonomischen Situation kämpften, richtet sich der fundamentalistische Widerstand heute vor allem gegen die Zerstörung der geistig-emotionalen, kulturellen und religiösen Grundlagen traditionalen Lebens.

Die Politisierung von Kultur, Religion oder Ethnizität zeigt nichts anderes, als daß diese die Einheit und den Zusammenhang traditionalen Lebens regelnden und garantierenden Symbolsysteme ihre Allgemeingültigkeit als Orientierungsmuster sozialen Lebens verlieren. Das Übergreifen moderner politischer und kultureller Überbaustrukturen auf alle Felder des gesellschaftlichen Lebens und die Säkularisierung zentraler Bereiche wie Ehe und Familie, Schule, Rechtssystem und Staat bedroht den umfassenden Bestimmungs- und Zuständigkeitsanspruch der traditionalen Ordnungs- und Symbolsysteme für diese Bereiche. Die im Modernisierungsprozeß als religiöse Konflikte erscheinenden Auseinandersetzungen sind also Konflikte um die Grenzziehung zwischen weltlichem und geistlichem Bestimmungs- und Zuständigkeitsanspruch für diese Bereiche, nicht aber eigentlich religiöse Konflikte. Auch in Europa war der Weg der Trennung von Staat und Kirche und die Herauslösung des Religiösen aus der Gesellschaft die Geschichte eines permanenten Kampfes. Traditionalismus und Fundamentalismus sind universelle Begleiterscheinungen der Moderne und verweisen auf die konfliktiven Grundmechanismen kapitalistischer Modernisierung.

Die bisherige Darstellung hat gezeigt, daß mit dem kapitalistischen Auflösungsprozeß traditionaler Lebensverhältnisse überall ein Formwandel der Abhängigkeits-, Herrschafts- und Gewaltverhältnisse einhergeht. Persönliche Abhängigkeits- und Herrschaftsverhältnisse verwandeln sich in Formen persönlicher Unabhängigkeit, die auf sachliche Abhängigkeit gegründet sind, traditionelle Loyalitäten verschwinden, personale Herrschaft löst sich auf in die sachliche Herrschaft der Verhältnisse. Parallel vollzieht sich ein Formwandel der Gewalt: Direkte Gewalt als unmittelbar ökonomische und herrschaftssichernde Potenz wird in die doppelte Bewegung der Verinnerlichung der Gewalt auf seiten der Individuen und deren Monopolisierung auf seiten des Staates umgesetzt, um schließlich innerhalb und zwischen den entwickelten bürgerlich-kapitalistischen Staaten zu pazifizierten Formen des Konfliktaustrags zu führen. Strukturelle Gewalt und Herrschaft der Verhältnisse treten an die Stelle unmittelbarer Gewalt und direkter Herrschaft.

Innerhalb und zwischen den Staaten der Dritten Welt hat der globale Transformationsprozeß bis heute nicht zu ähnlichen Resultaten geführt. Im Gegenteil: Die Dritte Welt ist nahezu zum alleinigen Kriegsschauplatz geworden, Gewalt durchzieht alle Ebenen des gesellschaftlichen Lebens. Hier hat sich weder ein gewaltenteiliger Staat als legitimer Verwalter gesellschaftlicher Gewaltmittel allgemein durchgesetzt oder bewährt, noch hat sich auf seiten der Individuen die Verinnerlichung von Gewalt vollzogen. Die herrschenden Klassen, Gruppen oder Personen bleiben den traditionalen, an Personen gebundenen Herrschaftsmustern verhaftet, was immer wieder die Tendenz zur Privatisierung des Staates oder des staatlichen Gewaltapparates zum eigenen Nutzen oder zum Vorteil der eigenen Klientel und auch die Tendenz zur Verselbständigung der den staatlichen Gewaltapparat repräsentierenden Gruppen zur Herrschaftselite hervorbringt. Dem entspricht auf seiten der beherrschten und besonders der entwurzelten und verelendeten Teile der Bevölkerung eine erhöhte Bereitschaft und bisweilen sogar die Notwendigkeit, ihr eigenes Überleben notfalls mit der ihnen einzig verbliebenen Ressource zu sichern - mit Gewalt. Gewalt als individuelle Überlebensstrategie.

Sowenig sich die Trennung politischer und ökonomischer Macht und die Herausbildung eines gewaltenteiligen Staates vollzogen hat, sowenig haben sich bei den gesellschaftlichen Individuen Selbstzwang und Selbstkontrolle entwickeln können. Die verschiedenen Abstufungen personaler Abhängigkeits- und Herrschaftsstrukturen bilden vielmehr auch weiterhin das vermittelnde Moment politischer und ökonomischer Macht und reichen als ein den Gesellschaftsbau strukturierendes Verhältnis noch weit in das Alltagsleben hinein. Der sich allein zwischen der selbstdisziplinären Verinnerlichung von Herrschaft und Gewalt und deren legitimer staatlicher Monopolisierung auftuende Raum bürgerlicher Freiheit und Gleichheit, Rechtsstaatlichkeit und Individualitätsentwicklung hat sich bislang nur einen Spalt weit geöffnet. Auf beiden Seiten zeigt sich die Unausgeformtheit bürgerlicher Entwicklung. Nicht Monopolisierung und Verinnerlichung, sondern die Tendenz zur Privatisierung der Gewalt ist Strukturmerkmal der Übergangsgesellschaften.

Der Prozeß des Übergangs zu einem homogenen Raum bürgerlicher Vergesellschaftung, zur gewaltenteiligen Auflösung von politischer und ökonomischer Macht sowie von Herrschaft und Gewalt geht überall mit der Zersetzung bislang gesellschaftlich gültiger Formen der Konfliktregelung und der Tendenz zu deren Privatisierung und insgesamt mit erhöhter Gewaltsamkeit einher. Traditionelle Mechanismen zur Regelung sozialer Konflikte büßen ihre Funktionsfähigkeit ein, ohne unmittelbar durch neue und wirksame Mechanismen ersetzt zu werden. Bislang gesellschaftlich gebundene Gewaltpotentiale werden freigesetzt und durch neuen, aus dem Transformationsprozeß resultierenden Konfliktstoff ergänzt. Die Auflösung sozial verbindlicher und akzeptierter Potenzen der Vergesellschaftung läßt so zwischen verringerter gesellschaftlicher Regulierungsfähigkeit und erhöhtem gesellschaftlichem Regulierungsbedarf ein Vakuum entstehen, in dem die Tendenz zur privaten Aneignung der nun gesellschaftlich ungebundenen Gewaltpotentiale ebenso ausgeprägt ist wie die Tendenz des Staates, das entstandene Machtvakuum mit autoritären oder gewaltsamen Mitteln zu schließen.

In diesem Vakuum gesellschaftlicher Regulierung finden interner Kolonialismus und Rassismus ebenso ihre Anknüpfungspunkte wie eine gewaltbereite innere Opposition. Hier ist Platz für die Verbreitung von Bandenwesen und Straßenkriminalität, für Todesschwadronen oder Privatarmeen der Rauschgiftmafia. Hier verdichtet sich soziale Marginalisierung zu neuem

Konfliktstoff, bislang stillgestellte Konfliktlinien brechen wieder auf. Ob es der staatlichen Autorität jedoch gelingt, das Vakuum gesellschaftlicher Regulierung auszufüllen, oder ob die Diffusion der Gewalt auf gesellschaftlich regulierte Bereiche übergreift und schließlich auch die Fundamente staatlicher Macht zersetzt, hängt freilich von den jeweils konkreten Gegebenheiten ab. Sicher aber ist, daß die Ausweitung bürgerlich-kapitalistischer Vergesellschaftung nicht mit einer kontinuierlichen Absorption gesellschaftlicher Konfliktpotentiale durch bürgerliche Regelungsmechanismen einhergeht. Im Gegenteil, der horizontal und vertikal verlaufende Transformationsprozeß schiebt ein Vakuum gesellschaftlicher Regulierung und eine Zone erhöhter Konflikt- und Gewaltbereitschaft vor sich her.

In Zeiten stagnierender oder nur partieller gesellschaftlicher Entwicklung, wenn sich die Erosionszonen kaum verschieben, gerinnt die Gewaltförmigkeit der Interessendurchsetzung schließlich zu alltäglicher Normalität. In Zeiten beschleunigter kapitalistischer Entwicklung dagegen geraten immer neue gesellschaftliche Bereiche in den Sog des konfliktiven Transformationsprozesses. So oder so, die Transformation vorbürgerlicher Verhältnisse bleibt notwendig ein konfliktiver Prozeß. Erst wenn die kapitalistischen Grundlagen bürgerlich-demokratischer Verhältnisse vollständig entwickelt sind, werden auch die sozialen Voraussetzungen dafür gegeben sein, daß der kapitalistische Prozeß der permanenten Umwälzung aller gesellschaftlichen Verhältnisse demokratisch und rechtsstaatlich verlaufen kann und verrechtlichte und symbolische Formen des Konfliktaustrags an die Stelle gewaltsamer oder autoritärer Regelungsmechanismen treten können. So haben auch die Demokratiebewegungen in der Dritten Welt seit den 80er Jahren den kapitalistischen Transformationsprozeß nicht befrieden können. Auf der Grundlage bürgerlich unausgeformter Gemeinwesen ist der Weg zu Demokratie und Rechtsstaatlichkeit nicht demokratisch und rechtsstaatlich zu haben und wird bestenfalls in Ausnahmefällen ohne Anwendung unmittelbaren Zwangs und direkter Gewalt durchzusetzen sein. Der kapitalistische Auflösungsprozeß vorkapitalistischer Vergesellschaftung erlegt der betroffenen Bevölkerung Opfer auf, die einen allgemeinen Konsens unmöglich machen. Der Kapitalismus ist nur mit Zwangsmaßnahmen oder autoritären Mitteln, nicht aber als demokratischer Prozeß durchzusetzen. Denn der Kampf um demokratische und rechtsstaatliche Verhältnisse ist etwas anderes als der Kampf mit Hilfe demokratischer und rechtsstaatlicher Mittel. Erst auf der Grundlage entwickelter bürgerlicher Verhältnisse wird der Demokratisierungsprozeß zur notwendigen Voraussetzung dafür, die

Errungenschaft weitgehend pazifizierter Formen gesellschaftlichen Konfliktaustrags zu verstetigen. In den bürgerlich unausgeformten Staaten der Dritten Welt aber bleibt der Formwandel der Gewalt ebenso unvollendet wie der nationale Konsolidierungsprozeß.

In keinem dieser Staaten hat der kapitalistische Vereinheitlichungs- und Homogenisierungsprozeß schon alle traditionalen Hindernisse auf dem Wege zur Schaffung eines einheitlichen Raumes bürgerlicher Vergesellschaftung beseitigt, so daß auch der nationale Konsolidierungsprozeß unabgeschlossen bleibt. Denn "das grundlegend Nationale an der Nation ist ... nicht etwa der Nationalmarkt, sondern die bürgerliche Hegemonie, d.h. die konkrete Reichweite der Fähigkeit der nationbildenden bürgerlichen Fraktionen zu Konsens und Herrschaft" (Mármora 1983:128). Selbst in den am weitesten entwickelten Schwellenländern Südostasiens sind die konsensualen Grundlagen noch nicht so weit entwickelt, daß der Modernisierungsprozeß ohne Zwangsmaßnahmen oder autoritäre Regierungen auskommen würde.

Das Auseinanderfallen von staatlichem und nationalem Konstitutionsprozeß stellt fast überall ein noch ungelöstes Problem dar. In welcher Weise allerdings die Probleme der nachholenden nationalen Konsolidierung vorausgesetzter Staatlichkeit gelöst werden, ob die Auflösung und Eingliederung der unterhalb des Nationalstaates liegenden traditionalen Integrationsebenen überhaupt innerhalb der vorgegebenen Staatsgrenzen gelingt, der Staat zerfällt oder sich ein Neben- und Ineinander der verschiedenen Integrationsebenen über Zeit stabilisiert und ob diese Prozesse schließlich zu kriegerischen Konflikten eskalieren, läßt sich aus der hier zugrunde gelegten Perspektive nicht vorhersagen. Dies muß konkreten Untersuchungen überlassen bleiben. Eines jedoch ist sicher: Die kapitalistische Entwicklungslogik allein kann die unterschiedlichen Formen der gesellschaftlichen Entwicklungsprozesse nicht erklären. Auch wenn die Unterschiede in Art, Umfang, Dauer und Geschwindigkeit kapitalistischer Penetration den Transformationsprozeß modifizieren und zu unterschiedlichen Ausprägungen des peripheren Kapitalismus beitragen, sind sie doch nicht in der Lage, für sich allein die vorfindliche Heterogenität der Gesellschafts-, Staats- und Konfliktformen in der Dritten Welt zu erklären. Hierzu müssen vielmehr der spezifische Charakter und die jeweilige Form der Verschränkung von kapitalistischen und traditionalen Elementen untersucht werden. Die Heterogenität der Gesellschafts-, Staats-, Herrschafts- und Konfliktformen kann daher nur als Ausdruck der Ungleichzeitigkeit gefaßt, dechiffriert, der Analyse zugänglich gemacht und schließlich in eine qualitative Typologie umgesetzt werden.

Denn die kapitalistische Entwicklung hat seit Anbeginn nicht nur die verschiedenen regionalen Welten zu einer Welt zusammengebunden, sie hat zugleich auch die verschiedenen Tempora der Entwicklung dem Rhythmus kapitalistischen Fortschritts unterworfen und so die Ungleichzeitigkeit der Entwicklung von Basis und Überbau, von Staaten, Regionen und Lokalitäten zur Signatur der bürgerlichen Epoche werden lassen, so daß die Ungleichzeitigkeit auch "als Ausdruck und Effekt der universellen Durchsetzung der kapitalistischen Entwicklung" (Dietschy 1988:18) bezeichnet werden kann. Erst die kapitalistische Dynamisierung der gesellschaftlichen Verhältnisse in Europa und "die Entdeckung der Welt als einer empirisch einlösbaren Gesamtheit" (Koselleck 1975:397) machte einen nun rückständigen Teil der Menschheit zum Adressaten kapitalistischen Fortschritts und bürgerlicher Herrschaftsansprüche und verwandelte "die Gattung in gleichzeitig lebende Völker verschiedener Kulturstufen" (ebd).

Auch wenn der Kapitalismus mit zunehmendem Reifegrad seiner eigenen Entwicklung allmählich die missionarischen, rassistischen und gewaltförmigen Attribute kolonialer und imperialistischer Expansion abstreift und sich zunehmend tauschförmig verrechtlichte Mechanismen durchsetzen, bleibt die Ungleichzeitigkeit als Kennzeichen des unabgeschlossenen globalen Vergesellschaftungszusammenhangs dennoch bestehen. Die Ungleichzeitigkeit aber kann sich nicht selbst zum Ausdruck bringen: "Immer wird die temporale Perspektive geographisch verortet und dann religiös, ethnisch, rassisch usw. angereichert" (Koselleck 1975: 397). Es sind daher die religiösen, ethnischen, sprachlichen usw. Unterschiede, in denen sich die Menschen die verschiedenen Tempora der Entwicklung vergegenwärtigen. Und entsprechend sind es religiöse, ethnische, sprachliche, kurz, kulturelle Formen, in denen die Gegensätze zum Ausdruck gebracht werden und die den Charakter der aus ihnen erwachsenden Konflikte und Kriege prägen. Es erweist sich also als völlig unangemessen, diese Erscheinungsformen der Kriege und Konflikte auch für ihre wesentlichen Bestimmungsgründe zu halten.

So wie die Durchsetzung der linearen Zeit kontinuierlichen kapitalistischen Fortschritts gegen die zirkulären Rhythmen der Wiederholung eingelebter

Verhältnisse in traditionalen Gesellschaften von Anfang an christlich-missionarischen und rassistischen Charakter besaß, so artikuliert sich auch der Widerstand gegen den Kapitalismus unter Rückgriff auf religiös-mythologisch, ethnisch, sprachlich oder tribal vermittelte Identitäten. Hieran hat sich nichts geändert, seit der kapitalistische Modernisierungsprozeß von den sozialen Kräften im Innern der peripheren Staaten vorangetrieben wird. Die Träger des Modernisierungsprozesses vergegenwärtigen sich auch hier die Potenzen des Kapitalismus als eigene Fähigkeiten, als Überlegenheit der eigenen Person, der eigenen Gruppe, Herkunft, Klasse, Ethnie usw. gegenüber den rückständigen Teilen der Gesellschaft, so daß der Modernisierungsprozeß nach wie vor von (jetzt innerem) Kolonialismus und Rassismus begleitet ist. Die von sozialer Marginalisierung bedrohten oder betroffenen Bevölkerungsteile dagegen klammern sich - solange die Gewalt der Umwälzung sie nicht vollständig entwurzelt und auf den Kampf ums nackte Überleben zurückgeworfen hat - an die überlieferten Lebensformen und Identitäten und flüchten sich in die vermeintliche Geborgenheit traditionaler oder schon überlebter Verhältnisse. Für die unter Modernisierungsdruck geratende Bevölkerung prägt also nicht die bürgerliche Gesellschaft das Bild von der eigenen Zukunft. Für sie wird der Traditionalismus zum Phantasiespiegel des künftigen Gesellschaftsbaus.

Traditionalismus und Fundamentalismus dürfen aber nicht nur als reaktionäres Wiederaufleben untergehender Verhältnisse, nicht nur als Flucht in die vermeintliche Geborgenheit der Vergangenheit verstanden werden, sie schließen immer auch die Dimension der Verbürgerlichung der Vergangenheit, der Vergegenwärtigung des Kommenden in der Sprache der Vergangenheit ein. Denn man muß das Neue zunächst in der Sprache des Alten ausdrücken, weil das Neue seine eigene Sprache noch nicht gefunden hat. Wenn die Menschen "eben damit beschäftigt scheinen, sich und die Dinge umzuwälzen, noch nicht Dagewesenes zu schaffen, gerade in solchen Epochen revolutionärer Krise beschwören sie ängstlich die Geister der Vergangenheit zu ihrem Dienste herauf, entlehnen ihnen Namen, Schlachtparole, Kostüm, um in dieser altehrwürdigen Verkleidung und mit dieser erborgten Sprache die neue Weltgeschichtsszene aufzuführen" (Marx 1973:115). Das Abstreifen der Traditionen bedarf als ersten Schritt der Rückübersetzung in Sprache, Denken und Gefühle der Vergangenheit, um schließlich von den bürgerlichen Elementen überlagert zu werden. "Die Brechung der Tradition gelingt immer am besten im Namen traditionell akzeptierter Wertvorstellungen, auch wenn die Neuerung die tradierten Wertvorstellungen auflöst"

(Lepsius 1986:26). Die Renaissancen und "weltgeschichtlichen Totenbeschwörungen" (Marx 1973:115), das Wiederaufleben und die Heroisierung traditionaler, archaischer und atavistischer Bestände und das Sich-Klammern an die untergehenden Verhältnisse sind konstitutive Momente des Übergangs zur bürgerlichen Gesellschaft und haben den kapitalistischen Modernisierungsprozeß von Anfang an begleitet.

Ob es sich beim Wiederaufleben tradierter Verhältnisse nun um die Verbürgerlichung der Vergangenheit als Vorspiel und Begleiterscheinung zu einer Verbürgerlichung der Gegenwart oder um einen wirklichen Rückfall in archaische Verhältnisse handelt, ändert nichts daran, daß die Rückbesinnung auf ethnisch-kulturelle oder religiöse Symbole der Zusammengehörigkeit von Regionen oder Bevölkerungsgruppen den Graben zwischen Tradition und Moderne vertieft; es ändert nichts daran, daß durch die Reaktivierung von Traditionsbeständen auch alte Gegensätze, Feindschaften und Konflikte zwischen den Bevölkerungsgruppen und Regionen neu belebt, vertieft oder ausgeweitet werden, so daß der Transformationsprozeß durch die bestehenden ethnisch-kulturellen, religiösen oder regionalen Gegensätze aufgeladen und überlagert wird.

Der kapitalistische Transformationsprozeß legt sich so in eine Vielzahl sozialer Segmentierungen, kultureller Differenzierungen und Regionalismen auseinander, die die Wahrnehmungs- und Verhaltensmuster der Akteure und damit die Konflikte der Übergangsperiode prägen. "Der Angleichungs- und Vergleichzeitigungsprozeß im Weltmaßstab hebt ... das Ungleiche und Ungleichzeitige nicht auf, er provoziert im Gegenteil einen Aufstand der Partikularitäten" (Dietschy 1988:253). Im Übergangsprozeß vollzieht sich also weder der Formwandel der Gewalt als kontinuierliche Absorption gesellschaftlicher Konfliktpotentiale durch bürgerliche Regelungsmechanismen, noch passen sich die vorbürgerlichen Lebensrhythmen harmonisch dem Tempo kapitalistischen Fortschritts an. Die Übergangsperiode ist vielmehr durch die Tendenz zur Diffusion und Privatisierung der Gewaltpotentiale, durch eine Vertiefung ethnisch-kultureller, religiöser und regionaler Gegensätze und durch einen Aufstand der Partikularitäten geprägt. Und es sind die vielfältig unterschiedlichen vorbürgerlichen Verhältnisse und Traditionen, die der sich gleichbleibenden Entwicklungslogik des Kapitals ihre nationalen, regionalen und lokalen Besonderheiten und den Konflikten und Kriegen dieser Periode ihre Form und Gestalt verleihen. Während die bürgerliche Gesellschaft zunehmend zum Maß der Entwicklung und zum Maßstab des Verleichs aller peripheren Gesellschaften wird, sind es umgekehrt die vorbürgerlichen und traditionalen Einflußgrößen, die maßgeblich die Spezifika der Gesellschafts-, Staats- und Herrschaftsformen wie auch den Charakter der Gewalt-, Konflikt- und Kriegsformen prägen.

2.7 Das Ende des Ost-West-Konfliktes und der konfliktive Transformationsprozeß vom Staatssozialismus zum Kapitalismus

Neben den aus dem Formwandel kapitalistischer Entwicklung hervorgehenden Veränderungen des weltweiten Kriegsgeschehens stellt der Ost-West-Konflikt nach 1945 die zweite übergreifende und strukturgeschichtlich wesentliche Dimension dar. Zu dem hier dargestellten inneren Zusammenhang von kapitalistischer Entwicklung und Krieg steht der Ost-West-Konflikt jedoch nur in einem äußeren Verhältnis. Es handelt sich nicht um ein der kapitalistischen Weltentwicklung immanentes, aus ihrer Logik rekonstruierbares Phänomen, sondern um einen äußeren Gegensatz, der insgesamt auch nur begrenzt theoriefähig ist. Denn das Verhältnis zwischen den Blöcken bezog seine Dynamik nicht aus einer qualifizierbaren inneren Logik, sondern aus dem äußeren Spannungsverhältnis zwischen den Systemen, das lokal, regional und global in hohem Maße von ereignisgeschichtlichen Begebenheiten abhing. Trotz seiner Bedeutung für das internationale System und seines unstrittigen Einflusses auf das Kriegsgeschehen in der Welt stellt die staatenübergreifende Konfliktdimension des Systemgegensatzes für den hier entwickelten theoretischen Zusammenhang somit nur eine modifizierende Größe dar und braucht daher nur kurz abgehandelt zu werden.

Der dem Ost-West-Konflikt zugrunde liegende Gegensatz zwischen Kapitalismus und Sozialismus ist älter als der Systemgegensatz. Seine Wurzeln reichen bis in die Anfänge der industriellen Revolution zurück, wo der Sozialismus als gesellschaftskritische Begleiterscheinung der frühkapitalistischen Entwicklung entstand. In seinen verschiedenen Ausprägungen vom utopischen Sozialismus bis hin zur pragmatischen Sozialdemokratie hat er die Entwicklung der kapitalistischen Gesellschaft begleitet und als politischer Ausdruck der aufkommenden Arbeiterbewegung den Gegenpol zu traditionellen und konservativen Richtungen des Bürgertums gebildet. Die sozialistischen Bewegungen haben entscheidend zur Demokratisierung und zur Ausformung des Kapitalismus zur bürgerlichen Gesellschaft beigetragen (vgl. Rosenberg 1988). Erst seit der Oktoberrevolution von 1917 hat dieser in den sozialen Widersprüchen kapitalistischer Entwicklung wurzelnde Gegensatz die zwischenstaatliche Form des Systemgegensatzes und erst nach 1945 die Form des Kalten Krieges angenommen, der dann von Europa aus zu einem System globaler Bipolarität wurde. Der Ost-West-Konflikt war damit zu einem herausragenden Strukturmerkmal des internationalen Systems geworden und eine als bipolar wahrgenommene Welt wurde zu einem Ordnungs- und Interpretationsrahmen für die internationale Politik und wirkte tief in das Innenleben der Staaten hinein. Alles, von der Nord-Süd-Problematik bis zu innergesellschaftlichen Auseinandersetzungen, wurde in der Sprache des Systemgegensatzes ausgedrückt.

Bereits unmittelbar nach Kriegsende wurde mit dem Containment die Eindämmung eines monolithisch aufgefaßten Weltkommunismus zur außenpolitischen Doktrin der USA erhoben, in deren Folge eine Vielzahl regionaler Konflikte mit dem Ost-West-Konflikt aufgeladen wurde. Nur selten aber trat die "Süddimension des Ost-West-Konfliktes" (Hamann 1986) so deutlich hervor wie in Vietnam oder im Korea-Krieg, wo eine kapitalistische Internationale unter dem Deckmantel der UN-Kriegsbeteiligungen gegen die Ausbreitung des Weltkommunismus kämpfte. Der Korea-Krieg wurde dann auch "von West wie von Ost als Beginn der militärischen Auseinandersetzung zwischen ihnen in der Dritten Welt angesehen" (Czempiel 1991:23). Für die Vereinigten Staaten war damit der Grundstein ihres Engagements in Südostasien gelegt, das in Vietnam seinen kriegerischen Höhepunkt fand. Aber nie wieder spielte der Ost-West-Konflikt eine derart wichtige Rolle wie bei den Kriegsbeteiligungen der USA in Südostasien seit den 50er Jahren. Vielmehr wurde die Welt in den Zustand eines "imaginären Krieges" (Kaldor 1992) versetzt, der zu keinem Zeitpunkt zu einer direkten kriegerischen Konfrontation zwischen den Blöcken führte. Denn schon sehr früh waren Krisenmanagement und Kriegsvermeidungspolitik an die Stelle risikoreicher Konfrontation getreten (vgl. Link 1986:328f). In aller Regel blieb die Aufladung regionaler Konflikte mit dem Ost-West-Konflikt daher unterhalb der Schwelle einer direkten Kampfbeteiligung regulärer Truppen. Die Hauptformen des Engagements der Supermächte und ihrer Verbündeten waren Waffenlieferungen, logistische, finanzielle oder politische Unterstützung, so daß die Systemauseinandersetzung sich meist nur als konfliktverschärfendes Moment an das Geflecht kriegsursächlicher Bestimmungsgründe angelagert hat.

Daß es in den Staaten der Dritten Welt überhaupt Anknüpfungspunkte für die Möglichkeit einer globalen Ausweitung des Ost-West-Gegensatzes gab, lag daran, daß die antikolonialen Befreiungskämpfe vor allem der 50er und 60er Jahre meist unter dem Banner des kolonial unbelasteten Sozialismus als antiimperialistische Befreiungskämpfe geführt und nicht selten nach der formalen Unabhängigkeit als Auseinandersetzungen um die Herrschafts- und Staatsformen fortgesetzt wurden. Im Prozeß der Überwindung kolonialer Vergangenheit waren überall in der Dritten Welt sozialistische oder kommunistische Parteien, Gewerkschaften oder andere Gruppierungen entstanden, die erst den für die Anlagerung des Ost-West-Gegensatzes notwendigen Gegenpol zu den alten kolonialen Herrschaftseliten darstellten. Nur das Vorhandensein dieser dem Systemgegensatz entsprechenden sozialen Kräfte in den Staaten der Dritten Welt ermöglichte die globale Ausweitung der Systemkonkurrenz und damit die Anreicherung des ohnehin konfliktiven Dekolonisations-, Staatenbildungs- und Konsolidierungsprozesses mit dem Ost-West-Konflikt.

Verglichen mit den gesellschaftlich-sozialen Veränderungen, die der kapitalistische Transformationsprozeß hervorrief, blieb die sozialistische Orientierung von Regierungen oder national- und sozialrevolutionären Bewegungen jedoch ohne Tiefenwirkung, so daß der Systemgegensatz in den Staaten der Dritten Welt vor allem als fiktiver, ideologischer Gegensatz zum Tragen kam. Denn ähnlich wie in Rußland, wo der Sozialismus siegte, "weil die Einführung des Kapitalismus gescheitert war" (Hoffer 1992:224), waren auch hier die gesellschaftlichen Grundlagen für eine sozialistische Entwicklung nicht gegeben. Trotz aller Rhetorik, nirgendwo gingen die kolonialen und nachkolonialen Auseinandersetzungen, Konflikte und Kriege tatsächlich um die Alternative zwischen Kapitalismus und Sozialismus. "Nicht die Klassenkonflikte zwischen Bourgeoisie und Proletariat, sondern der Kampf gegen koloniale und neokoloniale Ausbeutung und nationale Unterdrückung waren ja die Triebkräfte dieser Revolutionen. Was das sowjetische Modell für viele von ihnen gleichwohl attraktiv machte, war die Aussicht auf Befreiung von größter Armut, Unwissenheit und Rückständigkeit" (Schneider 1992:317). So fand die Ausrichtung am sowjetischen Modell seine Begründung vor allem auch darin, daß die anfänglich durchaus eindrucksvollen Modernisierungserfolge der "realsozialistischen" Staaten Anlaß gaben, die zentralistisch-administrative Planung als geeignetes Instrument zur Überwindung der Unterentwicklung anzusehen. Der Sozialismus aber war nicht mehr als ein politisch-ideologisches Werkzeug für die nachholende Entwicklung.

Dies zeigt sich auch darin, daß die Dritte Welt nicht nur Opfer eines von den Machtblöcken auf sie projizierten Ost-West-Gegensatzes war. Nicht selten konnte die im Kalten Krieg erstarrte Perzeption einer nur bipolaren Welt auch von den lokalen Kriegsparteien als Mittel zur Mobilisierung ausländischer Unterstützung genutzt werden. Staatschefs und Guerillaführer in Lateinamerika, Asien und Afrika konnten ihre proklamierten Überzeugungen wechseln wie das Hemd, ohne Gefahr zu laufen, die Unterstützung der einen oder anderen Seite zu verlieren. Die eigene Verfangenheit in den bipolaren Denkmustern und die Attraktivität vermeintlicher Positionsgewinne im Ringen der Großmächte um Einflußsphären und Verbündete machte blind gegenüber den tatsächlichen Verhältnissen. Die Beschwörung der Universalmythen vom antiimperialistischen Kampf auf der einen oder der Gefahr einer kommunistischen Weltexpansion auf der anderen Seite reichten, um Unterstützung zu mobilisieren und den Ost-West-Konflikt in seiner Süddimension als Moment in den innergesellschaftlichen oder zwischenstaatlichen Konfliktkonstellationen zu verankern. Es kann gesagt werden, daß wohl kein anderer singulärer Zusammenhang die Wahrnehmung regionaler oder lokaler Konfliktursachen jemals in ähnlicher Weise getrübt und damit das globale Konfliktverhalten derartig "irrationalisiert" hat wie die Systemkonkurrenz.

Aber auch die wissenschaftlichen Wahrnehmungsmuster hinsichtlich der sozialen Auseinandersetzungen, Konflikte und Kriege in der Dritten Welt waren an den Koordinaten des Systemgegensatzes und der bipolaren Struktur des internationalen Systems ausgerichtet. Konflikte zwischen verkrusteten traditionalen Oligarchien und Befreiungsbewegungen, deren "revolutionäre" Forderungen in aller Regel durchaus dem bürgerlich-liberalen Wertekanon entsprochen haben, wurden in das stereotype Bild einer bipolaren Weltordnung eingepaßt und zur Auseinandersetzung zwischen Kapitalismus und Sozialismus umgedeutet. So entsprach auch das lange Zeit "populäre Bild der 'Stellvertreterkriege'... nicht der Realität der meisten Kriege in der Dritten Welt" (Matthies 1992:366). Die Systemauseinandersetzung hat in den Kriegen seit dem Zweiten Weltkrieg keine vorrangige Rolle gespielt (vgl. Gantzel/Meyer-Stamer 1986:97). Eine von zeitgeschichtlichen Einflüssen und ideologischen Werturteilen freie Geschichte der Auswirkungen des Ost-West-Konfliktes auf das Kriegsgeschehen in der Dritten Welt jedenfalls wartet noch darauf, geschrieben zu werden.

Soviel aber kann schon jetzt festgehalten werden: Gemessen am Gewicht anderer, vor allem innergesellschaftlicher Ursachenkonstellationen, blieb der Einfluß des Ost-West-Konflikts auf das Kriegsgeschehen in der Dritten Welt trotz regionaler Unterschiede und insgesamt abnehmender Tendenz äußerst gering. Der Einfluß war auch keineswegs eindeutig. Denn es kann nicht behauptet werden, daß der Ost-West-Gegensatz nur zur Verschärfung oder Verlängerung von Konflikten beigetragen hätte. Zur Vermeidung direkter Konfrontation und aus Furcht vor unkontrollierter Ausweitung von Regionalkonflikten kam es in vielen Fällen auch zur Disziplinierung der jeweiligen Klientel und zur Entschärfung von Konflikten durch die Supermächte (vgl. Kanet/Kolodziej 1991). Hierauf gründete sich auch die von vielen ursprünglich geäußerte Hoffnung, daß sich mit dem Ausklang der Ost-West-Konfrontation auch ein rasches Ende regionaler und lokaler Kriege in der Dritten Welt einstellen würde. Daß es trotz intensiver Bemühungen seit der zweiten Hälfte der 80er Jahre den USA und der UdSSR mit Ausnahme des Namibia-Konflikts nicht gelang, dauerhafte Friedensregelungen herbeizuführen und namentlich die Kriege in Angola, Afghanistan und Kambodscha "nationalisiert" weiter gehen, macht jedoch noch einmal deutlich, wie gering der Einfluß des Ost-West-Konflikts und der Großmächte auf das Kriegsgeschehen in den Staaten der Dritten Welt tatsächlich geworden war.

So stellen das Ende der globalen Ost-West-Konfrontation, das Scheitern des staatssozialistischen Gesellschafts- und Entwicklungsmodells und der kapitalistische Transformationsprozeß der sozialistischen Staatenwelt zwar einen tiefen weltgeschichtlichen Einschnitt dar. Im Hinblick auf die kapitalistische Entwicklung und das weltweite Kriegsgeschehen aber dominieren die Kontinuitäten. Der Kapitalismus, dessen ökonomischen, politischen und sozialen Wirkungsmechanismen sich die sozialistische Staatenwelt weitgehend entzogen hatte, ist durch den Zusammenbruch des Sozialismus seinem Anspruch, zu einem wirklich weltumspannenden Vergesellschaftungssystem zu werden, einen gewaltigen Schritt nähergekommen. Auch der seit 1945 dauerhafte Anstieg der pro Jahr geführten Kriege hat sich nicht abgeschwächt. Über die gesamten 80er Jahre hinweg ist das Kriegsgeschehen weiter angestiegen und hat zu Beginn der 90er Jahre einen neuen historischen Höchststand erreicht.

In den Staaten der Dritten Welt gibt es trotz verstärkter Friedensbemühungen der UNO und anderer, regionaler Organisationen, die durch den abklingenden Ost-West-Konflikt zusehends an Handlungsspielraum gewonnen haben, keinerlei Hinweise darauf, daß sich das Kriegsgeschehen in absehbarer Zukunft verringern wird. Hinzu kommen die ehemaligen staatssozialistischen Gesellschaften Mittel- und Südosteuropas und vor allem das Territorium der früheren Sowjetunion als neues Krisen- und Kriegszentrum der Weltpolitik. Hier wurden seit 1989 die meisten Kriege begonnen. Bis dahin war diese Region weitgehend von kriegerischen Auseinandersetzungen verschont geblieben. Zwar hatte es auch hier eine ganze Reihe von Krisen und gewaltsamen Unterdrückungsmaßnahmen gegeben, mit Ausnahme des Ungarn-Aufstandes von 1956 aber haben sie sich nicht zu Kriegen ausgeweitet. Das noch auf dem Pariser Gipfel der europäischen Staats- und Regierungschefs im November 1990 proklamierte "neue Zeitalter der Demokratie, des Friedens und der Einheit" (zitiert nach Brock/Hauchler 1993:9) aber hat sich nun unter den Auspizien einer unerbittlichen Realität in eine Ära wachsender Desintegration, fortschreitender politischer Instabilität und zunehmender Gewalt und Kriege verwandelt.

Der für viele so hoffnungsvolle Anfang vom Ende der Epoche des Staatssozialismus vollzog sich mit einer nicht für möglich gehaltenen Geschwindigkeit, Radikalität und zunächst auch Gewaltlosigkeit. Die Mitte der 80er Jahre begonnenen, von oben verordneten Reformen in der Sowjetunion hatten sich in den osteuropäischen Staaten zu revolutionären Umwälzungen der gesellschaftlichen Ordnung ausgeweitet, weil die sowjetische Führung erkennen ließ, daß sie nicht länger willens war, ihre Hegemonie in der Region notfalls auch mit Gewalt aufrechtzuerhalten. Mit dem Autoritätsverlust der UdSSR und dem sich allmählich abzeichnenden Zerfall der politischen, militärischen und wirtschaftlichen Einheit des Ostblocks begann die erstarrte staatsbürokratische Ordnung Osteuropas unter den Druck einer in Bewegung gesetzten, sich nun artikulierenden und organisierenden Bevölkerung zu geraten. Die hohl gewordene Macht der Apparate zerbrach fast überall, ohne daß diese zum letzten Mittel des Machterhalts griffen. In Polen, der DDR, der CSSR und Ungarn, später in Bulgarien und sogar in Albanien vollzog sich der Wandel vergleichsweise friedlich. In Rumänien aber brach sich die Welle des friedlichen Aufbruchs an dem zu jedem

Wandel unfähig gewordenen Regime des Ceaucescu-Clans. In einem kurzen blutigen Bürgerkrieg im Dezember 1989 konnten sich die Streitkräfte mit Unterstützung vor allem der städtischen Bevölkerung gegen den mit staatsterroristischen Mitteln herrschenden Diktator und seine Securitate-Sicherheitskräfte durchsetzen. In Jugoslawien, wo im Frühsommer 1991 der offene Bürgerkrieg ausbrach, hatte sich bereits 1988 mit den Unruhen im Kosovo die verhängnisvolle Entwicklung des kriegerischen Zerfalls des Vielvölkerstaates angedeutet, ohne daß es gelungen wäre, sie aufzuhalten.

Auch in der UdSSR begannen sich mit der neuen Politik die zentrifugalen Kräfte des Unionsgefüges geltend zu machen, was seit Anfang 1990 zu einer dramatischen Zuspitzung der Situation führte. Die Unabhängigkeitsbestrebungen in den baltischen Unionsrepubliken Estland, Lettland und Litauen drohten zeitweilig, zu gewaltsamen Konflikten mit der Zentralregierung zu eskalieren, konnten allerdings im Laufe des Jahres 1990 erfolgreich abgeschlossen werden. Die Streitigkeiten der Unionsrepubliken Armenien und Aserbaidschan um die Enklave Nagornyj-Karabach aber eskalierten nach vorangegangenen Pogromen im Januar 1990 zum offenen Krieg. Es folgten der Krieg in Georgien um die autonome Region Südossetien vom Dezember 1990 bis zum Juli 1992 sowie die ebenfalls in Georgien ausgebrochenen Kriege gegen den gewählten Präsidenten Gamsachurdia zwischen September 1991 und Januar 1992 und der seit August 1992 andauernde Kampf um die autonome Republik Abchasien. Im 1991 unabhängig gewordenen Moldawien eskalierte der Konflikt um die Dnjestr-Republik zwischen März und August 1992 zum Krieg. In Tadschikistan und dem zu Rußland gehörenden Nordossetien brachen im August bzw. Oktober 1992 ebenfalls bis heute andauernde Kriege aus. Die unzähligen kleineren bewaffneten Auseinandersetzungen, Massaker und Pogrome in allen Teilen der früheren Sowjetunion seien hier gar nicht erwähnt. Die Zahl potentieller Konfliktherde allein auf ethnischer oder nationalistischer Grundlage wurde von russischen Experten im Frühjahr 1992 mit 180 angegeben (vgl. Arnswald 1993:107).

Wie immer sich diese Auseinandersetzungen im einzelnen entwickeln mögen - fest steht, daß es berechtigt ist, nach dem kriegerischen europäischen Staatenbildungsprozeß des 18. und 19. Jahrhunderts und der in vielen Fällen ebenfalls gewaltsam erkämpften staatlichen Unabhängigkeit der ehemaligen Kolonialgebiete jetzt von einem dritten großen Staatenbildungsprozeß zu sprechen, dessen geographisches Zentrum vorerst noch das Territorium des zerfallenden Sowjetsreichs bildet. Allein bis 1991 sind aus der früheren Sowjetunion 15 selbständige Staaten hervorgegangen (vgl. Globale Trends 93/94:94). Anders als im ehemaligen Jugoslawien hat sich dieser Staatenbildungsprozeß durch die Gründung der Gemeinschaft Unabhängiger Staaten im Dezember 1991 zwar zunächst einmal weitgehend friedlich vollzogen; vor den folgenden gewaltsamen Grenzstreitigkeiten, konkurrierenden Territorialansprüchen, Autonomie- und Sezessionsbestrebungen, ethnischen, nationalistischen, religiösen, politischen, ökonomischen oder sozialen Konflikten hat dies gleichwohl nicht geschützt.

Denn ähnlich wie im ehemaligen Jugoslawien überlagern und durchdringen sich auf dem Territorium der früheren Sowjetunion die unterschiedlichsten Konfliktlinien: Etwa 130 Nationalitäten, unterschiedliche Kulturräume, Sprachen und Religionen, unübersehbare wirtschaftliche und ökologische Probleme, mitgeschleppte Konflikte aus vorsowjetischer und sowjetischer Vergangenheit usw. bilden ein gigantisches Konfliktpotential, das im Zuge des Zerfalls der früheren Union in eine Vielzahl souveräner Staaten freigesetzt wurde. Überall begann sich das durch den Autoritätsverlust Moskaus entstandene "Machtvakuum" mit nationalistischen, ethnischen, religiösen oder regionalen Ansprüchen aufzuladen und eskalierte in der Folgezeit in den verschiedenen Regionen zu bislang sieben kriegerischen Konflikten. Dabei steht der konfliktive Zerfalls- und Staatenbildungsprozeß hier erst am Anfang, denn nach dem Erreichen der territorialen Integrität steht den neuen Staaten der Prozeß der nachholenden Konsolidierung ihrer neu gewonnenen Souveränität noch bevor.

Die Erosion bislang gültiger gesellschaftlicher Regelungsmechanismen schreitet in allen Nachfolgestaaten der Sowjetunion weiter rasch voran, ohne durch nennenswerte Fortschritte auf dem Weg zu zivilgesellschaftlichen Strukturen, rechtsstaatlichen und demokratischen Verhältnissen ausgeglichen zu werden. So hat sich die Ablehnung der alten Strukturen nirgendwo in einen breiten Konsens über die zukünftige gesellschaftliche Ordnung oder den Weg zu ihr übersetzt. Das Hohelied auf Marktwirtschaft und Demokratie wird längst nicht mehr angestimmt. Ethnischer und religiöser Fundamentalismus, alte Kader und neue Nationalisten übertönen vielerorts die Reformkräfte. So besteht kaum irgendwo die Aussicht auf einen breiten sozialen Konsens der gesellschaftlichen Kräfte, der aber die unverzichtbare Grundlage für eine zivilgesellschaftliche, von Gewalt und Unterdrückung freie Entwicklung darstellt. Vielmehr hält die Zerstörung der Wirtschafts- und Sozialstruktur an, ohne daß tragfähige Fundamente für die notwendige Reformpolitik geschaffen würden. Je weiter diese Entwicklungen voranschreiten, desto weniger können sie aus den Widersprüchen sowjetischer Herrschaft und russischer Hegemonie, aus administrativer Bevormundung und Kommandowirtschaft erklärt und als Altlast des Staatssozialismus angesehen werden. Immer stärker wird der Transformationsprozeß selbst zur Quelle von Desintegration, Gewalt und Krieg.

Die zur Erklärung der ausbrechenden ethnischen und nationalistischen Konflikte in den Nachfolgestaaten der Sowjetunion und den anderen ehemals sozialistischen Staaten immer wieder verwendeten Metaphern von einem unter den Verkrustungen der staatssozialistischen Strukturen "hervorbrechenden Unheil", vom Auftauen der im kalten Winter der Sowjet-Herrschaft "eingefrorenen" oder unter ihrer harten Knute "stillgestellten" Konflikte oder von der nun "geöffneten Büchse der Pandora" verstellen den Blick. Dies nicht nur, weil die Frage nach dem Warum sich erledigt, wenn schon da war, was erklärt werden soll, sondern weil übersehen wird, daß das Aufleben des Nationalismus und ethnisch-religiöser Bezugssysteme keineswegs das zweifelhafte Privileg der vom Staatssozialismus befreiten Völker ist, sondern die gesellschaftlichen Transformationsprozesse der Moderne als universelle Erscheinung begleitet.

Sobald die bindenden Kräfte sozialen Lebens verloren gehen, flüchten sich die Menschen in die fiktive Behausung von Nationalismen, ethnischen Identitäten oder religiösen Fundamentalismen. Dann erwacht die Sehnsucht nach Einheit stiftenden fundamentalen mythischen Vorstellungen und nach der ordnenden Macht charismatischer Führer. "Der Ruf nach Führerschaft erscheint nur, wenn ein kollektiver Wunsch eine überwältigende Stärke erreicht hat und wenn andererseits alle Hoffnungen, diesen Wunsch auf gewöhnliche und normale Weise zu erfüllen, fehlgeschlagen sind. In solchen Zeiten wird der Wunsch nicht nur lebhaft gefühlt, sondern auch personifiziert. Er steht vor den Augen der Menschen in konkreter, plastischer und individueller Gestalt. Die Intensität des kollektiven Wunsches ist im Führer verkörpert. Die früheren sozialen Bindungen - Gesetz, Gerechtigkeit, Verfassung - werden außer Kraft gesetzt" (Cassirer 1985:365).

Aber der Rückzug in überkommene Strukturen ethnisch oder religiös vermittelter Identitäten und Gemeinschaftsgefühle reicht nicht hin, um die sozialen Bindungen zu erneuern und das Überleben in der vorgestellten Gemeinschaft zu sichern. Um ihr elementares Bedürfnis der Sicherung der Gemeinschaft nach außen und ihrer Integration nach innen in der modernen Staatenwelt durchsetzen zu können, sehen sich die ethnischen Gruppen und religiösen Gemeinschaften gezwungen, sich nationalistisch zu geben. Daß sich dieses Bedürfnis auf der Grundlage staatlicher Strukturen als Nationalgefühl konstituiert oder als solches nach staatlicher Einheit verlangt, gehört ganz und gar der Neuzeit an. "Dem Mittelalter ist die Nation in unserem Sinne völlig unbekannt, und noch im 18. Jahrhundert erweisen sich die kirchlichen und dynastischen Bindungen in der Politik den nationalen gegenüber als die bei weitem stärkeren. Erst im Zeitalter des entwickelten Kapitalismus haben sich die Völker zu Nationen konstituiert" (Heller 1963:162). So wie sich erst im Zeitalter des Kapitalismus Staat und Nation konstituieren und zu nationaler Einheit, Souveränität und Identität zusammengefunden haben, so müssen sich unter den gegebenen Voraussetzungen einer in Staaten gegliederten Welt die ethnischen, religiösen oder regionalen Bewegungen zugleich auch nationalistisch gebärden, um sich als Einheit konstituieren zu können.

Gleichwohl ist die sich seit dem Zerfall und den gewaltsamen Konflikten im ehemaligen Jugoslawien und der früheren Sowjetunion immer stärker einbürgernde Charakterisierung der sozialen Konflikte als ethnische oder ethnisch-nationalistische Konflikte wenig geeignet, die Ursachen der Auseinandersetzungen und Kriege aufzudecken. Zwar flüchten sich die Menschen angesichts scheiternder nationalstaatlicher Konsolidierung oder anderer krisenhafter Entwicklungen des gesellschaftlich-sozialen Lebens in die vermeintliche Geborgenheit fiktiver Abstammungsgemeinschaften oder anderer ursprungsmächtiger sozialer Einheiten, die als Klammer ihrer natürlichen und sozialen Welt dienen und die verunsicherten und aus ihren gewohnten Lebensumständen herausgerissen Individuen in ein neues Gemeinschaftsgefühl einbinden. Aber so sehr die vorgestellte Gemeinschaft den Beteiligten selbst als Ursprung und Motiv ihres Handels erscheinen mag und sie ihre Kämpfe im Namen vorgeblicher Abstammungsgemeinschaften oder religiöser Gruppierungen austragen; im Kontext der Vergewisserung über die Ursachen dieser Konflikte ist Ethnizität in erster Linie Resultat eines vorangegangenen Prozesses, in dessen Verlauf alle sozialen Mechanismen zerstört werden, die es den Menschen zuvor erlaubt haben zusammenzuleben. Die Zerstörung dieser sozialen Mechanismen, Regeln, Institutionen und die Einebnung aller sozialen Differenzierungen, Gruppen, Klassen, Schichten zu dem einen und einzigen Unterschied ethnischer Zugehörigkeit sind die eigentlichen Ursachen der Konflikte. Der diffuse Sammelbegriff "ethnische Konflikte" ist geeignet, all dies auszulöschen und als scheinbare Letztbegründung für die Konflikte die dahinter liegenden Ursachen zu verdecken. Die Popularität des Begriffs zeigt selbst ein Stück Mythos, der mit dem wiederauflebenden Nationalismus auch in die westliche Welt zurückgekehrt ist. Aber auch wer dem falschen Schein der vorgeblichen Ursprünglichkeit ethnischer Konfliktursachen erliegt, wird eines besseren belehrt werden, sobald sich die ethnischen Gruppierungen als staatliche Einheiten konstituieren und die inneren Widersprüche dieser Gemeinschaften hervortreten oder zu gewaltsamen Konflikten eskalieren.

Was den Akteuren als Motiv ihres Konfliktverhaltens erscheint, ist Ausdruck existentieller Verunsicherung und der Sehnsucht nach Einheit stiftenden sozialen Integrationsebenen, die in der fraglosen Gestalt ursprünglicher Gemeinschaften verwurzelt sind. Das Bedürfnis der Konfliktparteien, sich auf Abstammungsgemeinschaften zu berufen oder sich mit nationalistischen oder religiösen Symbolen zu kostümieren, ist universelle Begleiterscheinung des kapitalistischen Transformationsprozesses vor- bzw. nichtkapitalistischer Gesellschaften. Sie kann in der europäischen Geschichte ebenso beobachtet werden wie in den Staaten der Dritten Welt oder in den zerfallenden staatssozialistischen Gesellschaften. Aber es sind jedesmal die konkreten historischen und gesellschaftlich-sozialen Umstände, in die der Transformationsprozeß eingebettet ist, die den epochenspezifischen Grundzügen der Konfliktformationen ihr besonderes Gepräge verleihen. So gelten auch für die gewaltförmigen Konflikte in der zerfallenden Sowjetunion zwar modifizierte, nicht aber grundsätzlich andere als die bereits beschriebenen Konfliktkonstellationen und -mechanismen. Denn weder auf dem Territorium noch im unmittelbaren Machtbereich der früheren Sowjetunion hat sich eine neue, sozialistische Gesellschaftsformation herausgebildet. 70 Jahre kommunistischer Herrschaft haben es nicht vermocht, die vormals gültigen Grundmuster der Vergesellschaftung zu ersetzen. Dies gilt sowohl für Mittel- und Osteuropa, wo die "nachholende Revolution" (Habermas 1990) in den staatssozialistischen Gesellschaften deutlich an ihr bürgerliches Erbe, an politische Traditionen und Parteienstrukturen der Zwischenkriegszeit anknüpft, als auch für den asiatischen Teil der früheren Sowjetunion, wo nach deren Zerfall an traditionale Muster der Vergesellschaftung angeknüpft wird. Die "sozialistische Gesellschaft" hat sich nur als dünne Schicht, als Oberflächenstruktur, über die vormals gültigen Vergesellschaftungsformen gelegt.

Die Kohäsionskräfte der "sozialistischen Gesellschaft" gingen mit dem Autoritätsverlust Moskaus verloren. Wo der alte Apparat dennoch überlebt, muß er in das Gewand traditionaler, ethnisch-religiöser oder nationalistischer Ansprüche schlüpfen oder sich mit autoritären Mitteln behaupten. Neben der anti-sowjetischen bzw. anti-russischen Dimension der Konflikte und den aus wirtschafts- und sicherheitspolitischen Beziehungen der früheren Union hervorgehenden Konfliktfeldern treten in den gegenwärtigen gewaltsamen Auseinandersetzungen auf dem Territorium der früheren Sowjetunion vor allem tradierte Konfliktlinien in den Vordergrund. Diese verschränken sich mit Problemen der Grenzziehung oder konkurrierender Territorialansprüche, mit Sezessions- und Autonomiebestrebungen, wie sie bei dem Auseinanderbrechen ethnisch, religiös, sprachlich, kulturell und regional heterogener und ökonomisch ungleich entwickelter Staaten im Kontext krisenhafter Entwicklungen auftreten. Sie werden besonders in Zukunft, nach der territorialen Konsolidierung der neu entstandenen und noch entstehenden Staaten, durch Konflikte ersetzt bzw. ergänzt werden, wie sie für den Prozeß der nachholenden Konsolidierung vorausgesetzter Staatlichkeit typisch sind und seit der formalen Unabhängigkeit in den Staaten der Dritten Welt als dominante Form kriegerischer Konflikte beobachtet werden können. Dabei werden im Zuge der gesellschaftspolitischen Transformation und weltwirtschaftlichen Integration dieser Staaten vor allem solche Konfliktmuster hinzukommen, wie sie in frühkapitalistischen Stadien gesellschaftlicher Entwicklung als typisch hervortreten und im Gefolge beschleunigter kapitalistischer Transformationsprozesse zwischen bürgerlicher und traditionaler Vergesellschaftung entstehen. Neben den besonderen Konfliktpotentialen, die aus der Geschichte der UdSSR hervorgehen, treten damit alle strukturellen Konfliktlinien, -konstellationen und -mechanismen hervor, die die gesamte Epoche des Kapitalismus geprägt haben.

So stehen wir mit dem Zusammenbruch und der Transformationskrise des Staatssozialismus, dem Ende des Ost-West-Konflikts, der katastrophalen Entwicklungsblockade der meisten Staaten der Dritten Welt und der tiefen Strukturkrise in den kapitalistischen Metropolen zwar mitten in tiefgreifenden weltpolitischen und weltwirtschaftlichen Umbrüchen. Aber die Einheit der Epoche zeigt sich im Fortwirken des widersprüchlichen kapitalistischen Entwicklungsprozesses, der sich auch in der historischen Logik der gesellschaftlichen Konflikte und Kriege niederschlägt.

Teil 3

Die Grammatik des Krieges

Ein methodischer Zugang zur inneren Logik des Krieges

Die Darstellung des inneren Zusammenhangs zwischen kapitalistischer Epochenentwicklung und weltweitem Kriegsgeschehen hat den gesellschaftstheoretischen Erklärungsrahmen geliefert, vor dessen Hintergrund das Kriegsgeschehen der Gegenwart einer einheitlichen Interpretation zugänglich geworden ist. Es konnte gezeigt werden, daß dem Kriegsgeschehen seit dem 16. Jahrhundert eine qualifizierbare Logik unterliegt, die im Kern aus dem kapitalistischen Umwälzungsprozeß vorbürgerlicher bzw. nicht-kapitalistischer Gesellschaften hervorgeht und zu einem sich weltgeschichtlich wiederholenden Prozeßmuster kriegerischer Konflikte führt, welches gleichermaßen in der europäischen Geschichte, in den peripheren Gesellschaften der Dritten Welt und nun auch in den ehemals staatssozialistischen Gesellschaften beobachtet werden kann.

Neben dem zentralen Verdichtungsraum gesellschaftlicher Konfliktpotentiale entlang den Bruchstellen zwischen bürgerlich-kapitalistischen und vorbürgerlichen bzw. nicht-kapitalistischen Vergesellschaftungsformen wurden dabei zwei weitere Bereiche struktureller Konfliktlinien sichtbar. Einerseits Konfliktlinien, die aus traditionalen bzw. nicht-kapitalistischen Verhältnissen mitgeschleppt werden und besonders im Kontext aktueller gesellschaftlicher Krisen wieder aufleben und andererseits Konfliktlinien, die sich aus den immanenten Widersprüchen der kapitalistischen Vergesellschaftung selbst ergeben und besonders in frühkapitalistischen Phasen gesellschaftlicher und weltgesellschaftlicher Entwicklung von Bedeutung sind. Zugleich konnten die zentralen Konfliktmechanismen offengelegt werden, die als universelle Begleitumstände des kapitalistischen Transformationsprozesses in Erscheinung treten. Darüber hinaus konnte der Prozeß der nachholenden Konsolidierung vorausgesetzter Staatlichkeit als strukturelle Konfliktdimension gezeigt werden, die vor allem für das Kriegsgeschehen in der Dritten Welt und die gegenwärtigen und zu erwartenden

Konflikte in den postsozialistischen Staaten von besonderer Bedeutung sind.

Die wesentlichen Ursachen der Kriege der Gegenwart lassen sich als Kombination aus diesen Strukturelementen rekonstruieren und zu einem auch ihre Vergleichbarkeit ermöglichenden Bild zusammensetzen. Es muß jedoch betont werden, daß damit nicht der Anspruch erhoben wird, das Ganze der komplexen Ursachen einzelner Kriege zeigen zu können. Hierzu ist die konkrete empirische Untersuchung jedes Einzelfalls nach wie vor unabdingbar. Der vorliegende gesellschaftstheoretische Erklärungsrahmen beansprucht aber, das den konkreten Einzelfällen unterliegende Gemeinsame und Vergeichbare herausgearbeitet zu haben. Er liefert der empirischen Forschung damit die notwendigen Ansatzpunkte, um die historisch-spezifischen Strukturmerkmale als substantielle Bestandteile des komplexen Ursachengefüges einzelner Kriege identifizieren und in ihrer konkreten Bedeutung und Erscheinungsform darstellen zu können. Nur diese strukturellen Gemeinsamkeiten können Grundlage und Ausgangspunkt für einen qualitativen Vergleich und eine Systematisierung der Ursachen und Formen kriegerischer Konflikte bilden. Denn erst mit dem Entstehen eines globalen Vergesellschaftungszusammenhangs entwickelt sich überhaupt etwas qualitativ Gleiches, das nicht nur als Voraussetzung einer einheitlichen Theorie, sondern auch als Maßstab für die vergleichende Forschung notwendig gegeben sein muß.

Bei der Untersuchung und dem Vergleich der Ursachen einzelner Kriege stellt sich aber noch ein weiteres Problem, das gelöst werden muß, wenn wesentliche Fortschritte in der Kriegsursachenforschung erzielt werden sollen. Es ist das Problem der Komplexität der Ursachen kriegerischer Konflikte. Die Vielzahl möglicher Ursachen stellt sich für die bisherige Forschung als Problem der unintegrierbar nebeneinanderstehenden Analyseebenen "internationales System", "Staat/Gesellschaft" und "Individuum" dar. Mit der Dreiteilung in diese gebräuchlichen Analyseebenen hat sich zugleich eine Methodenvielfalt durchgesetzt, die an die Einheit des Untersuchungsgegenstandes nicht heranreicht. Ohne die Einheit des Gegenstandes aber ist die Möglichkeit eines Vergleichs der Kriegsursachen nicht gegeben. Grundlage für den Vergleich der Entstehungsgründe von Krieg kann nur das Ganze des Kriegsursächlichen sein. Als Voraussetzung für die vergleichende Forschung muß also neben einem inhaltlichen Vergleichsmaßstab auch eine einheitliche Methode zugrunde gelegt werden, die das Ganze des Untersuchungsgegenstandes erfaßt.

"Das Dilemma besteht nun darin, daß eine wie auch immer sinnvoll begründete Beschränkung auf eine bestimmte Analyseebene in gewisser Hinsicht die Untersuchungsergebnisse präformiert, mag der Forscher oder die Forscherin sich der Multidimensionalität der Kriegsursachen auch noch so bewußt sein. Es mag banal klingen, aber was a priori aus der Analyse ausgeblendet bleibt, kann logischerweise auch nicht als Erklärungsfaktor ins Blickfeld rücken. Wenn die Kriegsursachenforschung ihre Erklärungsreichweite ausdehnen will, dann muß die Verbindung der Ansatzhöhen eine zwingende Forderung für sie bleiben, obschon dies der Quadratur des Kreises gleichkommen mag. Nur auf diesem Weg kann sie der Gefahr der Vernachlässigung wesentlicher Faktoren und der Gefahr von Fehlschlüssen entgehen. Nur so kann langfristig auch die Verbindung der verstreuten Einzelbefunde zu einem weitere Forschungsanleitung ermöglichenden Wissensbestand erzielt werden. Dieser Eigenanspruch der Kriegsursachenanalyse schließt zwingend mit ein, daß Interdisziplinarität eine unverzichtbare forschungsprogrammatische Leitlinie für sie bleiben muß" (Mendler/Schwegler-Rohmeis 1989:151).

Zwar gehört diese Einsicht innerhalb der Kriegsursachenforschung längst zum Allgemeingut, weil das Ebenen-Problem bereits von Walz (1959) und Singer (1961) und später auch ausführlich von Gantzel (1972:38-83) thematisiert wurde, Versuche zu einer Lösung, wie sie etwa noch von Deutsch und Senghaas (1970) unternommen wurden, sucht man jedoch mittlerweile vergebens. In der Forschungspraxis wird das Problem umgangen, so daß sich die Anstrengungen in der Forschung nicht in eine entsprechende Zunahme systematischen oder theoretisch verwertbaren Wissens umsetzen. Die Produktivität der Disziplin ist gering, die Forschung tritt auf der Stelle. Die Schere zwischen den ambitionierten Zielen von Kriegsprognostik, Konfliktregulierung, Kriegsverhinderung und Friedenssicherung und dem Stand der Forschung schließt sich trotz wachsender Forschungsaktivitäten nicht. Um die Erklärungsreichweite der Disziplin zu vergrößern und auch die methodischen Voraussetzungen für eine integrative, interdisziplinäre und vergleichende Forschung zu schaffen, ist es daher notwendig, das Problem der Analyseebenen einer Lösung zuzuführen und ein einheitliches Konzept für die systematische Analyse kriegsursächlicher Bestimmungsgründe zu entwickeln.

Es ist das Ziel dieses Abschnittes, ein solches einheitliches Konzept zu entwickeln, das es dann erlaubt, die Vielfalt möglicher Kriegsursachen der Analyse zugänglich zu machen, ohne daß sich die Komplexität der Ursachen in die Unvereinbarkeit unterschiedlicher Analyseebenen übersetzt oder potentielle Kriegsursachen von vornherein ausgeblendet werden. Dies soll in zwei Schritten erfolgen: Zunächst muß ein Zugang zur Gesamtheit kriegsursächlicher Bestimmungsgründe und damit ein Ansatzpunkt gefunden werden, von dem aus die Verklammerung bzw. Integration der Analyseebenen vorgenommen werden kann. In einem zweiten Schritt soll der Entwurf eines analytischen Konzeptes vorgestellt werden, das es ermöglicht, die Vielfalt kriegsursächlicher Bestimmungen mit den Eskalationsstufen zu verbinden, die zu kriegerischem Konfliktaustrag führen.

3.1 Die Qual der Wahl? Das Problem unterschiedlicher Analyseebenen

Ein solches analytisches Konzept darf sich nicht auf historisch oder gesellschaftlich spezifische Ursachen oder Ursachenkonstellationen oder auf die Untersuchung einzelner Analyseebenen oder Einflußfaktoren beschränken. Es muß alle potentiell gegebenen Ursachen erfassen und dabei die unterschiedlichen Analyseebenen integrierend zusammenfassen. Nur wenn die Gesamtheit möglicher Ursachen in die Analyse eingeht, kann auch das spezifische Gewicht einzelner Faktoren sowie ihre Bedeutung und Position im Gesamtbild des kriegsursächlichen Bedingungsgefüges bestimmt werden. Ein allgemeines Konzept zur Analyse von Kriegsursachen hat also keine Wahl zwischen den verschiedenen Analyseebenen.

Aber von welcher Ebene aus soll die Integration der verschiedenen Ansatzhöhen vorgenommen werden, wo liegt der zentrale analytische Fokus? Auf der Ebene des "internationalen Systems"? Diese Ebene stellt die allgemeinste und umfassendste und gerade unter den Bedingungen globaler Vergesellschaftung diejenige Ebene dar, auf der die allgemeinen Rahmenbedingungen gesellschaftlicher bzw. staatlicher Existenz gesetzt werden. Auf dieser Ebene können Machtverteilungen, Hegemoniezyklen und Rüstungswettläufe ebenso untersucht werden wie der gewaltsame Staatenbildungsprozeß, die konfliktiven Ost-West-Beziehungen und das Ende des Kalten Krieges, der Dekolonisationsprozeß oder der Zerfall der Sowjetunion, kurz, der gesamte Komplex der konfliktgeladenen internationalen Beziehungen, die im Zuge global voranschreitender Vergesellschaftung in immer stärkerem Maße zur Voraussetzung für die gesellschaftliche und individuelle Existenz werden. Und es ist die Geschichte des internationalen Systems, aus der sich die Veränderungen dieser strukturellen, weltgesellschaftlichen Bedingungen rekonstruieren lassen, die in allen kriegerischen Konflikten eine mehr oder weniger tragende Rolle spielen. Für die traditionell vorherrschende, empirisch quantitativ ausgerichtete Forschung, für die die dominante Form zwischenstaatlicher Kriege besonders der alteuropäischen Mächte bis zum Zweiten Weltkrieg im Mittelpunkt stand, stellte das internationale System mit seinen bilateralen Beziehungen und Allianzstrukturen dann auch die zentrale Analyseebene dar.

Ohne Zweifel setzt das internationale System als übergreifende Analyseebene elementare Rahmenbedingungen für das weltweite Kriegsgeschehen und das Handeln der Akteure. So lassen sich auch auf dieser Ebene wesentliche Trends und Tendenzen hinsichtlich des Kriegsgeschehens feststellen. Dies berechtigt aber keineswegs dazu, auch analytisch von dieser Ebene auszugehen, wenn es darum geht, die Gesamtheit kriegsursächlicher Bestimmungsgründe zu rekonstruieren. Das internationale System kann schon deswegen nicht die zentrale Integrationsebene und daher Ausgangspunkt für die Analyse sein, weil sich auf dieser Ebene nicht das Ganze des Kriegsursächlichen zusammenfassen läßt. Und das nicht nur, weil von hier aus methodisch kein Weg zurück in das Innere der Gesellschaften, geschweige denn zu den psychosozialen Beweggründen kriegsbeteiligter Akteure führt; ein allgemeiner Zugriff auf den Gesamtkomplex der Kriegsursachen kann von dieser Ebene aus auch deswegen nicht organisiert werden, weil das internationale System in bezug auf die Ursachen von Krieg eine bloße Abstraktion darstellt.

So sehr es als übergreifende Ebene die allgemeinen Rahmenbedingungen gesellschaftlicher Existenz weltweit strukturieren mag und daher als strukturelle Dimension im Ursachengefüge seinen angemessenen Platz erhalten muß, so wenig wird das internationale System jemals in seiner Allgemeinheit ursachenrelevant. Kausale Gültigkeit besitzt es nur, soweit es sich innerhalb gesellschaftlicher Grenzen für die Akteure tatsächlich Geltung verschafft, also als Voraussetzung ihres Handelns wirklich in Erscheinung tritt. Weltgesellschaftliche Einflüsse, seien sie nun wirtschaftlicher, politischer, militärischer oder sonstwelcher Art, sind keine Abstrakta und können auch nicht als solche behandelt werden. Geltung und Bedeutung besitzen sie nur, soweit sie tatsächlich als Voraussetzung in das Handeln der Akteure eingehen, soweit das internationale System also auf nationaler, regionaler oder lokaler Ebene alltagspraktische Bedeutung gewinnt. Wirksam werden immer nur konkrete Bedingungen: das Sinken des Zuckerpreises, steigender Ölpreis, verschärfte Konkurrenz auf diesem oder jenem Sektor, die von IWF und Weltbank vorgegebenen Konditionen, Waffenlieferungen durch diesen, finanzielle Unterstützung oder politische Rückendeckung durch jenen Staat usf.; niemals aber werden das internationale System oder der Weltmarkt als solche ursachenrelevant. Was also aus dem Einzugsbereich der Analyseebene internationales System letztlich tatsächlich praktisch wirksam und ursachenrelevant wird, läßt sich überhaupt nicht allgemeingültig bestimmen. Die Methode der Untersuchung kriegsursächlicher Momente muß diesem Umstand Rechnung tragen.

Ausgehend vom internationalen System können also keine allgemeingültigen Aussagen darüber gemacht und mithin auch keine methodischen Schritte vorgegeben werden, welche Aspekte internationaler Einflüsse für jeden Einzelfall ursächlich werden. Die Aufgabe liegt darin, über einen formationstheoretischen und epochengeschichtlichen Zugang Untersuchungsräume freizulegen, innerhalb derer bestimmte Bedingungen dominant hervortreten, und auf diese Weise den Komplex möglicher Einflußgrößen näher zu bestimmen. Wie präzise diese Bestimmungen aber auch sein mögen, sie geben keine Auskunft darüber, ob und inwieweit diese Faktoren dann auch tatsächlich ursächlichen Einfluß auf das Kriegsgeschehen haben. Denn es führt kein Weg von der übergreifenden Ebene des internationalen Systems auf die Ebene der handelnden Individuen. Ob die strukturellen Einflüsse auf der Handlungsebene zum Tragen kommen, bleibt offen. Die Frage, ob und in welchem Maße die objektiven Bedingungen des internationalen Systems für die beteiligten Akteure auch subjektiv zu Bestimmungsgründen ihres Konfliktverhaltens werden, erschließt sich von dieser Analyseebene aus nicht.

Der Fokus der Untersuchung muß offenbar auf der Ebene der kriegsbeteiligten Akteure liegen. Denn nur auf dieser Ebene faßt sich mit den subjektiven und objektiven Bestimmungsgründen das Ganze der Ursachen kriegerischer Konflikte zusammen. Hier muß sich auch zeigen, ob und wie die objektiven Bedingungen individueller Existenz, seien sie nun internationalen oder innergesellschaftlichen Ursprungs, subjektiv wahrgenommen werden und welche Bedeutung sie für das Handeln der Akteure haben. Nicht die Analytiker des Kriegsgeschehens, sondern die kriegsbeteiligten Akteure sind es, die darüber entscheiden, welche Faktoren aus dem Umfeld internationaler Einflüsse für sie überhaupt Relevanz besitzen. Der angestrebte theoretische Erklärungsrahmen und das Konzept zur Analyse von Kriegsursachen müssen also akteursorientiert sein (Gantzel 1981:43f).

Aber in welcher Weise sind die Akteure aufzunehmen? Ist es die Analyseebene "Individuum", von der aus sich das Akteurshandeln und der Gesamtkomplex der Kriegsursachen erschließt? Sicher nicht. Der einzelne kann schon deswegen nicht Ausgangspunkt der Analyse sein, weil das voraussetzungslose Individuum eine reine Fiktion ist. Individuen sind von vornherein gesellschaftliche Individuen, Individualität ist immer Resultat historisch spezifischer, sozial gültiger und wirksamer Formen der Vergesellschaftung, individuelles Handeln daher gesellschaftliches bzw. soziales Handeln. Individualität und individuelles Handeln müssen insofern von der spezifischen Form der Vergesellschaftung, nicht aber umgekehrt die gesellschaftlichen Lebensverhältnisse von den Individuen her rekonstruiert werden. Daß das Individuum nicht aus sich selbst heraus interpretiert werden kann, heißt allerdings nicht, daß sein Verhalten bloß determinierte Objektivation der Verhältnisse ist oder sich gänzlich in soziale Bestimmungen auflösen ließe. Eine lineare Verlängerung objektiver gesellschaftlicher Verhältnisse in den Bereich subjektiver Lebenstätigkeit gibt es nicht. Doch die Spielräume subjektiven Handelns und die Möglichkeiten für eine individuelle Besonderung sind gesellschaftliches Produkt und nur von den spezifischen Formen der Gesellschaftlichkeit her zu erfassen.

So sehr also die Entscheidung jedes einzelnen, seine individuellen Dispositionen, Lebensumstände, psychologische Momente usf. notwendige Voraussetzung kriegerischen Geschehens sein mögen, sowenig läßt sich der Gesamtkomplex der Kriegsursachen vom einzelnen her erschließen. "Krieg ist ein gesellschaftliches Phänomen, das sich nicht aus sozialem Handeln einzelner zureichend erklären läßt" (Horn 1988:188). Als Ausgangspunkt für einen analytischen Zugriff auf die Gesamtheit der Kriegsursachen ist "der Mensch" ebenso eine Abstraktion wie das internationale System. Von keiner dieser beiden Analyseebenen führt ein Weg auf die Ebene der anderen potentiell gegebenen Einflußfaktoren. Die Komplexität der Ursachen kriegerischer Konflikte widersetzt sich offenbar sowohl einem vom Individuum ausgehenden handlungstheoretischen Zugang als auch einem strukturellen Ursachenkonzept, das von der subjektlosen Ebene des internationalen Systems ausgeht.

Als Ausgangspunkt für den analytischen Zugriff auf die Bestimmungsgründe eines zum Kriegshandeln eskalierenden Verhaltens der gesellschaftlichen Akteure bleibt im Rahmen der gebräuchlichen Dreiteilung der Analyseebenen nur die Ebene "Staat/Gesellschaft". Das Akteurshandeln, in dem sich mit den subjektiven und objektiven Bestimmungsgründen zugleich auch die bewußten und unbewußten Triebkräfte kriegerischen Verhaltens zusammenfassen, muß von der Analyseebene Staat/Gesellschaft her rekonstruiert werden. Der Zugang zur Totalität der Kriegsursachen muß gesellschaftstheoretisch begründet werden. Sowohl in bezug auf das internationale System als auch in bezug auf das Individuum kann analytisch nur vom Primat der gesellschaftlichen Verhältnisse ausgegangen werden.

Das internationale System setzt den Staat bzw. die staatlich verfaßte Gesellschaft zwingend voraus und kann daher nur als Resultat der Handlungsweisen der Staaten und der ihnen juristisch, politisch oder ökonomisch untergeordneten Akteure verstanden werden. Das Primat dieser Ebene gilt, was hier entscheidend ist, vor allem deshalb, weil das internationale System, ebenso wie Weltgesellschaft oder Weltmarkt, eine bloße Abstraktion darstellt, dessen Wirklichkeit nur insofern und in dem Maße gegeben ist, wie sich sein Einfluß auf der gesellschaftlichen Ebene auch tatsächlich geltend macht. Das internationale System, Weltmarkt und Weltgesellschaft sind kein exterritoriales Gebiet zwischen den Staaten. Sie stellen keinen Raum ober- oder außerhalb von Gesellschaft dar. Wo sie ihr äußerlich bleiben, sind sie für die Ursachenanalyse ohne Belang. Machen sie sich aber geltend, so ist nicht ihr externer Ursprung, sondern allein die Frage relevant, auf welche Weise sie im Innern der Gesellschaft wirksam werden. Für das Konfliktverhalten der Akteure ist es gleichgültig, ob es sich um "endogene" oder "exogene" Faktoren handelt. Für das Konfliktverhalten ist allein entscheidend, ob die Akteure Einflüsse auf ihre Lebensbedingungen positiv oder negativ bewerten, ob Einflüsse in Gegensatz zu den für sie gültigen Lebensverhältnissen treten, diese bedrohen oder gefährden, oder ob sie widerspruchs- und konfliktfrei in die bestehenden Lebensverhältnisse eingearbeitet werden können. Nicht der Ursprung, sondern die Qualität der Einflußfaktoren entscheidet darüber, ob diese von den Betroffenen als bedrohlich wahrgenommen, ignoriert oder begrüßt werden, ob sie also zu Konfliktstoff werden oder nicht. Da nicht erkennbar ist, daß den internationalen Einflüssen diesbezüglich von vornherein eine besondere Qualität anhaftet, macht auch die Abgrenzung oder gar Entgegensetzung "exogener" und "endogener" Ursachen kriegerischer Konflikte wenig Sinn.

Internationales System, Weltmarkt und Weltgesellschaft stellen keine selbständigen Subjekte, sondern nur verselbständigte Verhältnisse und als solche strukturelle Rahmenbedingungen bzw. sich verändernde Anforderungsprofile für den gesellschaftlichen Lebensprozeß dar und werden immer vor dem Hintergrund gültiger gesellschaftlicher Reproduktionsmechanismen aufgegriffen, interpretiert und verarbeitet. Vom analytischen Standpunkt aus sind Einflüsse des internationalen Systems daher nicht anders zu behandeln als andere Rahmenbedingungen oder Sachzwänge auch. Daß das internationale System gegenüber den Analyseebenen Individuum und Staat/Gesellschaft die allgemeinste Integrationsebene darstellt, setzt sich nicht in eine entsprechende Hierarchie analytisch primärer und sekundärer Bestimmungen um. Daran ändert sich selbst dann nichts, wenn sich internationale Einflüsse den Staaten, Gesellschaften und Individuen gegenüber als dominant erweisen. Wie stark solche Einflüsse auch sein mögen, immer kann die Frage nach ihrer Wirksamkeit nur beantwortet werden, wenn gewußt wird, in welcher Weise sie von den gesellschaftlich gültigen Mechanismen bewertet und verarbeitet werden. Um den Einfluß internationaler Faktoren auf den Entstehungsprozeß kriegerischer Konflikte angemessen bewerten zu können, muß daher analytisch von der Ebene Staat/Gesellschaft bzw. von der historisch spezifischen Form der Gesellschaftlichkeit ausgegangen werden.

Gleiches gilt, wie erwähnt, in bezug auf die Analyseebene Individuum und damit in bezug auf die Erklärung der subjektiven Bestimmungsgründe kriegerischen Verhaltens. Auch hier ist vom Primat der Gesellschaft auszugehen, weil das Individuum "nicht aus seiner eigenen Totalität heraus zu erschließen, sondern nur aufgrund der es übergreifenden Totalität zu begreifen" ist (Herkommer u.a. 1984:197). Um individuelles Handeln zu erklären, muß also von dem jeweils handlungskonstitutiven sozialen Raum, d.h. von der historisch spezifischen Form der Vergesellschaftung ausgegangen werden. Was allgemein für das individuelle Handeln gilt, gilt in noch höherem Maße für das Akteurshandeln, weil es sich bei Akteuren definitionsgemäß bereits um soziale Gruppen handelt, denen als Handlungseinheit von vornherein ein Mindestmaß ihnen gemeinsamer sozialer Bestimmungen unterstellt werden muß.

Staat und Gesellschaft sind also als zentrale Analyseebene anzusehen, weil Krieg ein gesellschaftliches Phänomen darstellt und es bei der Suche nach den Ursachen nicht um Ursachen schlechthin, sondern gerade um die gesellschaftlich spezifischen Ursachen, also um die gesellschaftliche Formbestimmtheit des Krieges geht. Es ist auch deshalb von dieser Analyseebene auszugehen, weil das Handeln der Akteure sich nur aus ihren gesellschaftlichen Lebensbedingungen erklärt und das internationale System sich nur insoweit in die Totalität handlungskonstitutiver Bedingungen einspeist, wie es auf der gesellschaftlichen Ebene tatsächlich wirksam wird. Damit stellen Staat/Gesellschaft für den akteursbezogenen Ansatz die zentrale Analyseebene dar. Wenn es um einen allgemeinen Zugriff auf den Gesamtkomplex kriegsursächlicher Bestimmungsgründe geht, muß der Ansatz nicht nur akteursbezogen sein, sondern auch gesellschaftstheoretisch begründet werden.

Aber in welcher Weise ist Gesellschaft als zentrale Analyseebene aufzunehmen, ist es richtig, von der staatlich verfaßten Gesellschaft auszugehen? Für die weltweiten Kriege seit 1945 scheint dies vertretbar, weil Staatlichkeit seitdem endgültig zu einer weltumspannenden Realität und zu einem unentrinnbaren Handlungsrahmen für die gesellschaftlichen Akteure geworden ist, die Staatsmacht selbst einen entscheidenden Akteur auch innergesellschaftlicher Konflikte darstellt und der Staat nicht selten selbst zum Objekt der Auseinandersetzungen wird. Gerade in bezug auf die infolge der Dekolonisation neu entstandenen Staaten der Dritten Welt und die Staatsgründungen im früheren sowjetischen Machtbereich aber zeigt sich, wie problematisch es ist, die staatlich verfaßte Gesellschaft auch zum Ausgangspunkt für die Analyse des Konfliktverhaltens der kriegsbeteiligten Akteure zu machen, weil der Staat hier nicht als derjenige soziale Raum angesehen werden kann, aus dem sich das Handeln der Akteure hinreichend erklären läßt. Denn Staat und Gesellschaft fallen hier nicht zusammen. In der Regel ist die staatlich verfaßte Gesellschaft hier nicht Gesellschaft im Sinne eines einheitlich verfaßten Gemeinwesens. In der Dritten Welt ist Staatlichkeit ein durch den welthistorischen Prozeß globaler Vergesellschaftung aufgezwungener Handlungsrahmen, äußere Form, unter der sich ein meist noch heterogener, durch vielfältige ethnische, kulturelle, religiöse, sprachliche oder ökonomische Segmentierungen und Partikularismen gekennzeichneter Inhalt zu einer nationalen Einheit entwickeln muß. Dies gilt im wesentlichen auch für die meisten durch den Zerfall der früheren UdSSR entstandenen Staaten. Vielfach bleibt den sozialen Akteuren ihre verstaatlichte Existenz in ähnlicher Weise äußerlich wie die Einflüsse des internationalen Systems und erhält nur insofern Gültigkeit, wie sich Akteurshandeln und staatliches Handeln auch unmittelbar aufeinander beziehen.

Solange der Staat wesentlich als Territorialstaat, nicht aber als Nationalstaat zu charakterisieren ist, Staat und Nation nicht zusammenfallen, eine nationale Identität sich noch nicht als Konsequenz einer zu bürgerlicher Hegemonie führenden kapitalistischen Entwicklung herausgebildet hat (Marmora 1983:111-131), sondern andere Integrationsebenen die identitätskonstitutiven Räume sozialer Existenz bilden, solange kann die staatlich verfaßte Gesellschaft auch nicht den Ausgangspunkt der Analyse bilden. Von der staatlich verfaßten Gesellschaft als zentraler Analyseebene auszugehen, setzt die weitgehende Auflösung aller tradierten familialen, stammesmäßigen, ethnischen, religiösen, politischen usw. Verhältnisse im Zuge der Durchsetzung eines bürgerlichen Hegemonialsystems und damit eine weitgehende, auch klassenübergreifende Identifikation mit der neuen gesellschaftlichen Organisationsform und damit die Verinnerlichung des Nationalstaates durch die Staatsbürger voraus - ein Prozeß, der sich erst als spätes Resultat bürgerlich-kapitalistischer Entwicklung ergibt. "Die volle Integration aller Staatsbürger in den Staat fand in den europäischen Mehrparteienstaaten eigentlich erst im Laufe des 20. Jahrhunderts statt" (Elias 1987:277).

In den meisten Staaten der Dritten Welt aber, und dies gilt auch vor allem für den asiatischen Teil der früheren Sowjetunion, ist der Verbürgerlichungsprozeß noch nicht so weit fortgeschritten, daß Staat und Gesellschaft schon zur nationalen Einheit verschmolzen wären und damit einen analytisch einheitlich erfaßbaren Raum darstellen. Hier bilden andere, unterhalb des Nationalstaates angesiedelte Integrationsebenen wie Familien- oder Stammesverbände, ethnische oder religiöse Gemeinschaften oder andere soziale Gliederungen noch zentrale vergesellschaftende Potenzen. Hier macht sich geltend, daß die neue gesellschaftliche Organisationsform nicht Ausdruck originär endogener Entwicklungsprozesse ist, in deren Verlauf sich ein bürgerliches Hegemonialsystem als konsensuale Grundlage für eine neue gesellschaftliche Integrationsstufe herausgebildet hat, sondern daß die Staatlichkeit lediglich einen formalen Rahmen für die weitere Entwicklung dieser Gesellschaften darstellt, dem noch kein gesellschaftlicher Inhalt entspricht. Staatlichkeit allein aber kann niemals zu einer die traditionell gültigen vergesellschaftenden Potenzen ablösenden Integrationsebene werden. Denn "der Staat ist, im Unterschied zu Volk, Reich und Nation, keine der sekundären Sakralisierung fähige Sphäre, er ist ein Bereich rationalen Kalküls, der Sphäre des aufgesummten Egoismus, wie Schopenhauer ihn einmal genannt hat, und deswegen können im strengen Sinne für den Staat auch keine Opfer gebracht werden. Opfer wurden und werden erbracht für die Gemeinschaft, für das Vaterland, für den Kaiser und für den Führer" (Münkler 1988:16f).

Die staatlich verfaßte Gesellschaft gewinnt nur in dem Maße Gültigkeit als zentraler Ausgangspunkt der Analyse, wie sich die bürgerlichen Lebensverhältnisse auch tatsächlich gegen die zuvor gültigen Formen der Vergesellschaftung durchsetzen, wie also die unterschiedlichen Formen traditionaler Vergesellschaftung zu der einen, für alle Gesellschaftsmitglieder gleichermaßen gültigen Integrationsebene kapitalistischer Vergesellschaftung abgeschliffen werden. Da in den Übergangsgesellschaften der Dritten und nun auch der Zweiten Welt neben den bürgerlich-kapitalistischen noch vorbürgerliche bzw. nicht-kapitalistische Kräfte unmittelbar wirksam sind, müssen diese ebenfalls als Ausgangspunkt der Analyse Berücksichtigung finden. Damit die gleichzeitige Existenz unterschiedlicher Vergesellschaftungsmechanismen innerhalb dieser Staaten bei der Analyse angemessen berücksichtigt werden kann, ist es, wie eingangs bereits ausgeführt wurde, notwendig, die Analyse aus doppelter Perspektive vorzunehmen, um die unterschiedlichen Triebkräfte des Denkens, Fühlens und Handelns der gesellschaftlichen Akteure untersuchen zu können.

Wenn also von der Gesellschaft als der zentralen Analyseebene ausgegangen wird, darf die Gesellschaft nicht als bloß formale Bestimmung oder als etwas Statisches aufgefaßt werden. Sollen die Bestimmungsgründe kriegerischen Verhaltens untersucht werden, muß von den für das Akteurshandeln konstitutiven sozialen Räumen ausgegangen werden. Nur so läßt sich der wechselseitige Erzeugungsprozeß gesellschaftlicher und individueller Reproduktion freilegen. Die konkrete Untersuchung der historisch spezifischen Form der Vergesellschaftung der kriegsbeteiligten Akteure ist daher eine notwendige Voraussetzung jeder Kriegsursachenanalyse.

Es läßt sich also resümieren, daß es bei der Wahl der Analyseebenen keine Wahl gibt: Die Komplexität kriegsursächlicher Bestimmungsgründe ist weder über die Analyseebene internationales System noch über die Analyseebene Individuum zu rekonstruieren. Der analytische Zugriff auf die Gesamtheit der Kriegsursachen kann nur von der Analyseebene Gesellschaft aus vorgenommen werden. Die jeweils historisch spezifische Form der Gesellschaftlichkeit der kriegsbeteiligten Akteure ist der aktive Filter, der die wirksam werdenden von den unwirksamen Einflußfaktoren, seien sie innergesellschaftlichen oder internationalen Ursprungs, trennt. In ihrer Reproduktionslogik ist die Gesellschaftlichkeit der Akteure der lebendige Erzeugungsprozeß aller handlungskonstitutiven Bestimmungen. Ob die Akteure in ethnischen, religiösen oder in Klassenstrukturen verwurzelt sind, oder ob es sich um nur zeitweilig "durch ein gemeinsames Interesse an der Erhaltung oder Erweiterung ihrer gemeinsamen Aneignungschancen" verbundene "strategische Gruppen" (Evers/Schiel 1988:10) handelt - das Akteurshandeln erschließt sich nur, wenn man vom Primat der gesellschaftlichen Lebensverhältnisse ausgeht (ebd. 108).

Mit den gesellschaftlichen Lebensverhältnissen als Ausgangspunkt und dem Akteurshandeln als Fokus der Analyse ist aber noch kein methodischer Weg beschrieben, wie die Komplexität kriegsursächlicher Bestimmungen der vergleichenden Analyse zugänglich gemacht werden kann.

3.2 Quadratur des Kreises oder Grammatik des Krieges? Entwurf eines analytischen Konzeptes für vergleichende Fallstudien

Gesellschaftliche Phänomene widersetzen sich in hohem Maße ihrer Vergleichbarkeit oder kontrollierter Wiederholbarkeit. Beim Vergleich der Ursachen kriegerischer Konflikte tritt so auch das Paradoxon auf, daß die Besonderheiten der Ursachen eines Krieges gegenüber denen anderer Kriege um so deutlicher hervortreten, je genauer wir in seine Bestimmungsgründe eindringen. Und letztlich ist jeder Konflikt, jeder Krieg, jeder Tod etwas Besonderes. Um mit dem Allgemeinen im Besonderen das Vergleichbare und die historische Bedeutung zum Vorschein zu bringen, ist nicht in erster Linie verfeinerte empirische Forschung, sondern zuallererst ein einheitliches Untersuchungskonzept kriegerischer Konflikte vonnöten. Die Gewichtung einzelner Ursachen oder Ursachenkonstellationen oder das Mischungsverhältnis verschiedener Ursachen kann nur bestimmt werden, wenn die Analyse nach einem einheitlichen methodischen Muster vorgenommen wird. Eine Systematisierung und Typologisierung der Ursachen und Formen kriegerischer Konflikte hat daher ein die Vergleichbarkeit ermöglichendes, einheitliches methodisches Vorgehen zur Voraussetzung. Bislang aber fehlt diese Voraussetzung, weil die Komplexität der Kriegsursachen eine einheitliche Methode der Untersuchung unmöglich zu machen schien, der komplexe Gegenstand vielmehr unterschiedliche analytische Ansatzhöhen nahelegte, deren interdisziplinäre Verbindung dann an der Methodenvielfalt scheiterte. Im folgenden soll es darum gehen, ein einheitliches Konzept für die Analyse von Kriegsursachen zu skizzieren, das in der Lage ist, die Gesamtheit der kriegsursächlichen Bestimmungsgründe in sich aufzunehmen und mit den Eskalationsstufen zu verbinden, die zu kriegerischem Konfliktaustrag führen.

Die Grundüberlegungen, die zu diesem Konzept geführt haben, sind einfach: Zunächst einmal darf sich, um die Gefahr der Überbewertung oder Nichtberücksichtigung bestimmter Untersuchungsbereiche oder Entstehungsgründe zu vermeiden, ein solches Konzept nicht von vornherein auf bestimmte Ursachen, Ursachenkomplexe oder Analyseebenen beschränken. Es ist vielmehr davon auszugehen, daß sich auf allen Analyseebenen Ursachen finden, so daß generell von einer die traditionelle Dreiteilung der Analyseebenen übergreifenden Gesamtheit potentiell gegebener Ursachen auszugehen ist. Entsprechend darf kein irgendwie begrenzter Ursachenbegriff zugrunde gelegt werden, und es kann generell das Tolstoische Diktum gelten, wonach es nur die eine "Ursache aller Ursachen" (zitiert nach Gantzel 1987:72) gibt. Anders ausgedrückt: Das Kriegsursächliche ist ein zusammengesetztes Ganzes, ein Bedingungsgefüge unterschiedlicher Faktoren, die sich zu kriegerischem Konfliktaustrag verdichten. Erst im Resultat faßt sich der Gesamtkomplex aller Ursachen zur Ursache des Krieges zusammen. Die Ursachenanalyse muß daher Prozeßanalyse oder, wie Elias es nennt, "prozeß-soziologische Untersuchung" (1987:280) sein, sie muß die Stufenfolge der kumulativen Verdichtung ursächlicher Faktoren zum Krieg rekonstruieren. Aber welcher Logik folgt dieser Prozeß? Gibt es ein allen Kriegen gemeinsam zugrunde liegendes Entwicklungsschema, sozusagen eine allgemeine "Grammatik des Krieges", die alle potentiell gegebenen Ursachen einbezieht und die dann analytisch "abgearbeitet" werden kann?

Ich meine ja. Die Entwicklung zu kriegerischem Konfliktaustrag hat ihre Logik, die Analyse seiner Ursachen daher auch ihre Methode.

Die Methoden bisheriger Forschung sind dieser Grammatik des Krieges nicht gerecht geworden. Gefangen im traditionellen Wissenschaftsverständnis war und ist ein einheitlicher methodischer und theoretischer Zugriff auf den Gesamtkomplex kriegsursächlicher Bestimmungsgründe strukturell unmöglich. Das Problem der Verbindung der gebräuchlichen Analyseebenen internationales System, Staat/Gesellschaft und Individuum - das nur die auf den Gegenstand Krieg bezogene Form des zugrunde liegenden Problems ist, die weitgehend inkompatiblen theoretischen, methodischen und kategorialen Grundlagen der Fachdisziplinen zusammenzufügen und auf einen sie übergreifenden Gegenstand anzuwenden - erscheint der bisherigen Forschung daher nicht nur als zwingende Notwendigkeit, um die Erklärungsreichweite der Disziplin auszuweiten, sondern zugleich auch als "Quadratur des Kreises" (Mendler/Schwegler-Rohmeis 1989:151). Die Forderung, diese grundlegenden Mängel der Forschung durch die Konzentration auf die "Defizite, methodischen Probleme und wissenschaftstheoretischen Ausgangspunkte" (dies. 1988:278) zu überwinden, blieb bislang unerfüllt. Nach wie vor bleibt das unintegrierbare Nebeneinander der Analyseebenen das methodische Raster einer Disziplin, die an die Einheit ihres Gegenstandes nicht heranreicht.

Die Aneignung des Gegenstandes kann nur gelingen, wenn sich das unintegrierbare Nebeneinander der Analyseebenen bzw. der durch sie repräsentierten Untersuchungsbereiche in die vertikale Struktur einer an der Logik des Gegenstandes und nicht an den Idealen der Fachdisziplinen orientierten Methodik übersetzen läßt. Gesucht ist also ein inhaltslogischer Zugang zu den Ursachen kriegerischer Konflikte, gesucht ist die Stufenfolge auseinander hervorgehender systematischer Ebenen, die notwendig durchlaufen werden müssen, wenn es zu kriegerischem Konfliktaustrag kommt, und auf denen der Gesamtkomplex möglicher Kriegsursachen erfaßt und abgearbeitet werden kann. Der Grundgedanke des Analyseschemas läßt sich am ehesten anhand der vier Kategorien "Widerspruch", "Krise", "Konflikt" und "Krieg" verdeutlichen. Hierbei handelt es sich nicht in erster Linie um analytische Kategorien, sondern um zusammenfassende Begriffe, die stellvertretend für die Stufenfolge der systematischen Ebenen der Analyse stehen. Ihre Abfolge repräsentiert eine zugleich inhaltslogische wie zeitliche

Struktur, die notwendig durchlaufen werden muß, wenn es zu kriegerischem Konfliktaustrag kommt.

Jedem Krieg müssen bestimmte, von den Akteuren als Krise empfundene Widersprüche zugrunde liegen, die sich in Konfliktverhalten umsetzen und schließlich zu Kriegshandeln eskalieren. Aber erst, wenn die Widersprüche gegeben sind, können sie von den Akteuren wahrgenommen werden, was die Voraussetzung dafür ist, daß sie sich zu ihnen in einer Weise verhalten, die schließlich zum Krieg führt. Die Erfassung des Ursachenkomplexes beginnt daher auf der Analyseebene "Widerspruch". Auf dieser Ebene werden alle objektiv gesellschaftlichen oder strukturell gegebenen Verhältnisse unabhängig von ihrer Qualität und ihrem Ursprung erfaßt, sobald sie einen Widerspruch in sich einschließen oder in einen äußeren Gegensatz zueinander treten.[10] Widerspruch wird hier lediglich als zusammenfassender Begriff für die systematisch notwendig erste Ebene der Analyse verwendet, so daß hierunter auch äußere Gegensätze gefaßt werden. Dies ist vor allem im Kontext globaler kapitalistischer Transformation wichtig, weil sich die Durchsetzung der verschiedenen Entwicklungsstufen des Kapitalismus gegen vorkapitalistische Vergesellschaftungsformen zuallererst als äußerer Gegensatz unterschiedlicher gesellschaftlicher Syntheseprinzipien bemerkbar macht. Generell spielen äußere Gegensätze wie etwa zwischen unterschiedlichen Ethnien und Religionen oder Rivalitäten zwischen Bevölkerungsgruppen oder Staaten um Ressourcen usw. bei gesellschaftlichen Konflikten keine geringere Rolle als im dialektischen Sinne wirkliche Widersprüche. Sie besitzen daher innerhalb dieses Analysekonzeptes denselben Stellenwert wie Widersprüche, die etwa aus gesellschaftsimmanenten Herrschaftsverhältnissen hervorgehen. Auf dieser Ebene geht es mithin um die strukturell verankerten Widersprüche und Gegensätze, die den Hintergrund des jeweiligen Kriegsgeschehens bilden. Dabei ist es gleichgültig, ob es sich um das Kapitalverhältnis, das von vornherein gesellschaftliche Widersprüche in sich einschließt, oder um die gleichzeitige Existenz unterschiedlicher Vergesellschaftungsformen handelt. Es ist gleichgültig, ob es sich um religiöse, ethnische, wirtschaftliche, politische, kulturelle oder andere Gegensätze oder um Bedingungen handelt, die aus dem internationalen System heraus auf die Gesellschaft einwirken, oder aber um Dualismen,

---

[10] Widerspruch ist hier also nicht als Kategorie der Dialektik aufzufassen, in der es einen Widerspruch nur zwischen gegensätzlichen Elementen eines gleichursächlichen Zusammenhangs geben kann, so daß ein Widerspruch nur dann vorliegt, wenn die Gegensätze auch Momente einer Einheit, d.h. sich widersprechende Bestimmungen eines gleichursächlichen Entstehungszusammenhangs bilden.

die aus der Ungleichzeitigkeit gesellschaftlicher Entwicklung hervorgehen. All diesen Bereichen gilt zunächst einmal die Aufmerksamkeit, da sie potentiell konfliktive Elemente darstellen und sich unter bestimmten Umständen zu Kriegsursachen verdichten können.

Dabei ist die gebräuchliche Trennung in die beiden Analyseebenen Staat/Gesellschaft und internationales System für die Ursachenanalyse ohne Belang. Die Unterscheidung gesellschaftlicher und internationaler Ursachen hat sich in der Forschung zwar eingebürgert, für die Akteure aber ist es gleichgültig, ob es sich um endogene oder exogene Faktoren handelt. Es wurde bereits erwähnt, daß es für die Wahrnehmung und das Verhalten der Akteure allein entscheidend ist, ob sie die Einflüsse auf ihre Lebensbedingungen positiv oder negativ bewerten, ob Einflüsse in einen Gegensatz zu den für sie gültigen Lebensverhältnissen treten, diese bedrohen oder gefährden, oder ob sie widerspruchs- und konfliktfrei in die bestehenden Verhältnisse eingearbeitet werden. Nicht der Ursprung, sondern die Qualität der Einflußfaktoren entscheidet darüber, ob sie von den Betroffenen überhaupt als bedrohlich wahrgenommen, ignoriert oder begrüßt werden, ob sie also zu Konfliktstoff werden oder nicht. Entscheidend ist, ob und wie die objektiven Bedingungen individueller Existenz subjektiv wahrgenommen werden, und welche Bedeutung sie für das Handeln der Akteure haben. Mithin entfällt die traditionell gemachte Unterscheidung zwischen innergesellschaftlichen und internationalen Einflüssen. Die Frage aber, ob und in welchem Maße die objektiven Bedingungen auch subjektiv zu Bestimmungsgründen des Verhaltens und damit kriegsursachenrelevant werden, erschließt sich auf dieser Ebene nicht. Die bloße Bestimmung objektiver Widersprüche reicht hierzu nicht aus. Denn auch wenn es die Umstände sind, die die Menschen machen, so sind es doch die Menschen, die die Kriege machen.

Mit dem Übergang vom Widerspruch zur Analyseebene "Krise" geht es also um den Umschlag von Objektivität in Subjektivität, um die Frage, wie die Akteure die gegebenen Widersprüche wahrnehmen.[11] Die Akteure handeln nicht aufgrund objektiv vorhandener Widersprüche, sondern aufgrund der von ihnen subjektiv wahrgenommenen Wirklichkeit. Nur diese Wirklichkeit ist Ursprung und Motiv ihres Handelns. Konfliktrelevantes Han-

---

[11] Der Begriff der Krise meint hier also, abweichend vom gebräuchlichen Krisenbegriff und in Anlehnung an den ursprünglich griechischen Wortsinn, die Wahrnehmung von Widerspruch. Es geht hier um die dem konfliktiven Handeln notwendig vorausgehenden Wahrnehmungs- und Entscheidungssituationen.

deln setzt also zunächst einmal voraus, daß bestimmte Situationen oder Lebensumstände die Existenz verunsichern, daher als krisenhaft empfunden werden. Was aber aus dem Kanon objektiver Verhältnisse tatsächlich handlungskonstitutiv und letztlich ursachenrelevant wird, läßt sich nicht allgemeingültig bestimmen, sondern ist von vornherein auch subjektiv bestimmt und abhängig von den jeweils gesellschaftlich gültigen und wirksamen Wahrnehmungs- und Bewertungsmustern. Sie bilden den aktiven Filter, der die qualitative Trennung der wirksam werdenden von den unwirksamen Einflußgrößen vollzieht.

Um jedes Mißverständnis von vornherein auszuschließen, muß hervorgehoben werden, daß es sich bei der Analyseebene Krise keinesfalls um eine eigenständige Phase der Konfliktentwicklung handelt. Inhaltslogisch ist diese selbständige Untersuchungsebene zwar dem Entstehen oder der Existenz gesellschaftlicher Widersprüche nachgeordnet und geht dem Akteurshandeln voraus. Im tatsächlichen Geschehen aber ist die Wahrnehmung und Bewertung gesellschaftlicher Vorgänge ein diesen Vorgängen parallel verlaufender Prozeß, der die antizipierende, gleichzeitige und nachträgliche ideelle bzw. geistig-emotionale Verarbeitung der Geschehnisse umfassen kann. Sowenig also die geistig-emotionale Aneignung des gesellschaftlichen Geschehens für die Akteure einen eigenständigen, zeitlich begrenzten Abschnitt ihres Lebensprozesses darstellt, sowenig darf die Analyseebene Krise als eigenständige oder zeitlich begrenzte Phase der Konfliktentwicklung verstanden werden. Der eigentümliche Charakter dieser für das Verständnis kriegerischer Konflikte gleichermaßen schwierigen wie zentralen Analyseebene besteht darin, daß eine in der Entwicklung zu kriegerischem Konfliktaustrag empirisch nicht unmittelbar vorfindliche Ebene gleichwohl eine eigenständige Dimension des Ursächlichen darstellt.

Damit ist auf etwas Doppeltes hingewiesen: Einerseits wirken die Formen geistig-emotionaler Aneignung und Verarbeitung als unbewußt ablaufender psychischer Vorgang der Anwendung von Wahrnehmungs- und Bewertungsmustern auf das soziale Geschehen wie ein Filter, der die wirksamen von den unwirksamen Einflußfaktoren trennt.[12] Andererseits aber ist der

---

[12] Es spielt in diesem Zusammenhang keine Rolle, daß es sich hierbei nicht um einen nur unbewußt ablaufenden Automatismus handelt, sondern die Bewertung und Interpretation des sozialen Geschehens zugleich auch rationale Interessenkalküle und Abwägungen der Akteure einschließt, es sich insgesamt also um einen gleichermaßen unbewußten wie bewußt ablaufenden Vorgang handelt. Wesentlich ist hier allein, daß die gesellschaftlich erzeugten Wahrnehmungs- und Bewertungsmuster von den Akteuren nicht reflektiert oder in Frage gestellt werden.

gleiche Vorgang mit Blick auf die Ursachenanalyse als selbständiger Entstehungs- und Erzeugungsprozeß von Ursachen zu werten, da den bisher nur potentiell ursächlichen Einflußgrößen eine neue Qualität als tatsächlich wirksam werdende Ursachen zugewiesen wird. Für das weitere Verhalten der Akteure ist die Frage, ob potentiellen Ursachen Konfliktrelevanz beigemessen wird oder nicht, von entscheidender Bedeutung. Da diese eigenständige Qualität des Ursächlichen untrennbar in den Lebensprozeß der Akteure eingewoben ist und sich innerhalb der Konfliktentwicklung nicht als eigenständige Dimension des Ursächlichen zu erkennen gibt, ist es notwendig, sie analytisch zu isolieren. Ohne diese rein analytische Trennung gibt es keinen systematischen Zugang zu den gesellschaftlich spezifischen Formen des Ursächlichen. Die weithin übliche Verkürzung der Ursachenanalyse auf einen aus gesellschaftlichen Widersprüchen erwachsenden Eskalationsprozeß zum Krieg umgeht den entscheidenden Zugang zum Verständnis der gesellschaftlichen und damit der historischen Spezifik des Ursächlichen.

Aufgrund der Wirkung der Wahrnehmungs- und Bewertungsmuster können in bezug auf das Ursachengefüge daher nur solche Widersprüche als relevant gelten, die von den Akteuren als wirklich existent angesehen werden. Dies schließt die Möglichkeit ein, daß gegebene gesellschaftliche Widersprüche nicht oder - wofür die entwickelte bürgerliche Gesellschaft als Beispiel dienen kann - kaum noch als solche wahrgenommen werden, weil sie hier unter einer Schicht gesellschaftlicher Mystifikationen verborgen liegen und in verrechtlichte und symbolische Formen des Konfliktaustrags überführt und damit entschärft oder pazifiziert worden sind. Ebenso ist es umgekehrt denkbar, daß Lebensumstände sich den Akteuren als ausweglos widersprüchlich darstellen und sich gewaltsam entladen, ohne daß ihnen ein - unserer Auffassung nach - objektiver Widerspruch zugrunde liegt. So mag in der profanen bürgerlichen Welt ein Sakrileg nicht als Kriegsgrund gelten, weil es nicht im Widerspruch zu der als objektiv wahrgenommenen, prosaischen Wirklichkeit steht. Für einen religiösen Menschen oder in archaischen Gesellschaften aber "ist das Heilige das eigentlich und zutiefst Wirkliche" (Eliade 1984:23), so daß jede Verletzung etwa religiöser Dogmen oder archetypischer Vorbilder eine die Lebenswirklichkeit bedrohende Dimension bekommen und so zur Triebkraft gewaltsamer Konflikte werden kann.

Beide Beispiele aber verweisen nur darauf, daß den Menschen keineswegs die Realität selbst gegenübertritt, es vielmehr die spezifische Form der Gesellschaftlichkeit ist, die den sozialen Akteuren den Maßstab ihrer Wirklichkeit liefert. Diese Wirklichkeit ist immer Resultat der Verschmelzung physischer und geistiger, materieller und symbolischer Reproduktion des Lebens. Denn menschliche Tätigkeit ist immer auch auf das Ziel bezogen, "die passive Welt der bloßen Eindrücke, in denen der Geist zunächst befangen scheint, zu einer Welt des reinen geistigen Ausdrucks umzubilden" (Cassirer 1988:12). Nur durch diese Äußerung des menschlichen Geistes verwandelt sich das formlose Chaos der Welt sinnlicher Zeichen in den geordneten Kosmos sinnhafter gesellschaftlicher Wirklichkeit. Die Objekte und objektiven Strukturen der sozialen Welt sind daher auch keine ein für allemal festgeschriebenen Objektivationen, sondern in ihrem Symbolgehalt bedeutungsgeladene Träger wandelbarer Bestimmungen und Eigenschaften, die einem unausgesetzten Prozeß tagtäglicher Kategorisierung und Bewertung unterworfen sind, der es den gesellschaftlichen Akteuren erst erlaubt, ihre eigene Position und Stellung im sozialen Raum zu bestimmen und zu verändern. Entsprechend prägt sich der Sinngehalt der sozialen Welt in demselben Maße um, in dem sich die gesellschaftlichen Strukturen verändern. Gerade in Zeiten beschleunigten gesellschaftlichen Umbruchs, wenn den Menschen der Sinn der Welt verloren zu gehen droht, erheben sich die Kräfte des Alten gegen die Veränderung. In diesem Spannungsfeld krisenhafter Verunsicherung der Existenz nisten sich neue Widersprüche ein, alte brechen auf oder verschieben sich auf anderes soziales Terrain.

Jede gesellschaftliche Veränderung ist so zugleich ein Kampf um das System der symbolischen Formen, das die nackte Realität umhüllt, ihr erst Sinn und Bedeutung verleiht. So geht jede Verschiebung in Aufbau und Struktur der Gesellschaft einher mit einem Kampf um die Definitionsgewalt über die "legitime Wahrnehmungsweise" (Bourdieu). Es wundert daher nicht, daß alle sozialen Konflikte, zumal diejenigen, die sich zu Gewaltsamkeit steigern, die Dimension des Kampfes um die Symbole der unterschiedlichen Vorstellungswelten umfassen und sich nicht selten unmittelbar um die Sprache als einem zentralen Träger des Zeichen- und Symbolsystems entzünden. Damit stellt die Frage der symbolischen Beschichtung der Realität "gleichsam den archimedischen Punkt dar, an dem genuin politisches Handeln objektiv ansetzen kann" (Bourdieu 1985:18). Um politisches Handeln zu erklären, ist es daher eine entscheidende Voraussetzung, die in Sprache, Mythos und Religion, in Kunst, Kultur, Traditionen und

Gewohnheiten eingelagerten Bestimmungsgründe der Wahrnehmungs- und Bewertungsmuster freizulegen.

Nur wenn die auf der ersten Analyseebene konstatierbaren potentiellen Widersprüche den Filter der gesellschaftlich erzeugten subjektiven Wahrnehmungs- und Bewertungsmuster durchlaufen haben, zeigen sich in bezug auf das Ursächliche die tatsächlichen Beweggründe für das Handeln der Akteure. Erst durch diesen Scheidungsprozeß, der die unwirksamen von den wirksam werdenden Einflüssen trennt und diese zugleich um die gesellschaftlich erzeugten subjektiven Triebkräfte ergänzt, verwandeln sich die ursprünglich konstatierbaren Widersprüche in solche, die in bezug auf das Ursachengefüge wirkliche Widersprüche darstellen, trennen sich die potentiellen von den faktischen Bestimmungsgründen des Akteurshandelns. Insgesamt läßt sich das Akteurshandeln nur dann adäquat erfassen, wenn es als Ausfluß historischer und gegenwärtiger, bewußter und unbewußter Momente und als Einheit objektiv gegebener und subjektiv wahrgenommener Bestimmungsgründe verstanden wird.

Da das, was an Widersprüchen praktisch wirksam und tatsächlich ursachenrelevant wird, von vornherein an die historisch-spezifische Form der Gesellschaftlichkeit rückgebundenen ist, läßt es sich auch nicht von einem jenseits der Gesellschaftlichkeit der Akteure liegenden Maßstab her beurteilen. "Der Maßstab der Gesellschaftlichkeit muß aus der Natur der jeder Produktionsweise eigentümlichen Verhältnisse, nicht aus ihr fremden Vorstellungen entlehnt werden" (Marx 1984:32). Gerade mit Blick auf die Übergangsgesellschaften z.B. der Dritten Welt lassen sich die Wahrnehmungs- und Handlungsmuster der Akteure nicht allein über ein an die zweckrationale Ziel-Mittel-Relation rückgebundenes Kausalitätsverständnis und daher auch nicht vollständig über die analytische Kategorie des Interesses rekonstruieren. Um analytisch die Binnenperspektive zu gewinnen, mag die Forschung vor Ort zwar wichtige Hinweise liefern. Diese Art des Zugangs zum Verständnis anderer Kulturen bleibt jedoch solange Illusion, wie den so gewonnenen Einsichten keine die Andersartigkeit der Lebensverhältnisse respektierende Methodik und Begrifflichkeit zur Seite gestellt wird. Anstrengungen in diese Richtung sucht man in der Regel jedoch vergeblich. Es gilt daher zu allererst, "wegzukommen von dem Mißverständnis, als könnten wir die fremde Lebenspraxis dadurch aus ihrem eigenen Lebenszusammenhang verstehen, daß wir sie aus den Kategorien unseres eigenen Lebens- und Denkzusammenhangs nachvollziehen" (Schmied-Kowarzik 1980:375).

Diesbezüglich gilt generell, daß die zentrale analytische Kategorie des Interesses - und eigentlich jede andere im Kontext kapitalistischer Vergesellschaftung gültige analytische Kategorie - streng genommen nur soweit in die Bestimmungsgründe sozialen Handelns hineinreicht, wie sich kapitalistische Vergesellschaftungsformen auch tatsächlich gegen die vormals gültigen Lebensverhältnisse durchgesetzt haben, so daß diese uns geläufigen Kategorien keineswegs umstandslos auf ganz anders strukturierte Lebenszusammenhänge angewandt werden können. So lassen sich z.b. weder religiös oder mythologisch bestimmte Motive, noch die aus familialen, ethnischen, stammesmäßigen oder anderen vorbürgerlichen Vergesellschaftungszusammenhängen resultierenden Triebkräfte sozialen Handelns mit Hilfe der Kategorie des Interesses durch die Form des kausalen Denkens rekonstruieren. Die Frage nach dem Ursächlichen ist hier keine Sache der Logik, sondern verwandelt sich in die Frage nach der Logik der Sache. Hier ist das Kausalitätsproblem des Ursächlichen dem Bedeutungsproblem untergeordnet.

Die allgemeine Form der Kausalität bzw. die generelle Frage nach dem jeweiligen Zusammenhang zwischen Ursache und Wirkung ist auf den verschiedenen Stufen der Vergesellschaftung unterschiedlich bestimmt. So "erscheint z.B. die allgemeine Form der 'Kausalität' in völlig verschiedenem Lichte, je nachdem wir sie auf der Stufe des wissenschaftlichen oder des mythologischen Denkens betrachten" (Cassirer 1988:30). Die isolierende Abstraktion wissenschaftlich-kausalen Denkens bleibt dem "Prinzip der mythischen Kausalität" fremd. "Jede Gleichzeitigkeit, jede räumliche Begleitung und Berührung schließt hier schon an und für sich eine reale kausale 'Folge' in sich..., (so) daß hier jede Berührung in Raum und Zeit unmittelbar als ein Verhältnis von Ursache und Wirkung genommen wird" (ders.1977:59). Was uns die Einsicht in die Beweggründe des Verhaltens nicht-kapitalistisch vergesellschafteter Akteure verstellt, ist die Tendenz, uns alle Zusammenhänge durch die Übertragung der Normen wissenschaftlich-kausalen Denkens, seiner Sprache und Begrifflichkeit zu vergegenwärtigen und so reine Bedeutungszusammenhänge formallogisch zu verkürzen und in Kausalzusammenhänge umzudeuten. Um die Binnenperspektive des Ursächlichen zu gewinnen, müssen Ursachen im Sinne der Weberschen Konzeption "adäquater Kausalität" (Weber 1980:5f und passim) verstanden werden, und die gesellschaftliche Spezifik der Kausalität des Ursachengefüges muß innerhalb der identitätskonstitutiven sozialen Räume der kriegsbeteiligten Akteure rekonstruiert werden. Die dem Handeln der Akteure unterliegenden Motive erschließen sich nicht allein aus der Kenntnis der nackten Reproduktion der materiellen Lebensgrundlagen. Nur wenn auch die spezifischen Formen symbolischer Reproduktion begriffen sind und Vergesellschaftung als Einheit materieller und symbolischer Reproduktion verstanden wird, eröffnet sich der Zugang zu den Triebkräften des Handelns und zur Spezifik der Kausalität des Ursächlichen. Die Untersuchung der Reproduktionslogik dieser Totalität ist jeder Kriegsursachenanalyse notwendig vorausgesetzt.

Dabei ist allerdings zu beachten, daß den sozialen Beziehungen innerhalb vorbürgerlicher Lebensbezüge zentrale vergesellschaftende und daher handlungskonstitutive Potenz zukommt, so daß zum Verständnis historischer Gesellschaften oder anderer Kulturen im Gegensatz zur bürgerlichen Gesellschaft analytisch nicht vom Primat der ökonomischen Grundbestimmungen, sondern vom Primat der sozialen Beziehungen auszugehen ist. Die Untersuchung der aus vorbürgerlichen und bürgerlichen Lebensbedingungen widersprüchlich zusammengesetzten Übergangsgesellschaften ist folglich aus doppelter Perspektive vorzunehmen. Der Zugang zum Verständnis heterogen zusammengesetzter Lebensverhältnisse und der aus ihnen resultierenden Wahrnehmungs- und Handlungsmuster eröffnet sich nur, wenn von den unterschiedlichen gesellschaftlichen Grundstrukturen ausgegangen wird, deren Existenz auch die disparaten Anknüpfungs- und Bezugspunkte für die sozialen Akteure darstellt.

Zentrale Aufgabe jeder Kriegsursachenanalyse ist es daher, die identätskonstitutiven sozialen Räume bzw. die jeweilige gesellschaftliche Integrationsebene der konfliktbeteiligten Akteure als Ursprung und Quelle ihrer Wahrnehmungs- und Verhaltensmuster sowohl für sich wie in bezug aufeinander zu untersuchen. Wenn verstanden ist, was die Weltbilder der Akteure zusammenhält und welche Bedeutung die objektiven Strukturen der sozialen Welt für sie haben, erschließt sich auch die spezifische Form der Kausalität, die uns zu den generativen Schemata des Akteurshandelns führt. Solange aber noch kein methodischer und kategorialer Rahmen vorliegt, der den Zugang zu den Schemata des Denkens, Fühlens und Handelns nicht-kapitalistisch vergesellschafteter Akteure verbindlich anleiten und erleichtern würde, ist es um so dringlicher, daß auf die Untersuchung der traditional vergesellschaftenden Potenzen, auf lokal und regional gebundene religiöse, ethnische oder familiale Strukturen, auf personalistische Abhängigkeits- und Herrschaftsverhältnisse usw. stärkeres Gewicht gelegt wird, als dies gemeinhin geschieht,[13] und daß im Gegensatz zur bisherigen Forschungspraxis die Erkenntnisse der mit diesen Strukturen und Verhältnissen befaßten Fachdisziplinen bei der Untersuchung der Ursachen des Konfliktverhaltens nicht länger übergangen werden. Aber selbst wenn auf diese Weise eine Umgewichtung der Forschungsschwerpunkte zustandekommt und über die Wahrnehmungs- und Bewertungsmuster die spezifischen Bestimmungsgründe des Akteurshandelns deutlicher zum Vorschein gebracht werden, ist damit die Grammatik des Krieges noch nicht vollständig erfaßt. Denn konfliktrelevant wird erst das tatsächliche Verhalten zu den krisenhaft wahrgenommenen Lebensumständen.

Beim Übergang von der Krise zur Analyseebene "Konflikt" geht es also um den Übergang zur eigentlichen Handlungsebene, um den Umschlag der Verhältnisse in Verhalten. Denn nur soweit sich die Akteure zu den potentiell konfliktiven, krisenhaft empfundenen Bedingungen ihrer Existenz tatsächlich in einer Weise verhalten, die zu gewaltsamen Eskalationsprozessen führt, wird ihr Verhalten für die Kriegsursachenanalyse relevant. Die bloß passive oder fatalistische Hinnahme einer krisenhaft verunsicherten Existenz schafft keine gewaltsamen Konflikte. Erst wenn sich das latente Konfliktpotential in manifestes Verhalten umsetzt und die Konfliktbereitschaft der Akteure sich nicht länger in friedfertigen Formen äußert, sondern schließlich zur Gewalt gegriffen wird, setzt sich der Verdichtungsprozeß des Ursächlichen zum Krieg fort.

---

[13] Es ist nicht diesem Analyseschema anzulasten, daß die Notwendigkeit der Untersuchung dieser Bereiche im Rahmen der Kriegsursachenanalyse auf ein ganzes Feld gravierender Defizite sozialwissenschaftlicher Forschung hinweist, die im Rahmen dieser Arbeit nicht gelöst werden können. Hierzu gehört in erster Linie das der ganzen Dritte-Welt-Forschung bekannte Problem der Heterogenität der Übergangsgesellschaften, das das Haupthindernis für ihre Analyse, Vergleichbarkeit und Systematisierung darstellt. Auf der hier in Frage stehenden Ebene der Untersuchung der Wahrnehmungs- und Bewertungsmuster gesellschaftlicher Akteure zeigen sich diese Probleme mit aller Deutlichkeit. Die Aufgabe, das methodische und begriffliche Instrumentarium zu entwickeln, das es erlaubt, die traditionalen Anteile gesellschaftlicher Strukturen und soziler Dispositionen der Akteure angemessen zu untersuchen, ist der ganzen Forschung gestellt. Hier kann nur noch einmal darauf hingewiesen werden, daß es in diesem Zusammenhang von zentraler Bedeutung ist, 1) das Problem der Heterogenität als Ausdruck der Ungleichzeitigkeit gesellschaftlicher Entwicklung zu verstehen, 2) daß die Untersuchung heterogen zusammengesetzter Gesellschaften oder sozialer Dispositionen methodisch aus doppelter Perspektive vorgenommen werden muß, und 3) daß zweckrationales Handeln und die analytische Kategorie des Interesses idealtypische Maßstäbe bürgerlich-kapitalistischen Verhaltens darstellen und in vorbürgerlichen Lebenszusammenhängen nur eingeschränkte Gültigkeit besitzen.

Auf dieser systematischen Ebene geht es folglich in erster Linie darum, wie die Akteure ihre Konfliktfähigkeit gewinnen, und wie sich im wechselseitigen Verhalten der Konfliktparteien der Eskalationsprozeß zu gewaltsamem Konfliktaustrag verdichtet. Konfliktfähigkeit setzt dabei keineswegs nur die Schaffung der materiellen Voraussetzungen der Kriegführung wie etwa den Aufbau organisatorischer Strukturen, Beschaffung von Waffen, Mobilisierung kampfbereiter Anhänger usw. voraus, sondern umfaßt auch den psychosozialen Wandlungsprozeß, der unterstellt werden muß, wenn friedliches in gewaltsames Verhalten umschlägt. Es geht mithin auch um die Frage, wodurch sich die Akteure zur Gewaltanwendung genötigt sehen, wie sich also Gewaltbereitschaft herstellt und warum diese im Kriegsgegner ihren Adressaten findet. Um den qualitativen Umschlag vom Frieden zum Krieg zu erklären, gewinnt neben dem strukturellen Konflikthintergrund nun also auch die unmittelbar ereignisgeschichtliche Dimension im Vorfeld kriegerischer Auseinandersetzungen Bedeutung. Im wechselseitigen Verhalten der Konfliktparteien vollzieht sich das, was gewöhnlich als Eskalationsprozeß bezeichnet wird. Hier werden dem Ursachenkomplex durch das aufeinander bezogene Verhalten der Akteure neue Bestimmungen hinzugefügt, unter denen sich immer auch der unmittelbare Anlaß für die Eskalation zu kriegerischer Gewalt findet.

Traditionell bildet die Untersuchung dieses Eskalationsprozesses einen der Schwerpunkte der Forschung. In dieser Schwerpunktsetzung manifestiert sich, auf welche Weise die traditionell vorherrschende Kriegsursachenforschung ihren Untersuchungsgegenstand vollständig den Normen wissenschaftlichen Kausalitätsverständnisses unterwirft und wie stark sie insgesamt dem eingangs kritisierten traditionellen Wissenschaftsverständnis verhaftet ist. Denn nur durch die Verkürzung des hier bisher skizzierten kumulativen Verdichtungsprozesses auf den unmittelbaren Eskalationsprozeß, des Ursächlichen auf den Anlaß und damit der notwendigen Stufenfolge der Untersuchung auf ihren letzten Schritt wird es möglich, das Zustandekommen des Krieges allein aus der ereignisgeschichtlichen Dimension heraus, gewissermaßen in bloßer Addition der wechselseitigen, auseinander hervorgehenden Verhaltensweisen der Konfliktparteien als linearen und auf harte empirische Fakten gegründeten formallogischen Prozeß zu rekonstruieren. Auf diese Weise wird mit den unterliegenden sozialen Bestimmungsgründen nicht nur die gesellschaftliche Spezifik des Krieges ausgelöscht, auch die Bruchstellen, die erst erklären können, wie sich der qualitative Umschlagprozeß vom Frieden zum Krieg vollzieht, werden verschüttet.

Aber auch wenn sich an dieser Verkürzung der notwendigen Stufenfolge der Untersuchung auf ihren lediglich letzten Schritt die unbefriedigende Situation der bisherigen Forschungspraxis noch einmal detailliert aufschlüsseln ließe, markiert der Eskalationsprozeß dennoch eine unverzichtbare und gegenüber dem strukturellen Konflikthintergrund qualitativ neue systematische Ebene, die notwendig durchlaufen werden muß, wenn es zum Krieg kommt. Auf dieser Handlungsebene müssen all diejenigen Bedingungen heranreifen, die es schließlich rechtfertigen, die Form gesellschaftlichen Konfliktaustrags als Krieg zu bezeichnen.

Der Übergang vom Konflikt zur Analyseebene "Krieg" ist zunächst einmal rein formaler Natur und markiert diejenigen Bedingungen, die notwendig erfüllt sein müssen, damit definitionsgemäß von Krieg gesprochen werden kann. Gleichwohl stellt der Krieg nicht nur das abschließende Resultat des vorangegangenen konfliktiven Eskalationsprozesses und für die Ursachenanalyse die Rückkehr zu ihrem Ausgangspunkt dar; die kollektive Anwendung direkter physischer Gewalt, die den kleinsten gemeinsamen Nenner aller Kriegsdefinitionen bildet, stellt zugleich auch eine neue Qualität des Ursächlichen und gegenüber allen anderen Formen des Konfliktaustrags einen Dammbruch dar. Die Gewalt wird zum Motor des Krieges. Ihr sich selbst verstärkender Charakter und ihre Eigenschaft, auch auf andere Konfliktfelder überzugreifen, macht die Gewalt selbst zur Ursache der Eskalation des Krieges. Sie verbindet die Gegner in dem Ziel der blinden Vernichtung des anderen. Blut, Gewalt und Fanatismus werden zu einer beherrschenden Dimension. So wohnt jedem Krieg auch die Tendenz zur Verselbständigung gegenüber seinen ursprünglichen Ursachen und Zielen inne. Diese Tendenz spiegelt eine innere Dynamik des Krieges wider, die bis zur vollständigen Erneuerung des ursprünglichen Ursachenkomplexes voranschreiten kann. In ihrer extremsten Form entwickelt sich die Verselbständigung so weit, daß der Krieg für ganze Bevölkerungsgruppen zur Lebensgrundlage wird. Jede Drehung der Spirale aus Krieg und Gewalt übersetzt sich in weitere Eskalation oder Perpetuierung des Krieges, so daß der Krieg immer stärker zur Ursache des Krieges und für die Akteure letztlich sogar zum Selbstzweck werden kann.

Innerhalb dieses Analysemusters übersetzt sich das Problem der Komplexität möglicher Ursachen nicht in das unvereinbare Nebeneinander unterschiedlicher Analyseebenen, sondern in eine inhaltslogische Stufenfolge auseinander hervorgehender, qualitativ unterschiedlicher Schritte zum Krieg. Dabei sind die konfliktrelevanten Momente der vorherigen Ebene vollständig in der nächsthöheren enthalten, werden durch die neue Qualität der Bestimmungen dieser Ebene ergänzt und zugleich gefiltert, so daß sich der reale Prozeß der Entwicklung zu kriegerischem Konfliktaustrag analytisch als kumulativer Verdichtungsprozeß notwendiger kriegsursächlicher Faktoren darstellt. Fehlt eine dieser Stufen, so bricht der Verdichtungsprozeß ab. Den verschiedenen Segmenten dieses Analysemusters lassen sich auch die jeweils verantwortlichen Fachdisziplinen zuordnen und zu integrativer Forschung zusammenführen. Das unlösbare Problem der methodischen Unvereinbarkeit der Analyseebenen reduziert sich auf das zwar schwierige, aber lösbare Problem des Umschlags von Objektivität in Subjektivität. Die "Quadratur des Kreises" ist in eine Grammatik des Krieges übersetzt, die den analytischen Zugang zur konkreten Sprache der Kriege und zum Vergleich ihrer Dialekte ermöglicht.

Literaturverzeichnis

Adorno, Theodor W. 1975: Zur Logik der Sozialwissenschaften, in: Adorno u.a. 1975: 125-145

Adorno, Theodor W. 1975: Soziologie und empirische Forschung, in: Adorno u.a. 1975: 81-103

Adorno, Theodor W. u.a. 1975: Der Positivismusstreit in der deutschen Soziologie, Darmstadt/Neuwied

Aglietta, M. 1979: Die gegenwärtigen Grundzüge der Internationalisierung des Kapitals, in: Deubner 1979: 70-125

Ahlers, Ingolf / Orbon, Hartmut / Tolle, Rolf 1975: Zur politischen Ökonomie des Handelskapitals. Ein Beitrag zur historischen Dimension der Weltgesellschaft, in: Gantzel (Hg.) 1975: 115-161

Ahlers, Ingolf 1977: Kolonialismus - Imperialismus - Unterentwicklung. Versuch einer kritischen Einführung in den Diskussionsstand, in: Steinweg 1977: 159-195

Albertini, Rudolf von 1985: Europäische Kolonialherrschaft 1880 - 1940, Stuttgart

Altvater, Elmar 1983: Bruch und Formwandel eines Entwicklungsmodells, in; Hoffmann (Hg.) 1983: 217-253

Altvater, Elmar 1987: Sachzwang Weltmarkt, Hamburg

Amin, Samir 1974: Zur Theorie von Akkumulation und Entwicklung in der gegenwärtigen Weltgesellschaft, in: Senghaas (Hg.) 1974: 71-97

Amin, Samir et al 1982: Dynamics of Global Crisis, London

Amin, Samir 1992: Das Reich des Chaos, Hamburg

Anderson, Perry 1979: Antonio Gramsci. Eine kritische Würdigung, Berlin

Anderson, Perry 1979: Die Entstehung des absolutistischen Staates, Frankfurt am Main

Apel, Helmut 1982: Verwandtschaft, Gott und Geld. Zur Organisation archaischer, ägyptischer und antiker Gesellschaft, Frankfurt am Main - New York

Arlacchi, Pino 1989: Mafiose Ethik und der Geist des Kapitalismus, Frankfurt am Main

Arnswald, Ulrich 1993: Konflikte in der ehemaligen Sowjetunion: Versuch einer Systematik, in: Birckenbach/Jäger/Wellmann (Hg.) 1993: 107-117

Aron, Raymond 1963: Frieden und Krieg. Eine Theorie der Staatenwelt, Frankfurt am Main

Aron, Raymond 1966: Der Krieg und die industrielle Gesellschaft, in: Nerlich (Hg.) Bd.1, 1966: 17-65

Arrighi, Giovanni 1981: Der Klassenkampf in Westeuropa im 20. Jahrhundert, in: Fröbel u.a. 1981

Autorenkollektiv 1980: Das Handelskapital. Geschichte und Gegenwart, Berlin

Bächler, Günther 1990: Friedensgestaltung durch Demokratisierung, in: Frieden und Demokratie in Europa, Teil II, Arbeitspapier der Schweizerischen Friedensstiftung Nr. 6, S. 13-31, Bern

Backhaus, H.G. (Hg.) 1976: Gesellschaft. Beiträge zur Marxschen Theorie 8/9, Frankfurt am Main

Balibar, Etienne / Wallerstein, Immanuel 1990: Rasse, Klasse, Nation. Ambivalente Identitäten, Hamburg/Berlin

Barudio, Günter 1981: Das Zeitalter des Absolutismus und der Aufklärung 1648 - 1779, Frankfurt am Main

Bauböck, Rainer 1992: Die Zukunft des Nationalismus in Europa, in: Dialog - Beiträge zur Friedensforschung Bd. 21, Friedensbericht 1992, Das Kriegsjahr 1991: unsere Zukunft?, Hg.: Österreichisches Studienzentrum für Frieden und Konfliktlösung; Schweizerische Friedensstiftung, Wien, S. 159-182

Benjamin, Walter 1974: Über den Begriff der Geschichte, in: Illuminationen. Ausgewählte Schriften, Frankfurt am Main, S. 251-262

Benz, Wolfgang / Graml, Hermann (Hg.) 1981: Weltprobleme zwischen den Machtblöcken, Frankfurt am Main

Bergeron, Louis / Furet, François / Koselleck, Reinhart 1969: Das Zeitalter der europäischen Revolutionen, Frankfurt am Main

Birckenbach, Hanne-Margret / Jäger, Ulrich / Wellmann, Christian (Hg.) 1993: Jahrbuch Frieden 1994, Konflikte - Abrüstung - Friedensarbeit, München

Bischoff, Joachim / Krüger, Stephan 1983: Überakkumulation und industrieller Zyklus, in: Hoffmann (Hg.) 1983: 133-167

Bischoff, Joachim / Menard, Michael 1990: Marktwirtschaft und Sozialismus - Der dritte Weg, Hamburg

Bischoff, Joachim 1973: Gesellschaftliche Arbeit als Systembegriff. Über wissenschaftliche Dialektik, Berlin-West

Bischoff, Joachim 1988: Dienstleistungsgesellschaft - Ende des Industriezeitalters? in: Sozialismus Nr.9/1988: 31-45

Bischoff, Joachim 1992: Renaissance der Nation, in: Sozialismus 10/1992: 4-9

Bischoff, Joachim 1993: Entwicklungstendenzen des Finanzkapitals, in: Sozialismus 12/1993: 27-41

Bischoff, Joachim 1993: Staatssozialismus - Marktsozialismus. China als Alternative zum sowjetischen Weg?, Hamburg

Black, Jeremy (ed.) 1986: The Origins of War in European History, Edinburgh

Blaschke, Jochen (Hg.) 1983: Perspektiven des Weltsystems. Materialien zu Immanuel Wallerstein "Das moderne Weltsystem", Frankfurt am Main/New York

Bloch, Ernst 1985: Erbschaft dieser Zeit, Frankfurt am Main

Bogner, Arthur 1989: Zivilisation und Rationalisierung: die Zivilisationstheorien Max Webers, Norbert Elias' und der Frankfurter Schule im Vergleich, Opladen

Böhm, Thomas 1983: Verinnerlichung des Anderen. Der strukturelle Konnex von Moral, Identität und Herrschaft, Frankfurt am Main/New York

Bourdieu, Pierre 1974: Zur Soziologie der symbolischen Formen, Frankfurt am Main

Bourdieu, Pierre 1982: Die feinen Unterschiede. Kritik der gesellschaftlichen Urteilskraft, Frankfurt am Main

Bourdieu, Pierre 1985: Sozialer Raum und Klassen. Leçon sur la leçon, Frankfurt am Main

Bourdieu, Pierre 1992: Die verborgenen Mechanismen der Macht, Band 1 der Schriften zu Politik und Kultur, Hg. v. Margareta Steinrücke, Hamburg.

Braudel, Fernand 1986: Der Handel. Sozialgeschichte des 15. - 18. Jahrhunderts, München

Brandt, Peter 1987: Die bürgerliche Revolution - Genesis der Moderne, in: Sozialismus 10/1987: 35-46

Braunmühl, Claudia von 1976: Die nationalstaatliche Organisiertheit der bürgerlichen Gesellschaft, in: Backhaus 1976: 273-335

Brenner, Robert 1983: Das Weltsystem. Theoretische und historische Perspektiven, in: Blaschke (Hg.) 1983: 80-112

Breuer, Stefan / Treiber, Hubert (Hg.) 1982: Entstehung und Strukturwandel des Staates, Opladen

Breuer, Stefan 1992: Die Gesellschaft des Verschwindens: von der Selbstzerstörung der technischen Zivilisation, Hamburg.

Brock, Lothar / Hauchler, Ingomar (Hg.) 1993: Entwicklung in Mittel- und Osteuropa, Bonn

Brock, Lothar / Hauchler, Ingomar 1993: Umbruch und Aufbruch in Osteuropa - Eine Einführung, in: Brock/Hauchler (Hg.) 1993: 9-27

Brock, Lothar 1992: Die Dritte Welt im internationalen System, in: Nohlen/Nuscheler (Hg.) 1992: 446-468

Brüne, Stefan / Matthies, Volker (Hg.) 1990: Krisenregion Horn von Afrika, Hamburg

Brunner, Otto / Conze, Werner / Koselleck, Reinhart (Hg.) 1975: Geschichtliche Grundbegriffe. Historisches Lexikon zur politisch-sozialen Sprache in Deutschland, 6 Bde., Stuttgart

Butterworth Robert L. / Scranton Margaret E. 1976: Managing Interstate Conflict, 1945-74. Data with Synopses, Pittsburgh

Carter, George 1953: Outlines of English History, London

Cassirer, Ernst 1977: Philosophie der symbolischen Formen, Bd.II, Das mythische Denken, Darmstadt

Cassirer, Ernst 1982: Philosophie der symbolischen Formen, Bd.III, Phänomenologie der Erkenntnis, Darmstadt

Cassirer, Ernst 1985: Der Mythus des Staates. Philosophische Grundlagen politischen Verhaltens, Frankfurt am Main

Cassirer, Ernst 1988: Philosophie der symbolischen Formen, Bd.I, Die Sprache, Darmstadt

Cassirer, Ernst 1989: Zur Logik der Kulturwissenschaften. Fünf Studien, Darmstadt

Chartier, Roger 1989: Die unvollendete Vergangenheit, Geschichte und die Macht der Weltauslegung, Berlin

Chomsky, Noam 1991: Deterring Democracy, London

Clausewitz, Carl von 1990: Vom Kriege, Augsburg

Craig, Gordon A. / George, A. C. 1984: Zwischen Krieg und Frieden. Konfliktlösungen in Geschichte und Gegenwart, München

Crouzet, François 1971: Kriege, Kontinentalsperre und wirtschaftliche Veränderungen in Europa 1792-1815, in: Sieburg 1971: 231-251

Czempiel, Ernst-Otto 1991: Weltpolitik im Umbruch - Das internationale System nach dem Ende des Ost-West-Konflikts, München

Demele, Isolde 1988: Abstraktes Denken und Entwicklung. Der unvermeidliche Bruch mit der Tradition, Berlin

Deppe, Frank / Kebir, Sabine u.a. 1991: Eckpunkte moderner Kapitalismuskritik, Hamburg

Deppe, Frank 1993: Kapitalismus und Demokratie, in: Sozialismus 9/1993: 44-57

Deubner, Christian u.a. 1979: Die Internationalisierung des Kapitals. Neue Theorien in der internationalen Diskussion, Frankfurt am Main - New York

Deutsch, Karl W. / Senghaas, Dieter 1970: Die Schritte zum Krieg. Systemebenen, Entwicklungsstadien, Forschungsergebnisse, in: Aus Politik und Zeitgeschichte, B 47/70, Bonn

Deutsch, Karl W. 1973: Der Stand der Kriegsursachenforschung, DGFK-Hefte Nr. 2, Bonn

Deutsch, Karl W. 1975: Abhängigkeit, strukturelle Gewalt und Befreiungsprozesse, in: Gantzel (Hg.) 1975: 23-46

Dietschy, Beat 1988: Gebrochene Gegenwart. Ernst Bloch, Ungleichzeitigkeit und das Geschichtsbild der Moderne, Frankfurt am Main

Diner, Dan 1985: Imperialismus, Universalismus, Hegemonie. Zum Verhältnis von Politik und Ökonomie in der Weltgesellschaft, in: Fetscher/Münkler (Hg.) 1987: 326-360

Diner, Dan 1987: Endogene Konfliktverursachung im Vorderen Orient und die Funktion globaler Einwirkungen, in: Steinweg 1987: 308-360

Diner, Dan 1988: Internationale Beziehungen, in: Lipper/Wachtler 1988: 182-192

Diner, Dan 1991: Der Krieg der Erinnerungen und die Ordnung der Welt, Berlin

Dingemann, Rüdiger 1983: Bewaffnete Konflikte seit 1945. Zwischenstaatliche Auseinandersetzungen, Befreiungskriege in der Dritten Welt, Bürgerkriege, Düsseldorf

Drewermann, Eugen 1991: Die Spirale der Angst. Der Krieg und das Christentum, Freiburg/Basel/Wien

Dülmen, Richard van 1980: Religionsgeschichte in der historischen Sozialforschung, in: Geschichte und Gesellschaft, Jg. 6, Heft 1/1980: 37-59

Dülmen, Richard van 1987: Entstehung des frühneuzeitlichen Europa 1550 - 1648, Frankfurt am Main

Dülmen, Richard van 1989: Religion und Gesellschaft - Beiträge zu einer Religionsgeschichte der Neuzeit, Frankfurt am Main

Durkheim, Emile 1981: Die elementaren Formen des religiösen Lebens, Frankfurt am Main

Durkheim, Emile 1985: Soziologie und Philosophie, (zuerst frz. 1924), mit einer Einleitung von Th. W. Adorno, Frankfurt am Main

Dux, Günther 1982: Die Logik der Weltbilder. Sinnstrukturen im Wandel der Geschichte, Frankfurt am Main

Eberwein, Wolf-Dieter 1981: The Quantitative Study of International Conflict. Quantity or Quality? in: Journal of Peace Research, Vol. XVIII, No. 1/1981

Eberwein, Wolf-Dieter 1992: Demokratie und Gewalt. Kontinuität, Umbruch, Wandel, in: WZB-Mitteilungen, Heft 56, 6/1992: 11-17

Eberwein, Wolf-Dieter 1993: Kriegsursachenforschung: Einsichten und Probleme, in: ami, 23. Jg., Heft 5, Mai 1993: 4-10.

Eibl-Eibesfeld, Irenäus 1975: Krieg und Frieden aus der Sicht der Verhaltensforschung, München

Eisenstadt, Samuel N. 1979: Tradition, Wandel und Modernität, Frankfurt am Main

Eisenstadt, Samuel N. 1982: Revolution und die Transformation von Gesellschaften. Eine vergleichende Untersuchung verschiedener Kulturen, Opladen

Eisenstadt, Samuel N. 1982: Vergleichende Analyse der Staatenbildung in historischen Kontexten, in: Breuer/Treiber 1982: 36 - 74

Eliade, Mircea 1984: Kosmos und Geschichte. Der Mythos der ewigen Wiederkehr, Frankfurt am Main

Eliade, Mircea 1985: Das Heilige und das Profane. Vom Wesen des Religiösen, Frankfurt am Main

Elias, Norbert 1985: Humana conditio. Beobachtungen zur Entwicklung der Menschheit am 40. Jahrestag eines Kriegsendes, Frankfurt am Main

Elias, Norbert 1987: Die Gesellschaft der Individuen, Frankfurt am Main

Elias, Norbert 1976: Über den Prozeß der Zivilisation, 2 Bde., Frankfurt am Main

Elsenhans, Hartmut 1979: Grundlagen der Entwicklung der kapitalistischen Weltwirtschaft, in: Senghaas (Hg.) 1979: 103-159

Elsenhans, Hartmut 1981: Abhängiger Kapitalismus oder bürokratische Entwicklungsgesellschaft. Versuch über den Staat in der Dritten Welt, Frankfurt am Main - New York

Elsenhans, Hartmut 1985: Der periphere Staat: Zum Stand der entwicklungstheoretischen Diskussion, in: PVS-Sonderheft 16/1985: 135-157

Engels, Friedrich 1980: Die Entwicklung des Sozialismus von der Utopie zur Wissenschaft, Berlin

Engels, Friedrich 1981: Die Rolle der Gewalt in der Geschichte, in: MEW 21: 405-463

Engels, Friedrich 1981: Über den Verfall des Feudalismus und das Aufkommen der Bourgeoisie, in: MEW 21: 392-401

Evers, Hans-Dieter / Schiel, Tilman 1988: Strategische Gruppen. Vergleichende Studien zu Staat, Bürokratie und Klassenbildung in der Dritten Welt, Berlin

Evers, Tilman 1977: Bürgerliche Herrschaft in der Dritten Welt, Frankfurt am Main

Ferdowsi, Mir A. / Opitz, Peter J. (Hg.) 1987: Macht und Ohnmacht der Vereinten Nationen. Zur Rolle der Weltorganisation in Drittwelt-Konflikten, München/Köln

Ferdowsi, Mir A. 1987: Militante Konflikte in der Dritten Welt. Dimensionen - Ursachen - Perspektiven, in: Aus Politik und Zeitgeschichte, B 8/87, Bonn

Ferdowsi, Mir A. 1987: Regionalkonflikte in der Dritten Welt: Dimensionen, Ursachen, Perspektiven, in: Ferdowsi/Opitz 1987

Ferdowsi, Mir A. 1993: Kriege der Gegenwart - Nachholprozeß nationalstaatlicher Konsolidierung? in: Matthies (Hg.) 1993: 27-43

Fetscher, Iring / Münkler, Herfried (Hg.) 1987: Politikwissenschaft, Begriffe - Analysen - Theorien. Ein Grundkurs, Hamburg

Fieldhouse, David K. 1965: Die Kolonialreiche seit dem 18. Jahrhundert, Frankfurt am Main

Fukuyama, Francis 1992: Das Ende der Geschichte. Wo stehen wir?, München

Forndran, Erhard (Hg.) 1992: Politik nach dem Ost-West-Konflikt, Baden-Baden

Fröbel, Folker / Heinrichs, Jürgen / Kreye, Otto (Hg.) 1981: Krisen in der kapitalistischen Weltökonomie, Reinbek

Fuchs, Katrin / Schuster, Joachim (Hg.) 1992: Zwischen Nationalstaat und Globalpolitik. Bausteine für einen neuen Internationalismus, Köln

Gallagher, John / Robinson, Ronald 1979: Der Imperialismus des Freihandels, in: Wehler 1979: 200-240

Galtung, Johan 1971: Gewalt, Frieden, Friedensforschung, in: Senghaas (Hg.) 1971: 5-104

Galtung, Johan 1971: Theorien des Friedens, in: Senghaas (Hg.) 1971: 235-246

Galtung, Johan 1975: Strukturelle Gewalt. Beiträge zur Friedens- und Konfliktforschung, Hamburg

Galtung, Johan 1992: Konfliktformen in der Welt von Morgen, in: Steinweg (Red.) 1992: 229-261

Gantzel, Klaus Jürgen 1972: System und Akteur. Beiträge zur vergleichenden Kriegsursachenforschung, Düsseldorf

Gantzel, Klaus Jürgen (Hg.) 1973: Internationale Beziehungen als System, PVS-Sonderheft 5, Opladen

Gantzel, Klaus Jürgen (Hg.) 1975: Herrschaft und Befreiung in der Weltgesellschaft, Frankfurt am Main

Gantzel, Klaus Jürgen 1981: Another Approach to a Theory on the Causes of War, in: Journal of Peace Research, Vol. 18, No. 1/1981: 39-56

Gantzel, Klaus Jürgen 1987: Tolstoi statt Clausewitz!? Überlegungen zum Verhältnis von Staat und Krieg seit 1816 mittels statistischer Beobachtungen, in: Steinweg (Red.) 1987: 25-97

Gantzel, Klaus Jürgen (Hg.) 1988: Krieg in der Dritten Welt: Theoretische und methodische Probleme der Kriegsursachenforschung - Fallstudien, Baden - Baden.

Gantzel, Klaus Jürgen 1988: Krieg in der Dritten Welt als Forschungsgegenstand. Eine Einführung zum Thema, in: ders. (Hg.) 1988: 25-82.

Gantzel, Klaus Jürgen / Meyer-Stamer, Jörg (Hg.) 1986: Die Kriege nach dem Zweiten Weltkrieg bis 1984. Daten und erste Analysen, München - Köln - London

Gantzel, Klaus Jürgen / Siegelberg, Jens 1990: Krieg und Entwicklung. Überlegungen zur Theoretisierung von Kriegsursachen unter besonderer Berücksichtigung der Zeit nach 1945, in: Rittberger (Hg.) 1990: 219-240

Gantzel, Klaus Jürgen / Siegelberg, Jens 1990: Kriege der Welt: Ein systematisches Register der kriegerischen Konflikte 1985 bis 1990, Materialien der Stiftung Entwicklung und Frieden, Nr.1/1990, Bonn - Bad Godesberg

Gantzel, Klaus Jürgen / Siegelberg, Jens 1991: Kriege in der Weltgesellschaft, in: Siegelberg 1991: 1-16

Gantzel, Klaus Jürgen / Schwinghammer, Torsten / Siegelberg, Jens 1992: Kriege der Welt. Ein systematisches Register der kriegerischen Konflikte 1985 bis 1992, Interdependenz Nr. 13, Materialien und Studien der Stiftung Entwicklung und Frieden und des Instituts für Entwicklung und Frieden, Bonn

Gärtner, H. 1983: Hegemoniestrukturen und Kriegsursachen, Wien

Geiss, Emanuel 1981: Historische Voraussetzungen zeitgenössischer Konflikte, in: Benz/Graml (Hg.) 1981

Geiss, Emanuel 1990: Der lange Weg in die Katastrophe. Die Vorgeschichte des Ersten Weltkrieges 1815-1914, München

Gellner, Ernest 1991: Nationalismus und Moderne, Berlin

Gellner, Ernest 1992: Nationalismus und Politik in Osteuropa in: Prokla 87, 22. Jg., Nr. 2/1992: 242-253

Gerstenberger, Heide 1973: Zur politischen Ökonomie der bürgerlichen Gesellschaft. Die historischen Bedingungen ihrer Konstitution in den USA, Frankfurt am Main

Gerstenberger, Heide 1990: Subjektlose Gewalt. Theorie der Entstehung bürgerlicher Staatsgewalt, Münster

Globale Trends - Daten zur Weltentwicklung 1991: Herausgegeben von der Stiftung Entwicklung und Frieden, Bonn

Globale Trends 93/94 - Daten zur Weltentwicklung 1993: Herausgegeben von der Stiftung Entwicklung und Frieden, Frankfurt am Main

Glotz, Peter / Kunert, Günter / Sozialistische Studiengruppen 1985: Mythos und Politik. Über die magischen Gesten der Rechten, Hamburg

Godelier, Maurice 1982: Zur Diskussion über den Staat, die Prozesse seiner Bildung und die Vielfalt seiner Formen und Grundlagen, in: Breuer/Treiber (Hg.) 1982: 18-36

Götz, Roland / Halbach, Uwe 1993: Politisches Lexikon GUS, München

Gramsci, Antonio 1967: Philosophie der Praxis. Eine Auswahl, Frankfurt am Main

Greene, Murray 1979: Schumpeters Imperialismustheorie, in: Wehler (Hg.) 1979: 155-166

Grevemeyer, Jan-Heeren (Hg.) 1981: Traditionale Gesellschaften und europäischer Kolonialismus, Frankfurt am Main

Gurjewitsch, Aaron J. 1986: Das Weltbild des mittelalterlichen Menschen, München

Habermas, Jürgen 1990: Die nachholende Revolution, Frankfurt am Main

Hamann, Rudolf (Hg.) 1986: Die Süddimension des Ost-West-Konfliktes. Das Engagement der Supermächte in Krisen und Kriegen der Dritten Welt, Baden-Baden

Hanisch, Rolf / Tetzlaff, Rainer (Hg.) 1981: Staat und Entwicklung. Studien zum Verhältnis von Herrschaft und Gesellschaft in Entwicklungsländern, Frankfurt am Main - New York

Haug, Wolfgang F. (Hg.) 1978: Gesellschaftsformationen in der Geschichte, Berlin

Haupt, Heinz-Gerhard 1974: Nationalismus und Demokratie. Zur Geschichte der Bourgeoisie im Frankreich der Restauration, Frankfurt am Main

Havlik, Peter 1993: Osteuropa zwischen Plan und Markt: Die Wirtschaftsentwicklung in der Region von 1989 bis Anfang 1993, in: Brock/Hauchler 1993: 27-79

Heinemann, Klaus 1976: Elemente einer Soziologie des Marktes, in: KZfSuS 1976: 48-69

Heller, H. 1963: Staatslehre, Leiden

Herkommer, Sebastian / Bischoff, Joachim / Maldaner, Karlheinz 1984: Alltag - Bewußtsein - Klassen, Hamburg

Hirsch, Joachim / Roth, Roland 1986: Das neue Gesicht des Kapitalismus. Vom Fordismus zum Postfordismus, Hamburg

Hobsbawm, Eric 1962: Sozialrebellen: Archaische Sozialbewegungen im 19. und 20. Jahrhundert, Neuwied/Berlin

Hobsbawm, Eric 1989: Das Imperiale Zeitalter 1875-1914, Frankfurt am Main

Hobsbawm, Eric 1991: Nationen und Nationalismus. Mythos und Realität seit 1870, Frankfurt am Main

Hobsbawm, Eric 1992: Nationalismus und Ethnizität, in: Frankfurter Hefte, Heft 7/1992: 612-619

Hoffer, Frank 1992: Perestroika. Die unfreiwillige Zerstörung des sowjetischen Vergesellschaftungszusammenhangs oder warum das letzte Gefecht verloren ging, Marburg

Hoffmann, Jürgen (Hg.) 1983: Überakkumulation, Unterkonsumtion, Depression, Hamburg

Hofmeier, Rolf / Matthies, Volker (Hg.) 1992: Vergessene Kriege in Afrika, Göttingen

Hondrich, Karl Otto 1992: Lehrmeister Krieg, Reinbek

Honneth, Axel / Joas, Hans 1980: Soziales Handeln und menschliche Natur. Anthropologische Grundlagen der Sozialwissenschaften, Frankfurt am Main - New York

Horn, Klaus 1973: Menschliche Aggressivität und internationale Politik, in: Senghaas (Hg.) 1973: 116-152

Horn, Klaus 1988: Die Bedeutung sozialpsychologischer, kultureller und ideologischer Aspekte für die Kriegsursachenforschung, in: Gantzel (Hg.) 1988: 175-199

Horn, Klaus 1988: Gewalt - Aggression - Krieg. Studien zu einer psychoanalytisch orientierten Sozialpsychologie des Friedens, Baden-Baden

Howard, Michael 1976: War in European History, London - Oxford - New York

Huffschmidt, Jörg 1986: Entwicklungsstadien des Kapitalismus, in: Prokla u.a. 1986: 76-83

Huizinga, Johan 1975: Herbst des Mittelalters. Studien über Lebens- und Geistesformen des 14. und 15. Jahrhunderts in Frankreich und in den Niederlanden, Stuttgart

Humphreys, S.C. 1979: Geschichte, Volkswirtschaft und Anthropologie: das Werk Karl Polanyis, in: Polanyi 1979: 7-59

Huntington, Samuel P. 1993: Im Kampf der Kulturen, in: Die Zeit vom 13.8.1993

Hurtienne, Thomas 1982: Theoriegeschichtliche Grundlagen des sozialökonomischen Entwicklungsdenkens, Dissertation, Berlin

Hurtienne, Thomas 1986: Fordismus, Entwicklungstheorie und Dritte Welt, in: Peripherie, Nr. 22-23/1986: 60-111

Hüttig, Christoph 1991: Das "Ende des Ost-West-Konflikts" als Problem der Theorie internationaler Beziehungen, in: PVS, 32. Jg., Heft 4/1991: 663-670

Jahn, Egbert K. 1973: Das Problem der Identifizierung von Interessen im internationalen System, in: Gantzel (Hg.) 1973: 347-384

Jalée, Pierre 1971: Das neueste Stadium des Imperialismus, München

Janssen, Wilhelm 1975: Krieg, in: Brunner/Conze/Koselleck (Hg.) 1975: Bd.3, S. 567-616

Jung, Dietrich / Schlichte, Klaus 1993: Krieg und Vergesellschaftung - Zur Theorie der Kriegsursachenforschung, in: ami, 23. Jg., Heft 5/1993: 28-33

Jung, Horst-Wilhelm 1988: Zum Verhältnis von Geschichtswissenschaft und Kriegsursachenforschung, in: Gantzel (Hg.) 1988: 139-175

Kaiser, David 1992: Kriege in Europa. Machtpolitik von Philipp II. bis Hitler, Hamburg

Kaldor, Mary 1992: Der imaginäre Krieg. Eine Geschichte des Ost-West-Konflikts, Hamburg-Berlin

Kanet, Roger E. / Kolodziej, Edward A. (eds.) 1991: The Cold War as Cooperation. Superpower Cooperation in Regional Conflict Management, London

Kant, Immanuel 1985: Zum ewigen Frieden, Berlin/West

Kaye, G. D. / Grant, D. A. / Emond, E. J. 1985: Major Armed Conflicts: A Compendium of Interstate and Intrastate Conflicts, 1720 to 1985, Department of National Defence, Canada, Operational Research and Analysis Establishment, ORAE-Report No. R 95, Ottawa

Kebir, Sabine 1991: Gramsci's Zivilgesellschaft, Hamburg

Kende, István / Gantzel, Klaus Jürgen / Fabig, Kai 1982: Die Kriege seit dem Zweiten Weltkrieg, in: Jahrbuch für Internationale Beziehungen, Bd. 2, Frankfurt am Main, S. 106-118.

Kende, István 1982: Kriege nach 1945 - Eine empirische Untersuchung, in: Militärpolitische Dokumentation, Nr. 27, VI. Jg.

Kende, István 1982: Über die Kriege seit 1945, DGFK-Hefte Nr.16, Bonn

Kennedy, Paul 1987: The Rise and Fall of the Great Powers. Economic Change and Military Conflict from 1500 to 2000, New York

Kennedy, Paul 1993: Ins 21. Jahrhundert..., in: Lettre international 1/93: 26-37

Keynes, John Maynard 1966: Allgemeine Theorie der Beschäftigung, des Zinses und des Geldes, Berlin

Khan, Kushi M. / Matthies, Volker (Hg.) 1981: Regionalkonflikte in der Dritten Welt. Ursachen, Verlauf, Internationalisierung, Lösungsansätze, München

Kittsteiner, Heinz-Dieter 1980: Naturabsicht und unsichtbare Hand. Zur Kritik des geschichtsphilosophischen Denkens, Frankfurt am Main/Berlin/Wien

Knieper, Rolf 1991: Nationale Souveränität. Versuch über Ende und Anfang einer neuen Weltordnung, Frankfurt am Main

Kofler, Leo 1970: Geschichte und Dialektik, Oberaula

Kofler, Leo 1976: Zur Geschichte der bürgerlichen Gesellschaft, Darmstadt-Neuwied

Kondylis, Panajotis 1988: Theorie des Krieges. Clausewitz - Marx - Engels - Lenin, Stuttgart

Koselleck, Reinhart 1974: Kritik und Krise. Eine Studie zur Pathogenese der bürgerlichen Welt, Frankfurt am Main

Koselleck, Reinhart 1975: Fortschritt, in: Brunner/Conze/Koselleck (Hg.) 1975: Bd.2, S. 351-424

Koselleck, Reinhart 1975: Geschichte, in: Brunner/Conze/Koselleck (Hg.) 1975: Bd. 2, S. 593-718

Koselleck, Reinhart 1989: Vergangene Zukunft. Zur Semantik geschichtlicher Zeiten, Frankfurt am Main

Kossek, Manfred 1982: Revolutionen in der Neuzeit, Berlin/West

Kostede, Norbert 1976: Die neuere Marxistische Diskussion über den bürgerlichen Staat. Einführung - Kritik - Resultate, in: Backhaus 1976: 150-197

Kostede, Norbert 1980: Staat und Demokratie, Darmstadt-Neuwied

Kößler, Reinhart / Melber, Henning 1993: Chancen internationaler Zivilgesellschaft, Frankfurt am Main

Krader, Lawrence 1978: Die Periodisierung der Weltgeschichte nach Marx, in: Haug 1978: 89-101

Krell, Gert 1991: Aufbruch und Krise: Das Weltsystem nach dem Ost-West-Konflikt und die aktuelle Friedens- und Sicherheitsproblematik, HSFK-Report 6/1991, Franfurt am Main

Krippendorff, Ekkehart 1973: Staatliche Organisation und Krieg, in: Senghaas (Hg.) 1973: 23-36

Krippendorff, Ekkehart (Hg.) 1974: Friedensforschung, Köln

Krippendorff, Ekkehart (Hg.) 1975: Probleme der internationalen Beziehungen, Frankfurt am Main

Krippendorff, Ekkehart 1975: Internationales System als Geschichte, Frankfurt am Main

Krippendorff, Ekkehart 1977: Internationale Beziehungen als Wissenschaft, Frankfurt am Main

Krippendorff, Ekkehart 1983: Die Rolle des Krieges im kapitalistischen Weltsystem, in: Blaschke (Hg.) 1983: 189-215

Krippendorff, Ekkehart 1985: Staat und Krieg. Die historische Logik politischer Unvernunft, Frankfurt am Main

Krippendorff, Ekkehart 1986: Imperialismus in der Friedensforschung. Plädoyer für einen Begriff, in: Steinweg (Red.) 1976: 68-83

Krippendorff, Ekkehart 1988: Krieg und Staat in der Dritten Welt, in: Gantzel (Hg.) 1988: 83-122

Krüger, Stefan 1986: Lange-Wellen-Theorien. Ein Beitrag zur Analyse der langfristigen Entwicklungstendenzen der Kapitalakkumulation, in: Prokla u.a. 1986: 96-102

Krüger, Stephan 1986: Allgemeine Theorie der Kapitalakkumulation, Hamburg

Krumwiede, Heinrich-W. 1989: Die zentralamerikanische Konfliktkonstellation: Relative Autonomie trotz Supermachtdominanz und Abhängigkeit, in: Senghaas (Hg.) 1989: 31-57

Kuchenbach, Ludolf / Michael, Bernd 1978: Zur Periodisierung des europäischen Feudalismus. Überlegungen und Fragen, in: Haug (Hg.) 1978: 130-149

Kuchenbach, Ludolf 1983: Bäuerliche Ökonomie und feudale Produktionsweise - Ein Beitrag zur Weltsystemdebatte aus mediävistischer Sicht, in: Blaschke (Hg.) 1983: 112-142

Kulischer, Josef 1958: Allgemeine Wirtschaftsgeschichte des Mittelalters und der Neuzeit, 2 Bde., Berlin

Kunkel, Wolfgang 1987: Geschichte als Prozeß? Historischer Materialismus oder Marxistische Geschichtstheorie, Hamburg

Kurtenbach, Sabine 1992: Staatliche Organisation und Krieg in Lateinamerika. Ein historisch-struktureller Vergleich der Entwicklung in Kolumbien und Chile, Münster/Hamburg

Kurz, Robert 1991: Der Kollaps der Modernisierung. Vom Zusammenbruch des Kasernensozialismus zur Krise der Weltökonomie, Frankfurt am Main

Kurz, Robert 1993: Die Lichter des Marktes verlöschen, in: Lettre international 1/1993: 37-44

Landes, David S. 1979: Über das Wesen des ökonomischen Imperialismus, in: Wehler (Hg.) 1979: 66-83

Langewiesche, Dieter (Hg.) 1989: Revolution und Krieg: Zur Dynamik historischen Wandels seit dem 18. Jahrhundert, Paderborn

Lenin, Wladimir Iljitsch. 1976: Der Imperialismus als höchstes Stadium des Kapitalismus, in: Werke Bd. 22, Berlin

Levy, Jack S. 1989: The Diversionary Theory of War: A Critique, in: Midlarsky (Ed.): Handbook of War Studies, Boston (Mass.), Unwin-Hyman, S. 259-288

Lepsius, Rainer 1986: Interessen und Ideen. Die Zurechnungsproblematik bei Max Weber, in KZfSuS, Sonderband: Kultur und Gesellschaft, 1986: 20-31

Lider, Julian 1983: Der Krieg. Deutungen und Doktrinen in Ost und West, Frankfurt am Main - New York

Link, Werner 1986: Ost-West-Konflikt, in: Mickel, Wolfgang (Hg.) Handlexikon zur Politikwissenschaft, Schriftenreihe der Bundeszentrale für Politische Bildung Bd. 237, Bonn

Link, Werner 1988: Der Ost-West-Konflikt. Die Organisation der internationalen Beziehungen im 20. Jahrhundert, Stuttgart/Berlin/Köln/Mainz

Lippert, Ekkhard / Wachtler, Gunther (Hg.) 1988: Frieden. Ein Handwörterbuch, Opladen

Lorenz, Konrad 1963: Das sogenannte Böse. Zur Naturgeschichte der Aggression, Wien

Luard, Evan 1986: War in International Society. A Study in International Sociology, London

Lukács, Georg 1987: Sozialismus und Demokratisierung, Frankfurt am Main

Lüthy, Herbert 1979: Die Kolonisation und die Einheit der Geschichte, in: Wehler (Hg.) 1979: 42-56

Lutz, Burkart 1984: Der kurze Traum immerwährender Prosperität. Eine Neuinterpretation der industriell-kapitalistischen Entwicklung im Europa des 20. Jahrhunderts, Frankfurt am Main-New York

Malinowski, Bronislaw 1986: Der Krieg im Laufe der Jahrhunderte, in: ders.: Schriften zur Anthropologie, hrsg. von Fritz Kramer, Frankfurt am Main

Mármora, Leopoldo 1983: Nation und Internationalismus. Probleme und Perspektiven eines sozialistischen Nationbegriffs, Bremen

Marx, Karl / Engels, Friedrich 1960: Revue, Mai bis Oktober 1850, in: MEW 7: 421-464

Marx, Karl 1973: Der 18te Brumaire des Louis Bonaparte, in: MEW 8: 111-207, Berlin

Marx, Karl 1974: Das Kapital. Kritik der politischen Ökonomie, Bd. 1, in: MEW 23, Berlin

Marx, Karl 1974a: Das Kapital. Kritik der politischen Ökonomie, Bd. 3, in: MEW 25, Berlin

Marx, Karl 1974b: Grundrisse der Kritik der politischen Ökonomie, Berlin

Marx, Karl 1976: Theorien über den Mehrwert, Bd.1, in: MEW 26.1, Berlin

Marx, Karl 1982: Theorien über den Mehrwert, Bd.2, in: MEW 26.2, Berlin

Marx, Karl 1984: Das Kapital. Kritik der politischen Ökonomie, Neudruck der ersten Auflage Hamburg 1867, Hildesheim

Massarat, Mohssen o. J.: Hauptentwicklungslinien der kapitalistischen Weltwirtschaft, Lollar

Massarat, Mohssen 1988: Der irakisch-iranische Krieg. Eine Analyse relevanter Ursachen des Ausbruchs und der Fortsetzung des Golfkrieges, in: Gantzel (Hg.) 1988: 375-433

Matthies, Volker 1982: Kriege in der Dritten Welt. Analyse und Materialien, Opladen

Matthies, Volker 1985: Kriege in der Dritten Welt, in: PVS-Sonderheft 16/1985: 362-385

Matthies, Volker 1988: Kriegsschauplatz Dritte Welt, München

Matthies, Volker 1992: Kriege in der Dritten Welt als Gegenstand der Forschung, in: Jahrbuch Dritte Welt 1992, München

Matthies, Volker 1992: Kriege in der Dritten Welt, in: Nohlen/Nuscheler 1992: 359-374

Matthies, Volker (Hg.) 1992: Kreuzug oder Dialog: Die Zukunft der Nord-Süd-Beziehungen, Bonn.

Matthies, Volker (Hg.) 1993: Frieden durch Einmischung?, Bonn

Mauss, Marcel 1968: Die Gabe: Form und Funktion des Austauschs in archaischen Gesellschaften, Frankfurt am Main

McNeill, William H. 1984: Krieg und Macht. Militär, Wirtschaft und Gesellschaft vom Altertum bis heute, München

Meikle, John 1957: A Short History of England, London

Mendler, Martin / Schwegler-Rohmeis, Wolfgang 1986: Kriegsursachenforschung als empirische Sozialwissenschaft, in: Politische Vierteljahresschrift, Heft 1/1986: 12-25

Mendler, Martin / Schwegler-Rohmeis, Wolfgang 1988: Auf dem Weg zu einer allgemeinen Theorie der Kriegsursachen? Ein Literaturbericht zum Stand der Forschung, in: Gantzel (Hg.) 1988: 199-289

Mendler, Martin / Schwegler-Rohmeis, Wolfgang 1989: Weder Drachentöter noch Sicherheitsingenieur. Bilanz und kritische Analyse der sozialwissenschaftlichen Kriegsursachenforschung, HSFK-Forschungsberichte 3/1989, Frankfurt am Main

Mendler, Martin 1993: Demokratie und Kapitalismus als Garanten für ein friedliches Außenverhalten? Ein kritischer Literaturbericht über Kriegsursachen und Friedensbedingungen in Staat und Gesellschaft, in: ami, 23. Jg., Heft 5/1993: 11-28

Menzel, Ulrich / Senghaas, Dieter 1986: Europas Entwicklung und die Dritte Welt. Eine Bestandsaufnahme, Frankfurt am Main

Menzel, Ulrich 1992: Das Ende der Dritten Welt und das Scheitern der großen Theorie, Frankfurt am Main

Menzel, Ulrich 1993: Nach dem Ost-West-Konflikt: Was wird aus der "Dritten Welt"?, in: ÖZP, 22 (1993) 2, S. 195-206

Meyer, Gert (Hg.) 1990: Nationalitätenkonflikte in der Sowjetunion, Köln

Meyer, Thomas (Hg.) 1989: Fundamentalismus in der modernen Welt, Frankfurt am Main

Militärpolitik Dokumentation (Hg.) 1988: Kontrollierte Intervention. Destabilisierung, unerklärte Kriege und Militäraktionen gegen die Dritte Welt, Heft 63-64/1988, Frankfurt am Main

Moltmann, Bernhard (Hg.) 1988: Perspektiven der Friedensforschung, Baden-Baden

Moltmann, Bernhard / Senghaas-Knobloch, Eva (Hg.) 1989: Konflikte in der Weltgesellschaft und Friedensstrategien, Baden-Baden

Mommsen, W.J. 1977: Imperialismus. Seine geistigen, politischen und wirtschaftlichen Quellen. Ein Quellen- und Arbeitsbuch, Hamburg

Mommsen, W.J. 1980: Imperialismustheorien, Göttingen

Moore, Barrington 1969: Zur Geschichte der politischen Gewalt, Frankfurt am Main

Moore, Barrington 1974: Soziale Ursprünge von Diktatur und Demokratie, Frankfurt am Main

Müller, Rudolf W. 1977: Geld und Geist. Zur Entstehungsgeschichte von Identitätsbewußtsein und Rationalität seit der Antike, Frankfurt - New York

Münkler, Herfried 1985: Krieg und Frieden, in: Fetscher/Münkler (Hg.) 1985: 279-326

Münkler, Herfried 1987: Die Weisheit der Regierenden. Varianten der Kriegsursachenforschung, in: Gewerkschaftliche Monatshefte, Nr. 8/1987

Münkler, Herfried 1987: Staat, Krieg und Frieden: Die verwechselte Wechselbeziehung. Eine Auseinandersetzung mit Ekkehart Krippendorff: Staat und Krieg, in: Steinweg (Red) 1987: 135-144

Münkler, Herfried 1988: Staat und Krieg, Vortragsmanuskript, Frankfurt am Main

Münkler, Herfried 1992: Gewalt und Ordnung. Das Bild des Krieges im politischen Denken, Frankfurt am Main

Narr, Wolf-Dieter 1980: Physische Gewaltsamkeit, ihre Eigentümlichkeit und das Monopol des Staates, in: Leviathan: Heft 4/1980: 541-573

Naumann, Klaus 1983: Ökonomische Gesellschaftsformation und historische Formationsanalyse, Köln

Nerlich, Uwe (Hg.) 1966: Krieg und Frieden im industriellen Zeitalter, Beiträge der Sozialwissenschaft I, Gütersloh

Nerlich, Uwe (Hg.) 1966: Krieg und Frieden in der modernen Staatenwelt, Beiträge der Sozialwissenschaft II, Gütersloh

Neusüß, Christel 1972: Imperialismus und Weltmarktbewegung des Kapitals, Erlangen

Nohlen, Dieter 1988: Mehr Demokratie in der Dritten Welt?, in: Aus Politik und Zeitgeschichte B 25-26/1988

Nohlen, Dieter / Nuscheler, Franz (Hg.) 1982: Handbuch der Dritten Welt, Hamburg

Nohlen, Dieter / Nuscheler, Franz (Hg.) 1992: Handbuch der Dritten Welt, Bd.1, Grundprobleme, Theorien, Stategien, 3. neu bearbeitete Auflage, Bonn

Nohlen, Dieter / Nuscheler Franz 1992a: Ende der Dritten Welt? in: Nohlen/Nuscheler (Hg.) 1992: 14-30

Palloix, Ch. 1979: Internationalisierung des Kapitals und Kritik der politischen Ökonomie, in: Deubner 1979: 147-170

Palmade, Guy 1986: Das bürgerliche Zeitalter, Frankfurt am Main

Pfetsch, Frank R. (Hg.) 1991: Konflikte seit 1945. Daten - Fakten - Hintergründe, 5 Bde., Freiburg/Würzburg

Pfetsch, Frank R. 1991: Internationale und nationale Konflikte nach dem Zweiten Weltkrieg, in: Politische Vierteljahresschrift, 22. Jg. Heft 2/1991: 258-285

Pfetsch, Frank 1993: Die Bewältigung nationaler und internationaler Konflikte, Spektrum der Wissenschaft, 6/1993: 103-106

Polanyi, Karl 1978: The Great Transformation, Wien

Polanyi, Karl 1979: Ökonomie und Gesellschaft, Frankfurt am Main

Poulantzas, Nicos 1980: Politische Macht und gesellschaftliche Klassen, Frankfurt am Main

Projektgruppe Entwicklung des Marxschen Systems 1978: Grundrisse der Kritik der Politischen Ökonomie. Kommentar, Hamburg

Prokla, SPW, Sozialismus, Memorandum, IMSF 1986: Kontroversen zur Krisentheorie, Hamburg

Richardson, Lewis F. 1960: Statistics of Deadly Quarrels, Pittsburgh - Chicago

Rittberger, Volker (Hg.) 1990: Theorien der Internationalen Bezeihungen, PVS-Sonderheft, Opladen

Rittberger, Volker / Zürn, Michael 1991: Transformation der Konflikte in den Ost-West-Beziehungen. Versuch einer institutionalisierten Bestandsaufnahme, in: PVS, 32. Jg., Heft 3/1991: 399-434

Rittberger, Volker 1987: Zur Friedensfähigkeit von Demokratien, in: Aus Politik und Zeitgeschichte, B 44/1987, Bonn

Rix, Christiane (Hg.) 1987: Ost-West-Konflikt - Wissen wir, wovon wir sprechen?, Baden-Baden

Röhr, Werner 1980: Aneignung und Persönlichkeit, Berlin (DDR)

Romero, Ruggiero / Tenenti, Alberto 1984: Die Grundlegung der modernen Welt. Spätmittelalter, Renaissance, Reformation, Frankfurt am Main

Rosenberg, Arthur 1988: Demokratie und Sozialismus, Frankfurt am Main

Ruloff, Dieter 1987: Wie Kriege beginnen, München

Sander, Harald 1993: Wirtschaftliche Transformation in Osteuropa: Zwischen Stabilisierung und Restrukturierung, in: Brock/Hauchler (Hg.) 1993:79-117

Sangmeister, Hartmut 1992: Das Verschuldungsproblem, in: Nohlen/Nuscheler (Hg.) 1992: 328-358

Sapir, Jaques 1992: Logik der sowjetischen Ökonomie oder die permanente Kriegswirtschaft, Münster - Hamburg

Schmidt, Hajo 1990: Sozialphilosophie des Krieges, Essen

Schmied-Kowazik, Wolfdietrich / Stagl, Justin (Hg.) 1980: Grundfragen der Ethnologie. Beiträge zur gegenwärtigen theoretischen Diskussion, Berlin

Schmied-Kowazik, Wolfdietrich 1980: Philosophische Überlegungen zum Verstehen fremder Kulturen und zu einer Theorie der menschlichen Kultur, in: Schmied-Kowazik/Stagl (Hg.) 1980: 349-391

Schmitt-Egner, Peter 1975: Kolonialismus und Faschismus, Lollar

Schmitt-Egner, Peter 1976: Wertgesetz und Rassismus, in: Backhaus 1976: 350-405

Schneider, Michael 1992: Das Ende eines Jahrhundertmythos. Eine Bilanz des Sozialismus, Köln

Schubert, Alexander 1985: Die internationale Verschuldung, Frankfurt am Main

Schumpeter, Joseph A. 1953: Zur Soziologie der Imperialismen, in: Aufsätze zur Soziologie, Tübingen

Segbers, Klaus 1989: Der sowjetische Systemwandel, Frankfurt am Main

Segbers, Klaus: UdSSR 1990: Systemwechsel, Reichszerfall und autoritäre Wende, in: Die Welt im Umbruch - Friedensbericht 1991, Friedensforscher zur Lage, hrsg. vom Österreichischen Institut für Friedensforschung und Friedenserziehung zus. mit der Schweizerischen Friedensstiftung. Dialog, Beiträge zur Friedensforschung, Bd. 20, 1-2/1991: 70-104

Segbers, Klaus 1992: Der postsowjetische Raum 1991/92. Eine Problemskizze, in: Dialog - Beiträge zur Friedensforschung Bd. 21, Friedensbericht 1992, Das Kriegsjahr 1991: unsere Zukunft?, Hg.: Österreichisches Studienzentrum für Frieden und Konfliktlösung; Schweizerische Friedensstiftung, Wien S. 38-69

Segbers, Klaus 1992: Weltstruktur ohne Sowjetunion, in: Fuchs/Schuster (Hg.) 1992: 123-135

Senghaas, Dieter (Hg.) 1971: Kritische Friedensforschung, Frankfurt am Main

Senghaas, Dieter 1971: Aggressivität und kollektive Gewalt, Stuttgart

Senghaas, Dieter (Hg.) 1973: Friedensforschung und Gesellschaftskritik, Frankfurt am Main

Senghaas, Dieter (Hg.) 1974: Peripherer Kapitalismus, Analysen über Abhängigkeit und Unterentwicklung, Frankfurt am Main

Senghaas, Dieter (Hg.) 1979: Kapitalistische Weltökonomie. Kontroversen über ihren Ursprung und ihre Entwicklungsdynamik, Frankfurt am Main

Senghaas, Dieter (Hg.) 1980: Imperialismus und strukturelle Gewalt. Analysen über abhängige Reproduktion, Frankfurt am Main

Senghaas, Dieter 1984: Militärische Konflikte in der Dritten Welt. Quantitative Beobachtungen und politische Bedeutung, in: Leviatan, Juni 1984

Senghaas, Dieter 1987: Regionalkonflikte in der internationalen Politik. Versuch einer Trendanalyse, in: Leviathan: Heft 3/1987: 392-406

Senghaas, Dieter 1988: Friedensforschung und der Prozeß der Zivilisation, in: Moltmann (Hg.) 1988

Senghaas, Dieter 1988: Konfliktformationen im internationalen System, Frankfurt am Main

Senghaas, Dieter (Hg.) 1989: Regionalkonflikte in der Dritten Welt. Autonomie und Fremdbestimmung, Baden-Baden

Senghaas, Dieter et al. 1989: Regionalkonflikte in der Dritten Welt. Prozesse der Konfliktregulierung, Stiftung Entwicklung und Politik, SWP-IP 2623, Oktober 1989, Ebenhausen

Senghaas, Dieter 1990: Europa 2000. Ein Friedensplan, Frankfurt am Main

Senghaas, Dieter 1991: Therapeutische Konfliktintervention in Europa. Eskalation und Deeskalation ethnonationalistischer Konflikte, Stiftung Entwicklung und Politik, SWP-AP 2704, Juni 1991, Ebenhausen

Senghaas, Dieter 1992: In den Frieden ziehen. Neue Aufgaben der Konfliktforschung nach dem Ende des weltbedrohenden Gegensatzes zwischen Ost und West, in: FAZ vom 6.6.1992

Senghaas, Dieter 1992a: Friedensprojekt Europa, Frankfurt am Main

Senghaas, Dieter 1993: Frieden als Zivilisationsprojekt, in: Arbeitspapiere zu Problemen der Internationalen Politik und der Entwicklungsforschung der Forschungsstelle am Geschwister-Scholl-Institut der Ludwig-Maximilians-Universität München, herausgegeben von Mir A. Ferdowsi und Peter J. Opitz, Nr. 12/1993

Senghaas, Dieter 1993a: Ethnische Konflikte - Ursachen und Lösungswege, in: Spektrum der Wissenschaft, 6/1993: 95-103

Senghaas, Dieter / Zürn, Michael 1991: Kernfragen für die Friedensforschung der neunziger Jahre, o.O.

Service, Elmar R. 1977: Ursprünge des Staates und der Zivilisation. Der Prozeß der kulturellen Evolution, Frankfurt am Main

Seyfarth, Constans / Sprondel, Walter M. (Hg.) 1973: Seminar: Religion und gesellschaftliche Entwicklung - Studien zur Protestantismus-Kapitalismus-These Max Webers, Frankfurt am Main

Sieburg, Heinz-Otto 1971: Napoleon und Europa, Köln - Berlin

Siegelberg, Jens (Red.) 1991: Die Kriege 1985 bis 1990. Analyse ihrer Ursachen, Münster - Hamburg

Siegelberg, Jens 1992: 500 Jahre europäische Weltexpansion. Strukturgeschichtliche Betrachtungen aus friedenspolitischer Perspektive, in: Dialog - Beiträge zur Friedensforschung Bd. 21, Friedensbericht 1992. Das Kriegsjahr 1991: unsere Zukunft?, Hg. Österreichisches Studienzentrum für Frieden und Konfliktlösung, Schweizerische Friedensstiftung, Wien, S. 324-346

Simmel, Georg 1989: Philosophie des Geldes, Frankfurt am Main

Simmel, Georg 1992: Soziologie. Untersuchungen über die Formen der Vergesellschaftung, Berlin

Singer, David 1961: The Level-of-Analysis Problem in International Relations, in: Klaus Knorr / Sidney Verba (Hg.): The International System, Theoretical Essays, Princeton/NJ, S. 77-92

Singer, David 1990: Models, Methods and Progress in World Politics. A Peace Research Odyssey, Boulder/Col.

Singer, David / Diehl, Paul F. (eds.) 1990: Measuring the Correlates of War, Ann Arbor/Mich.

Small, Malvin / Singer, David 1982: Resort to Arms. International and Civil War 1816-1980, Beverly Hills/London/New Delhi

Sombart, Werner 1913: Krieg und Kapitalismus, München - Leipzig

Sorokin, Pitrim 1959: Social and Cultural Dynamics. A Study of Change in Major Systems of Art, Ethics and Social Relationship, London

SOST, siehe Sozialistische Studiengruppen

Sozialistische Studiengruppen 1981: Kapitalistische Weltwirtschaft, Hamburg

Sozialistische Studiengruppen 1982: Stagnation und Krise. Langfristige Tendenzen der kapitalistischen Ökonomie, Hamburg

Sozialistische Studiengruppen 1984: Der soziale Ursprung des Patriarchats. Frauen, Familie und Gesellschaftsformation, Hamburg

Sozialistische Studiengruppen 1985: Formwandel der Konkurrenz, in: Sozialismus Nr. 7/8 1985: 50-55

Sozialistische Studiengruppen 1985: Die Theorie der Lange Wellen, in: Sozialismus Nr. 7/8 1985: 43-50

Sozialistische Studiengruppen 1986: Zwischen Neokonservatismus und Rechtsradikalismus, Hamburg

Stapelfeld Gerhard 1990: Verelendung und Urbanisierung in der Dritten Welt. Saarbrücken/Fort Lauderdale

Steinhaus, Kurt 1975: Koloniale Revolution und militärische Intervention, in: Krippendorff 1975a

Steinweg, Reiner (Red.) 1976: Friedensanalysen. Für Theorie und Praxis 3. Schwerpunkt: Unterentwicklung, Frankfurt am Main

Steinweg, Reiner (Red.) 1977: Friedensanalysen. Für Theorie und Praxis 5. Schwerpunkt: Aggression, Frankfurt am Main

Steinweg, Reiner (Red.) 1978: Friedensanalysen. Für Theorie und Praxis 8. Schwerpunkt: Kriege und Bürgerkriege der Gegenwart, Frankfurt am Main

Steinweg, Reiner (Red.) 1987: Kriegsursachen, Frankfurt am Main

Steinweg, Reiner (Red.) 1992: Das Kriegsjahr 1991: Unsere Zukunft? Friedensbericht 1992 - Friedensforscher zur Lage, Wien

Steinweg, Reiner / Wellmann, Christian (Red) 1990: Die vergessene Dimension internationaler Konflikte: Subjektivität, Frankfurt am Main

Stölting, Erhard 1990: Eine Weltmacht zerbricht. Nationalitäten und Religionen in der UdSSR, Frankfurt am Main

Stölting, Erhard 1992: Angst, Aggression und die nationale Denkform - Osteuropäische Konflikte, in: Prokla 87, 22. Jg., Heft 2/1992: 225-242

Tenbruck, Friedrich H. 1989: Gesellschaftsgeschichte oder Weltgeschichte, in: KZfSuS: Jg. 41, S. 417-439

Therborn, Göran 1977: The Rule of Capital and the Rise of Democracy, in: New Left Review 103/1977:3-42

Tetzlaff, Rainer (Hg.) 1992: Perspektiven der Demokratisierung in Entwicklungsländern, Hamburg

Tetzlaff, Rainer 1992: "Wertegemeinschaft" zwischen Süd und Nord? Zur universellen Geltung von Demokratie und Menschenrechten, in: Matthies (Hg.) 1992: 123-143

Tetzlaff, Rainer 1992: Der Trend zur pluralistischen Demokratie - eine Perspektive für dauerhafte Herrschaft in Entwicklungsländern? in: ders. (Hg.) 1992: 1-31

Tocqueville, Alexis de 1985: Über die Demokratie in Amerika, Stuttgart

Tökei, Ferenc 1977: Zur Dialektik des Sozialismus, Budapest

Tökei, Ferenc 1977a: Zur Theorie der Gesellschaftsformen, Budapest

Tökei, Ferenc 1977b: Antike und Feudalismus, Budapest

Tönnies, Ferdinand 1979: Gemeinschaft und Gesellschaft. Grundbegriffe der reinen Soziologie, Darmstadt

Topitsch, Ernst (Hg.) 1984: Logik der Sozialwissenschaft, Königstein/Ts.

Tuchman, Barbara 1984: Die Torheit der Regierenden. Von Troja bis Vietnam, Frankfurt am Main

Türcke, Christoph 1992: Die pervertierte Utopie. Warum der Fundamentalismus auf dem Vormarsch ist, in: Die Zeit vom 16.4.1992

Volmerg, Ute 1977: Gesellschaftliche Verhältnisse und individuelles Verhalten in der Aggressionsforschung. Eine kritische Bestandsaufnahme, in: Steinweg (Red.) 1977: 17-84

Wagner, Hilde / Stahn, Peter 1987: Das neue Gesicht des Kapitalismus. Debatte des neuen Theorieentwurfs von Joachim Hirsch und Roland Roth, in: Sozialismus 4/1987: 29-44

Waldmann, Peter 1989: Ethnischer Radikalismus, Ursachen und Folgen gewaltsamer Minderheitenkonflikte am Beispiel des Baskenlandes, Nordirlands und Quebecs, Opladen

Wallersteen, Peter (Hg.) 1989: States in Armed Conflict 1988, Uppsala

Wallerstein, Immanuel 1979: Aufstieg und künftiger Niedergang des kapitalistischen Weltsystems. Zur Grundlegung vergleichender Analysen, in: Senghaas (Hg.) 1979: 31-68

Wallerstein, Immanuel 1984: Der historische Kapitalismus, Berlin

Wallerstein, Immanuel 1986: Das moderne Weltsystem - Die Anfänge kapitalistischer Landwirtschaft und die europäische Weltökonomie im 16. Jahrhundert, Frankfurt am Main

Waltz, Kenneth N. 1964: Man, the State, and War - A Theoretical Analysis, New York - London (Original: 1959)

Wayman, Frank W. / Singer, J. David 1990: Evolution and Direction for Improvements in the Correlates of War Project Methodologies, in: Singer/Diehl (eds.), S. 247-267

Weber, Max, 1984: Die protestantische Ethik, Eine Aufsatzsammlung, Gütersloh

Weber, Max 1985: Wirtschaft und Gesellschaft. Grundriß der verstehenden Soziologie, Studienausgabe, hrsg. von J. Winkelmann, Tübingen

Weber, Max 1988: Gesammelte politische Schriften, Tübingen

Wee, Herman van der 1984: Der gebremste Wohlstand. Wiederaufbau, Wachstum und Strukturwandel der Weltwirtschaft seit 1945, München

Wehler, Hans-Ulrich (Hg.) 1979: Imperialismus, Düsseldorf

Wehler, Hans-Ulrich (Hg.) 1984: Geschichte und Soziologie, Königstein/Ts.

Wehler, Hans-Ulrich (Hg.) 1985: Geschichte und Ökonomie, Königstein/Ts.

Wette, Wolfram 1971: Kriegstheorien deutscher Sozialisten, Stuttgart/Berlin/Köln/Mainz

Williams, William Appleman 1973: Die Tragödie der amerikanischen Diplomatie, Frankfurt am Main

Wittfogel, Karl August 1924: Geschichte der bürgerlichen Gesellschaft, Frankfurt am Main

Wittfogel, Karl August 1970: Marxismus und Wirtschaftsgeschichte, Frankfurt am Main

Wohlfeil, Rainer 1971: Der Volkskrieg im Zeitalter Napoleons, in: Sieburg 1971: 318-333

Wolf, Dieter 1980: Hegels Theorie der bürgerlichen Gesellschaft, Hamburg

Wolf, Eric 1986: Die Völker ohne Geschichte. Europa und die andere Welt seit 1400, Frankfurt am Main-New York

Wolf, Klaus Dieter / Zürn, Michael 1991: Theorien der internationalen Beziehungen heute, in: Gegenwartskunde 2/1991: 241-264

Worsley, Peter 1983: Drei Welten oder eine? Eine Kritik der Weltsystemtheorie, in: Blaschke (Hg.) 1983: 32-80

Wright, Quincy 1965: A Study of War, Chicago

Zeuske, Max 1982: Bürgerkrieg und zweite bürgerliche Revolution in den USA in: Kossek 1982

Ziebura, Gilbert 1979: Frankreich 1789-1870. Entstehung einer bürgerlichen Gesellschaftsformation, Frankfurt am Main

Zimmermann, Ekkart 1981: Krisen, Staatsstreiche und Revolutionen. Theorien, Daten und neuere Forschungsansätze, Opladen

Zinn, Karl Georg 1983: Was regeneriert die Krise? Zur historischen Dimension der politökonomischen Lage, in: Hoffmann (Hg.) 1983: 21-55

Zinn, Karl Georg 1989: Kanonen und Pest. Über den Ursprung der Neuzeit im 14. und 15. Jahrhundert, Opladen

Zinn, Karl Georg 1993: Der langsame Abstieg in die Zukunft. Versuch, die langfristigen Ursachen der Wirtschaftskrise zu erfassen, in: Sozialismus 11/1993: 25-43